U0449786

让历史感同身受

雅尔塔内幕

〔美〕爱德华·赖利·斯特蒂纽斯 著

章和言 张梦茹 译

ROOSEVELT AND
THE RUSSIANS:
THE
YALTA
CONFERENCE

上海译文出版社

献给维吉尼娅·华莱士·斯特蒂纽斯

目录

前言 …… 001

第一卷 努力构建一个更好的世界 …… 001

 第一章 雅尔塔会议的背景 …… 003
 第二章 在马拉喀什和那不勒斯举行的会议 …… 024
 第三章 在马耳他的会面 …… 052

 第二卷 开会 …… 067

 第四章 阿尔戈人 …… 069
 第五章 三巨头的会面 …… 087
 第六章 德国的问题 …… 101
 第七章 三大国的否决权 …… 114
 第八章 "她自己灵魂的主人" …… 126
 第九章 向前一步 …… 134
 第十章 筹划世界安全会议 …… 150

164 ⋯⋯ 第十一章　光明的未来向我们招手

174 ⋯⋯ 第十二章　会议第六天

193 ⋯⋯ 第十三章　同盟国团结的高潮

212 ⋯⋯ 第十四章　会议结束

223 ⋯⋯ **第三卷　盘点得失**

225 ⋯⋯ 第十五章　绥靖还是现实

234 ⋯⋯ 第十六章　雅尔塔会议后的关系破裂

246 ⋯⋯ **附录**

前　言

对罗斯福总统深切的尊敬和怀念之情，以及对他的外交政策的正确性坚定不移的信心，促使我写了这本有关雅尔塔会议的书。[1]

自1945年以来，美国人民在我国与苏联的关系方面遇到了许多令他们万分失望的事情。这些事导致人们广泛地接受了这样一个观点：在雅尔塔会议上，为了安抚苏联，牺牲了美国的重大利益。

这个观点是错误的。世界今日的问题并不在于雅尔塔会议本身，而是在于会议之后，雅尔塔会议支持的政策没有得到遵循，雅尔塔会议上达成的协议没有得到落实。目前的困境不是因为在雅尔塔会议上达成的协议而导致的，而是因为苏联不履行协议才引发的。

英国和美国想借此会议判断与苏联之间是否能实现长期的合作，以这一点来说，会议本身是一次具有诚意的努力。如果没有这样的努力，对于当今世界的混乱局势该归咎于谁这个问题，世界各国将会感到更加困惑。

我坚信，当所有的证据浮出水面，当人们从合适的角度看待这个会议，到那个时候雅尔塔会议将会成为一个象征——不是象征着绥靖，而是象征着罗斯福总统和丘吉尔首相，为了让这个世界走上通往长久和平的道路而进行的充满智慧和勇气的尝试。

让公众确切地知道在克里米亚发生的事情是非常重要的，几乎同样重要的是，让他们知道在那里没有发生的事情。我作为美国国务卿出席了雅尔塔会议,自从罗斯福总统和哈里·霍普金斯与世长辞后,有一些事实就只有我一个人知道了。当然也还有其他的与会者可以帮助厘清会议的记录。我希望这些与会者可以站出来。

在写这本书的过程中,我与沃尔特·约翰逊进行了交往,他是芝加哥大学历史系的一员,也是《威廉·艾伦·怀特的美国》一书的作者。约翰逊先生将崭新的视角引入对雅尔塔会议的研究中,作为一位训练有素的历史学家,他帮助我找到合适的视角来研究此次会议——展现美国的外交政策,填补迄今还存在于战争时期历史当中的重要空白。

约翰逊先生和我一起并肩工作,我们压缩和重新整理了我为写这本书所做的关于雅尔塔会议的笔记。我查阅了覆盖这一段历史时期的官方文件。另外,我们和几位积极参与过这次会议不同方面工作的人,就这本手稿进行了讨论。

我也有幸与哈里·S.杜鲁门总统进行了交流。他全心全意地支持我理清有关会议的记录,对这次会议进行符合事实和真相的叙述。

此书的版税将捐献给教育和慈善基金会。

爱德华·赖利·斯特蒂纽斯
霍斯舒旅馆
拉皮丹,弗吉尼亚州

---

① 小爱德华·赖利·斯特蒂纽斯(Edward Reilly Stettinius Jr.,1900—1949),美国第48任国务卿。早年毕业于弗吉尼亚大学。1931年任通用汽车公司副总裁,曾协助罗斯福减少失业。1933年任国家复兴署顾问。1934年进入美国钢铁公司,1938年任这家当时最大的美国企业总裁。1939年任战争资源委员会主席。1941年3月任租借事务管理办公室主任。1943年10月任副国务卿。1944年8月曾代替生病的国务卿科德尔·赫尔主持敦巴顿橡树园会议;12月接替赫尔任国务卿。1945年2月参加雅尔塔会议。罗斯福去世后,新总统杜鲁门认为斯特蒂纽斯对共产主义的态度太温和,1945年6月选詹姆斯·伯恩斯取而代之。1946年1月,斯特蒂纽斯出任美国驻联合国第一任大使;同年6月,因认识到杜鲁门拒绝通过联合国缓解与苏联之间的紧张关系而辞职。——译者

第一卷　努力构建一个更好的世界

第一章　雅尔塔会议的背景

于1945年2月4日至2月11日举行的雅尔塔会议，是英国、苏联和美国三国领导人参加的最重要的战时会议。雅尔塔会议是罗斯福总统与丘吉尔首相及斯大林元帅之间为时最长的会议；也是在此次会议中，三方领导人首次就战后问题达成了基本协议，而非仅仅就目标和目的作出声明。在德黑兰会议中，三方领导人也讨论了许多非军事性质的问题，但却未达成，甚至未曾试图达成基本的协议。

雅尔塔会议是这三位战争领导人的第二次会面，却是他们首次在同一个会议中还带上了各自所有的外交部长与会。虽然安东尼·艾登[①]和维亚切斯拉夫·M. 莫洛托夫[②]参加了于1943年12月1日举行的德黑兰会议，但科德尔·赫尔[③]并未参加。

三个国家的参谋长们对各自国家在盟军中的军事地位进行了仔细的审视，并且就他们未来的计划进行了详细的讨论，这在雅尔塔会议之前的会议当中从未发生过。虽然三国在德黑兰会议中已经讨论过开辟第二战场的时机和相关的军事问题，但是直到雅尔塔会议时，他们之间才产生了足以让他们自由开放地审视未来作战计划的信任感。

因此，雅尔塔会议标志着英国、苏联和美国在战争和战后和解方面进行合作的高潮。雅尔塔会议结束后，在紧接着的几天时间里，大部分美国报纸对雅尔塔会议的成果给予了高度赞扬。

1945年2月13日，《纽约时报》写道：

"罗斯福总统与丘吉尔首相和斯大林元帅在第二次会议结束时所宣布达成的协议篇幅充实，内容详尽，现已交由全世界进行评价。这些协议所涵盖的范围是如此广阔全面，以至于需要对它们在实践中的应用进行细致的分析和演示，才能衡量出其所涉及的全部范围和终极奥义。但仅在简单一观之后，我们就能确定，虽然这些协议可能无法满足某些个人的期待，但这场与人类命运攸关的会议所承载的大多数期望，都因这些协议得到了证明，并且这些协议所做到的比所期望的还要好。就制定协议的目的和目标而言，这些协议展示了早日取得欧洲胜利、实现和平与安全以及更美好世界的方法……

'三巨头'的联盟坚不可摧。此时与从前的情况相比已经实现了进步，人们对看到更多成果抱有很高的期待。这场会议成为通往胜利与和平道路上的一块里程碑。"

《纽约先驱论坛报》将《雅尔塔公报》称作一份"非凡卓越的文件"。"最为重要的事实是，"这份报纸评论道，"这次会议已经成为同盟国之间团结和力量的又一个有力证明。"费城的《纪实》杂志将此次

---

① 罗伯特·安东尼·艾登（Robert Anthony Eden, 1897—1977），英国政治家、外交家，二战时期曾任英国国防委员会委员、陆军大臣、外交大臣等职。——译者
② 维亚切斯拉夫·米哈伊诺维奇·莫洛托夫（Vyacheslav Mikhaylovich Molotov, 1890—1986），苏联外交家。1943年10月率团参加苏美英莫斯科外长会议；11月出席德黑兰会议。1945年先后出席雅尔塔会议、旧金山会议和波茨坦会议，并代表苏联签署《联合国宪章》。——译者摘自《第二次世界大战百科词典》，上海辞书出版社
③ 科德尔·赫尔（Cordell Hull, 1871—1955），美国政治家、民主党人，1933年3月至1944年11月任美国国务卿，是美国历史上任职时间最长的国务卿。珍珠港事变后，协助罗斯福制定与贯彻美国对外政策，参与盟国间的一系列重大外交活动，出席过1943年莫斯科外长会议等。积极筹划在战后创建联合国组织，1944年曾主持召开敦巴顿橡树园会议，同年年底辞职。赫尔为建立联合国付出巨大努力，并因此荣获1945年诺贝尔和平奖。——译者

会议称作"联合国家在此次战争中最大的胜利"。

国会领袖们，比如参议员巴克利、范登堡①、怀特、基尔戈和康纳利，均称赞了此次会议的成果。美国国务院在 2 月最后一周进行的一项调查显示，美国人民认为雅尔塔会议是成功的。这项调查指出，此次会议使人们对迎来长期和平的期望更上一层楼，也使得人们对"三巨头"的合作方式以及美国总统和国务院在国外对美国利益的处理方式的满意度提高了。

虽然绝大多数民众对《雅尔塔公报》都持积极态度，但也有一小部分人提出批评意见，抨击公报中存在几个方面的问题。有人基于大国否决权会使筹建中的世界组织缺乏足够的权力这一点，对安理会的投票机制提出了质疑。有人因公报未能阐明德国"无条件投降"的具体含义而对其发起猛烈抨击。在这一小部分人的批评声音中，最主要集中在对波兰边界的划分和针对波兰政府制定的新协议上。尽管有这些批评的声音存在，但是美国对于解决波兰问题的方法整体上持支持的态度，对于其他问题也是如此。

然而，在克里米亚的会面结束三年后，雅尔塔会议却遭到了猛烈的抨击。《生活》杂志在一张雅尔塔会议照片的说明文字中称："在雅尔塔会议上，绥靖达到了高峰……"就在 1948 年 9 月 6 日发行的这同一册期刊中，威廉·C. 布利特②公开指责道：

"1945 年 2 月 4 日，在克里米亚举行的雅尔塔会议中，苏维埃统治者迎来了疲惫的美国总统。确实，罗斯福不只疲累——他还患了病。当他于 1933 年入主白宫之时，身体上和心理上的精力就已经所剩无几。

---

① 阿瑟·范登堡（Arthur Vandenberg, 1884—1951），美国政治家。1945 年任旧金山会议美国代表团成员，主导《联合国宪章》起草工作。旧金山会议后在参议院中积极为联合国辩护，在美国国会接受联合国过程中发挥了重要作用。1945 至 1947 年任参议院共和党领袖，1947 至 1949 年任参议院临时议长兼外交委员会主席，支持杜鲁门主义、马歇尔计划和北大西洋公约组织，被称为制造冷战的十二个关键人物之一。——译者
② 小威廉·克里斯蒂安·布利特（William Christian Bullitt Jr., 1891—1967），美国外交官、记者和小说家。——译者

他常常难以理清自己的思绪,更难以连贯地表达自己的想法。但是,他依然坚定不移地向斯大林作出了让步。"

对于雅尔塔会议最近的批评声中,出现了更多激烈的言论。这些言论,有些是基于误解,有些是基于偏见。本书接下来的几页会揭露,这些言论是多么有失偏颇。我们先将这些抨击暂时放在一边,雅尔塔会议的记录揭示出,相比较美国和英国中任意一方对于苏联作出的让步来说,苏联对于美国和英国作出的让步更多。当然,在某些问题上,三大国中的每一方都为了达成协议而改变了自己原先的立场。虽然有的人宣称妥协造成了危害,但实际上,每个理性的人都知道,为了取得进步,妥协当然是必要的。若相关各方以体面的方式、本着诚信的精神进行妥协,那么妥协就是在两种不同的意见之间达成合理协议的、唯一的公平又理性的方式。虽然我们不喜欢和应当摒弃慕尼黑会议式的"绥靖",但我们不能因此而非理性地去拒绝"妥协"。

对于雅尔塔会议的批评,除了那些因对富兰克林·D. 罗斯福的盲目憎恨而被激起的抨击,其实起因是对于执行协议随之而来的后果的失望,而不是针对协议本身。

就许多方面来说,雅尔塔会议是长期地、耐心地努力寻求与俄国人达成对国际事务的相互理解后得到的结果,这可以追溯到罗斯福总统的第一任任期。直到美苏外交关系恢复八年后以及苏联在 1941 年 6 月 22 日被德国袭击后,美苏两国之间的有效合作才取得了重要进展。

虽然有些美国的孤立主义者试图阻止向苏联提供《租借法案》① 的

---

① 《租借法案》(Lend-Lease Act),1941 年 1 月 6 日美国总统罗斯福提交国会的法案,正式名称为《促进美国国防的法案》(An Act to Promote the Defense of the United States),同年 3 月 11 日生效,1945 年 9 月停止执行。目的是在美国不卷入第二次世界大战的同时,为盟国提供战争物资,授权美国总统"售卖、转移、交换、租赁、借出或交付任何防卫物资,予美国总统认为与美国国防有至关重要之国家政府"。该法案的通过埋葬了《中立法》,是美国由孤立主义走向参战的决定性步骤。——译者

拨款，但是美国国会在 10 月以绝大多数赞成表决通过了此项援助。正如沃尔特·李普曼①充满智慧地评论道，美国和苏联"被意识形态的鸿沟分开了，又因国际利益被连接在了一起"。

太快地忘记过去，正是人类的弱点——而美国人民应该记住，他们在 1942 年曾身处灾难的边缘。如果苏联当时没能守住其战线，德国就能够征服英国，也可以迅速占领非洲——在这样的情况下，德国就可以在拉丁美洲建起立足之地。这迫在眉睫的危险始终萦绕在罗斯福总统的心头。

事实证明，《租借法案》是美苏之间强大的凝结力。在 1942 年，美国和苏联刚刚开始学着作为盟友并肩作战。我们在国内并没有从苏联方面接收到有关其军事或经济情况的信息，而这些信息是我们期望从其他国家得到的。必须要说的是，我们也没有给予苏联人像英国人从美国得到的那么多信息。虽然这项政策因此遭到了批评，但是面对过去二十五年的美苏关系变化史，在美苏之间出现像英美之间那样如此彻底地分享秘密信息的情况几乎是不可能的。

但战争这一紧急事件多少也给苏联和美国带来了更为密切的合作。1942 年 6 月，在华盛顿，美国总统罗斯福，美国国务卿赫尔及苏联外交人民委员莫洛托夫不仅讨论了战争中的合作，也讨论了维护战后和平、自由、合作的问题。罗斯福总统告诉我，莫洛托夫在访问美国的前期是冷静而克制的，但到他离开之前，他已经变得更加友善和合作了。

罗斯福、丘吉尔和斯大林已经通过外交渠道或于德黑兰会议上提出了大多数有待在雅尔塔会议上讨论的问题。虽然在德黑兰会议上并没有

---

① 沃尔特·李普曼（Walter Lippmann，1889—1974），美国作家、记者、政治评论家，最早使用"冷战"概念的人。——译者

任何协议达成,但是这三位领导人已经初步讨论了一些问题,诸如:对德国的处置,波兰的未来,戴高乐将军和法国,苏联对远东战争的参与,苏联的不冻港,土耳其对战争的加入以及国际组织的建立。

然而,直到雅尔塔会议,罗斯福、丘吉尔和斯大林之间培养了高度坦诚的精神、形成了深度的合作,关于上述问题和与其相关的问题才有了实际进展。虽然在战争期间,英美之间的合作已经达到可圈可点的程度,但这两个西方强国和苏联之间的外交关系在大多数时候却不尽如人意。跨越英吉利海峡开辟第二战场一事被无可避免地延迟,苏联对此的失望之情毫无疑问是真切的。甚至到了1944年年末的时候,苏联一些高层仍在怀疑英美两国参与战后欧洲安排的动机。在雅尔塔会议举办的前几个月,三大强国不仅要研究推动建立世界性组织的计划,还面临着一个更为迫切和紧急的任务,即达成在战斗一结束时便可被投入实施的决策安排。

早在1941年,我们就了解到苏联人在巴尔干半岛和其他地方的要求。1941年6月22日苏德开战后不久,安东尼·艾登就去往莫斯科查明苏联所需要的援助。此时,尽管苏联军队正在撤退当中,斯大林就已经暗示,相比较军事援助,他对于政治联合和影响到苏联边界的领土协议更感兴趣。后来,在珍珠港事件发生的前几个月里,苏联变得极度怀疑英美关于战后安排的意图——结果就是,艾登准备于12月7日再次动身前往莫斯科。出行前他被告知,美国对于战后安排的立场都包含在《大西洋宪章》① 中,一直到雅尔塔会议召开前夕,美国的态度依然如此。我们会继续对民族国家的领土问题进行总体性阐述,但具体问题的

---

① 《大西洋宪章》(Atlantic Charter),1941年8月14日在华盛顿和伦敦同时公布的《美国总统和英国首相的联合宣言》,通称《大西洋宪章》,是第二次世界大战中美英两国签署的重要文件,宣布了两国重建战后世界秩序的原则,推进了反法西斯联盟的形成。——译者摘自《联合国辞典》,黑龙江人民出版社

讨论将推迟到战争结束之时再进行。

珍珠港事件后,斯大林在他与艾登的会议中暗示,他想要一条基于"寇松线"①的波苏边界线——芬兰和匈牙利的部分地区将被并入苏联,而波罗的海诸国也将被并入苏联。另外,"斯大林还提出,将奥地利重建为一个独立的国家;将莱茵兰从德国分离出来成为一个独立的国家或受保护国;可能构建一个名为'巴伐利亚'的独立国家;将东普鲁士移交给波兰;将苏台德区归还给捷克斯洛伐克;应当重建南斯拉夫并从意大利划取一定的额外领土给南斯拉夫;应当将阿尔巴尼亚重构为一个独立国家;土耳其应当获得多德卡尼斯群岛,且为了希腊的利益考虑,对爱琴海诸岛进行可能的重新调整;土耳其也许可从保加利亚或在叙利亚北部划得一些领土;德国应以实物进行赔偿,特别是以机械设备而不是以金钱进行赔偿……"

"斯大林说,他愿意支持英国为了在法国、比利时、荷兰、挪威以及丹麦等西欧国家寻得实现安全的基础而可能作出的任何安排。"

"艾登说,因为种种原因,他不可能签订秘密协议,其中一个原因就是他向美国政府承诺过不会如此做——他以此巧妙避开了苏联提出的这些要求。斯大林和艾登达成一致:艾登应把这些条款带回伦敦,以便与英国议会进行讨论,这些条款也应被传达到美国。"②

在斯大林与艾登的会面后,我们的立场没有改变:到战争结束时,我们才会考虑解决领土问题。英国与苏联于 1942 年 5 月 26 日签订联盟条约时,也拒绝同意在当时进行领土变更。然而,到了 1944 年,战争的进展(特别是在巴尔干半岛的进展)明确了一点:必须要制定关于欧

---

① 寇松线(Curzon Line),英国外交大臣乔治·寇松向苏俄和波兰建议的停战分界线。——译者
② 摘自《科德尔·赫尔回忆录》(纽约:麦克米伦公司,1948 年),1948 年,科德尔·赫尔著,第二卷,第 1167 页。

洲战后问题特定细节的某些协议。

在1944年5月30日，英国大使哈利法克斯[①]询问国务卿赫尔：根据英国与苏联之间的一项协议，苏联在罗马尼亚负有主要军事责任，英国在希腊负有主要军事责任，对此美国将作何感想。苏联军队于1944年4月进入巴尔干半岛地区这一事实，已经使得苏联和巴尔干半岛的关系来到了关键点，哈利法克斯说，在巴尔干半岛的问题上，特别是在有关罗马尼亚的问题上，苏联和英国之间出现了棘手的状况。他解释道，被提出的协议仅仅适用于战争条件下，不会影响到三大国中的任意一方在和平协议下行使的权利和责任。

赫尔对此提议表示了反对。第二天，丘吉尔给罗斯福发来了一份电报，强烈要求罗斯福支持自己提出的协议，并且强调这份协议仅适用于战争条件下。丘吉尔补充说，他已经向苏联提出了这份协议，苏联方也愿意接受这份协议，但是他们想知道美国是否对此表示同意。当美国国务院正在准备给予回复的时候，哈利法克斯于6月8日从首相那里带给了赫尔另一个消息。丘吉尔称，势力范围的问题并没有被考虑进来。他补充说，苏联人和罗马尼亚人、保加利亚人进行交涉，英国人和希腊人、南斯拉夫人进行交涉（希腊人和南斯拉夫人在英国的战区，希腊和南斯拉夫曾是英国的盟国），这对他来说很合理。

总统在6月10日发送了我们的回复，他指出，在任何国家，对军事行动负责的政府会作出军事态势所要求的决定。另一方面，这份拟定的协议可能会让军事上的决定扩展到政治和经济事务上。他指出，这样的一种情况必然会导致巴尔干半岛分裂为势力范围。美国更希望看到某种与巴尔干人民进行沟通的协商机制。

[①] 爱德华·弗雷德里克·林德利·伍德，哈利法克斯一世伯爵（Edward Frederick Lindley Wood, 1st Earl of Halifax, 1881—1959），英国保守党政治家。——译者

英国首相于次日回复，这样的一个机制会耽误行动。而且他不明白，为什么美国总统和自己不能把事情掌握在他们自己手中。他随后建议给予这份协议三个月的试用期。

总统在没有询问国务院的情况下，对三个月的试用条件回复了接受。他强调说，这一行为并不意味着他对任何有关战后势力范围的安排都表示同意。

即使有这个限定条件，我随后觉得并且仍然相信，这份协议是一个严重的错误。我还觉得，这次白宫和国务院之间缺少适当协作是一个严重的不足。我作为国务卿采取的第一个步骤是，通过任命查尔斯·E.波伦①为联络官来建立白宫和国务院之间更为紧密的联系。他在帮助白宫和国务院实现外交决策的协调统一上发挥了极大作用。

当葛罗米柯②大使于7月1日向国务院询问我们对于巴尔干半岛问题的意见时，我们告知他，美国同意对该协议三个月的试用期，但是我们想更明确一点：我们不赞成协议内容扩展到势力范围方面。

然而，1944年10月在莫斯科，丘吉尔和斯大林通过把各方将在巴尔干半岛拥有的影响力程度变成百分比而扩展了协议内容。我们位于莫斯科和安卡拉的大使馆告知我们，苏联将在保加利亚、匈牙利和罗马尼亚拥有75%到80%的话语权；英国和苏联将在南斯拉夫各享有50%的话语权；而希腊将全权由英国负责。

苏联和英国之间的这份协议使得这一点显而易见：美国不能再遵循其在珍珠港事件前夕所采取的立场了。有关欧洲战后问题的协议应当在

---

① 查尔斯·尤斯蒂斯·波伦（Charles Eustis Bohlen，1904—1974），美国外交官，苏联问题专家，是美国被称为"智者"的资深外交政策人员团体的核心人物。——译者
② 安德烈·安德烈耶维奇·葛罗米柯（Andrei Andreyevich Gromyko，1909—1989），苏联最高苏维埃主席团主席、苏共中央政治局委员。他担任苏联外交部长一职长达二十八年，曾参与筹建联合国及参加过雅尔塔、波茨坦等重要国际会议。——译者摘自《当代国际知识大辞典》，团结出版社

雅尔塔内幕　　011

三位领导人共同出席的会议上被制定出来。我们特别希望苏联和英国作出的一个保证是：在解放后的欧洲，将举行自由选举并将建立起代表人民的政府。

在1944年末，有许多亟待解决的难题，它们都要求协议的达成，而上述问题也只是这些难题的其中之一。罗斯福总统向我表达过很多次，他所相信的是，如果他和英国首相能再次与斯大林元帅进行会议，不但可以更快地结束战争，还可以制定出解决上述难题的方案，并为持久的和平奠定基础。国务院为了制定出能实现持久和平的方案已经研究了很多年，这份方案将由一个战后的国际组织去实现。罗斯福总统1941年1月6日的演讲为制定方案作出了极大贡献，他提议建立基于"四大自由"①的世界——发表言论和表达意见的自由，信仰上帝的自由，免于匮乏的自由和免于恐惧的自由。

随后在1941年8月，罗斯福总统与丘吉尔首相因举行阿金夏会议在一艘战舰上会面时，他们在《大西洋宪章》中对原则声明进行了更为详细的概述。1942年1月1日，当时丘吉尔正好在华盛顿，与正在和轴心国交战中的国家签订了《联合国家宣言》②，共同保证建立一个和平与安全的战后体制，这份宣言就是美国国务院起草的。

1943年10月，科德尔·赫尔亲自飞往莫斯科（这是他七十二年人生中第一次坐飞机），有部分原因是想赢得苏联对战后建立国际性组织的支持。1943年10月30日于莫斯科签订的《四国宣言》成为了美国举

---

① 四大自由（Four Freedoms），即言论自由、宗教自由、免于匮乏的自由和免于恐惧的自由。为美国总统罗斯福1941年1月6日致国会的年度咨文中所提出的目标。——译者摘自《第二次世界大战百科词典》，上海辞书出版社

② 《联合国家宣言》（Declaration by United Nations），亦称《阿卡迪亚会议宣言》，或《二十六国宣言》，1942年1月1日，美、英、苏、中等二十六国在华盛顿签署了《联合国家宣言》。宣言表示赞成《大西洋宪章》，并决心共同战败德、意、日法西斯侵略，决不和敌国单独议和。此宣言标志着国际反法西斯联盟正式形成，为日后创建联合国组织奠定了初步基础。——译者

国欢庆的主题①。苏联似乎也已经意识到建立一个世界组织的重要性。

在莫斯科,英国、苏联和美国的外交部长们不仅保证要在未来有更多更密切的军事合作,而且也赞同"将目前在战争中的密切协同和合作延续至战争结束以后的时期,对于本国和其他热爱和平的国家来说是至关重要的"。

他们进一步确认"为了维护国际和平与安全,在可实行的条件下尽早地建立一个普遍性国际组织的必要性——这个国际组织基于所有热爱和平国家的主权平等的原则而建立,不论国家大小,对所有这样的国家开放成员资格"。

在从莫斯科返程的路上,赫尔先生对国会联合代表团说:"极其重要的一个事实是,在这次会议上,现在和战后国际合作的全部精神被赋予了新生,并被实际地表达了出来。此次会议因此开启了一个进步性的行动,而我坚信,这个行动的规模和效能会稳步提升。在此行动的框架内,在相互理解、彼此信任的氛围中——也正是这种氛围,使这一行动从莫斯科开始成为可能,随着时间的推移,许多今日难以解决的问题,通过坦诚而友好的讨论,在将来毫无疑问更有可能会找到令人满意的解决方法。"

国务卿回国时所得到的来自公众、媒体和国会议员的巨大喝彩并没有让他冲昏头脑。回国后不久,在国务卿办公室里的一次会议上,有人说,当前的问题是由政治因素所决定的。这个人转而来问赫尔:"国务卿先生,您是一位政治家,您的观点是什么?"赫尔回答:"哦。我从前是一位'政客',从莫斯科回来以后就变成一个'政治家'了。"

---

① 第三次莫斯科会议,1943 年 10 月 18 日至 11 月 11 日,主要同盟国的外交官、军事将领在莫斯科召开会议,研究二战合作事宜,发表了《莫斯科宣言》,提议组建"欧洲咨询委员会"(European Advisory Commission)并得到此后不久 11 月 28 日至 12 月 1 日召开的德黑兰会议批准。——译者

在莫斯科的会议结束不到一个月后，罗斯福、丘吉尔和斯大林于德黑兰会面，并再次确认了在莫斯科所作的承诺：在战后，三个国家将继续齐心协力。

"我们应当寻求，"三位领导人承诺，"不论大小、所有国家的合作和积极参与，这些国家的人民如同我们本国的人民一样致力于消除暴政和奴役、压迫与偏执。我们将欢迎他们，因为他们选择加入民主国家的大家庭。"

回到华盛顿，1943年12月9日，国务卿特别助理利奥·帕斯沃尔斯基应赫尔先生的要求，组织了一个非正式的政治议程小组以进行关于筹建国际组织的讨论——这个小组其实自1942年2月起就已经在暗中开展工作了。这个小组的常任成员有艾赛亚·鲍曼博士①、名誉成员迈伦·C. 泰勒、本杰明·V. 科恩、詹姆斯·C. 邓恩、斯坦利·K. 霍恩贝克、格林·H. 汉克沃斯、利奥·帕斯沃尔斯基和哈利·诺特。

罗斯福总统1944年派我去英国执行过一项特别任务。在小组中陪同我的是鲍曼博士，他是我在许多事务包括与筹建国际组织相关事务上的顾问。我与安东尼·艾登达成了共识，即两国应于当年夏天到美国开展关于建立世界安全组织的会谈。在离开伦敦前，我将这一点共识告知了苏联大使古谢夫②。在回华盛顿的返程中，赫尔先生要求我来负责即

---

① 艾赛亚·鲍曼（Isaiah Bowman, 1878—1950），美国地理学家。1935至1948年担任约翰霍普金斯大学校长。1942年，在他的推动下该大学设立了应用物理实验室，成功研发了近炸引信，在二战末期发挥了重要作用。二战期间鲍曼还担任罗斯福总统顾问，并出席了筹建联合国的敦巴顿橡树园会议和旧金山会议。鲍曼从二战前开始就担任美国对外关系委员会"战争与和平"研究项目的领土问题小组组长，1945至1949年任该委员会副主席。——译者

② 费多尔·塔拉索维奇·古谢夫（Fedor Tarasovich Gusev, 1905—1987），苏联外交官。1943至1946年任驻英国大使，是1943年10月18日至11月11日第三次莫斯科会议上提议组建的欧洲咨询委员会成员，出席了德黑兰会议、雅尔塔会议和波茨坦会议。1946至1952年任外交部副部长。——译者

将召开会议的筹备工作。

从我在伦敦的会谈来看,有一点是显而易见的:美国不得不在筹建世界组织的问题上采取主动。我相信,若不是美国坚持不断地推进此方案,到战争结束时,就不会有联合国的出现。

作为我们积极主动的成果,我们在敦巴顿橡树园举办了关于建立世界组织的开创性会谈,1944 年 8 月 21 日至 9 月 28 日,与英国和苏联会谈;9 月 29 日到 10 月 7 日,与英国和中国会谈(苏联不和中国共同与会,因为这样可能会使苏联与日本之间产生矛盾①)。

美国关于建立世界组织的提议,被作为会谈的基本文件并为其他国家所接受。在此次会议上,几个主要大国的代表起草了一份文件,这份文件成为来年春天在旧金山所进行讨论之基础。我们一致通过了一份有关原则和宗旨的声明,同意成立联合国大会、安全理事会、秘书处、国际法庭以及经济和社会理事会。正是因为美国的坚持,经济和社会理事会才获得了其存在的一席之地。苏联和丘吉尔似乎没有理解美国对这个组织的关切之情:它不仅仅是安全组织,它所涵盖的领域比安全组织更广。

虽然我们已经在敦巴顿橡树园就英国、苏联、中国、美国是安全理事会常任理事国——甚至最后就法国也应当是安全理事会的常任理事国这一点达成了一致,但是我们还未就表决程序达成任何协议。苏联所提出的将所有的十六个苏维埃共和国纳入为成员国的提议,也遭到了一致反对。当我将苏联在会议中提出的不可能得以实现的要求告知赫尔先生时,他说:"这些苏联人是打算毁了我们建立世界组织的希望吗?"

---

① 此时苏联尚未对日宣战,直到 1945 年 8 月 8 日,苏联外交人民委员莫洛托夫接见日本驻苏大使佐藤,宣布从 8 月 9 日起,"苏联认为自己与日本处于战争状态"。至此,苏联才正式对日宣战,并加入《波茨坦公告》。——译者摘自《第二次世界大战百科词典》,上海辞书出版社

在敦巴顿橡树园会议期间及会议后,表决上的关键问题在于安全理事会中的表决程序。安理会应当采用能让其为了和平和安全而作出必要决策的表决程序。在敦巴顿橡树园会议上,这个想法没有遭到任何反对:安全理事会的职能将基于有效多数票决,或者说,所有的程序性问题都必须基于安理会常任理事国和非常任理事国的无差别多数票来决定。

关于程序性问题,英国支持三分之二多数表决制,而苏联偏向于简单多数表决制。我们原本支持简单多数表决制,但是只要苏联同意,我们也愿意接受英国的提议。然而,在这个问题上,却没有达成任何协议。1944年9月8日,在白宫的一次会议上,总统告诉葛罗米柯,在程序性问题的决定上,我们接受由安理会十一名成员构成的简单多数表决。在敦巴顿橡树园会议上,我们建议成员数为七名——12月5日总统发给斯大林的电报中包含了这一点,这一点也在后来的雅尔塔会议中被采纳。

安理会关于投票最严重的分歧集中在对实质性问题的投票表决上。英国、苏联、中国和美国必须决定,他们是否要接受安理会大多数成员投票所作出的所有决策,即认为其是必须被遵守的。在实质性问题和程序性问题上进行直接的简单多数表决,意味着任何一个大国的军事力量都可能在不被其自身认可的情况下而得以使用,在那些没有多少军事力量可以贡献出来的国家的投票占比大时,这种情况很可能会发生。

在敦巴顿橡树园会议中,四个大国中没有任何一方愿意接受这种情况。他们一致同意,让他们中的每一方都受到保护的唯一方法是,加入这样一个要求:安理会的任何一次多数票,都必须包括常任理事国的一致投票——或者,换句话说,每一个大国都享有否决权。

与国务院共事的陆海军将领,包括海军上将拉塞尔·威尔逊、哈罗德·特雷恩、阿瑟·赫伯恩、斯坦利·D. 恩比克将军、乔治·V. 斯特朗以及穆尔·费尔柴尔德，都坚决要求美方在涉及到使用美国军事力量的事务决策上拥有否决权。军方是不会向参议院推荐一个未经美国明确许可而允许擅用美国军事力量的世界组织的。

在国务院内的大多数平民专家和顾问也同意，对所有涉及经济制裁和军事力量的事务拥有否决权是有必要的。比如，过去反对美国加入国际联盟的主要声音就是，成员国的身份会让我们卷入到很多生死存亡的事务中去。这对于美国支持常任理事国的否决权起到了决定性作用。

在同意安理会常任理事国必须在涉及制裁的行动中全体意见一致后，在敦巴顿橡树园会议上未得到解决的问题就是：如若在其他实质性问题上，常任理事国中的一员成为争议中的一方，且此争议已经根据我们所提议的和平解决条款被提交到安理会，投票程序又应当如何进行。苏联坚称否决权应当发挥作用，但我们不同意这一立场。我们转而建议，应当建立一种特殊的程序来处理这些常任理事国之一作为争议一方的事件。

敦巴顿橡树园会议、雅尔塔会议和旧金山会议①期间，在关于建立世界组织的讨论过程中，三个大国的代表们不断地强调——无论有什么样的投票机制——对该组织的运行而言，大国间的协调一致才是归根结底至关重要的。对我们所有人而言，有一点是显而易见的：若有任何一个大国不配合，联合国就会崩溃，和平将岌岌可危。且不论联合国所采用的投票机制如何，若没有苏联、英国和美国的配合，就不会有任何一个世界组织能取得成功。

---

① 旧金山会议（San Francisco Conference），亦称联合国制宪会议。1945年4月25日召开，6月26日闭幕。此会根据雅尔塔会议决议，由中苏美英四大国发起，邀请《联合国家宣言》签字国以及后来签署了宣言并向法西斯各国宣战的国家参加。与会代表先后讨论了邀请参加国、安理会表决程序、国际托管最终目标等问题。会议还先后通过了《联合国宪章》、《国际法院规约》（作为宪章的组成部分）。——译者摘自《第二次世界大战大词典》，华夏出版社

1944年9月8日上午9点30分，我将葛罗米柯带到总统的卧室，他们就苏联和美国之间在敦巴顿橡树园会议上出现的分歧进行了一场三十五分钟的讨论。

一开始，总统告诉了葛罗米柯自己为即将与丘吉尔在魁北克进行的会议准备的一些方案，以此使得谈话的气氛活跃了起来。罗斯福强调，他和丘吉尔之间的讨论只有关于军事方面的问题。他补充说，他非常希望三位国家元首能尽早再举行一场会议。他也简短地提及了战争，评论道，我们在西方所投入的军事力量和苏联在东方所投入的军事力量，已经超过了各自的供应线所能供应的量，所以对于双方来说，现在这个时期，应当暂停战事、积蓄力量。总统告诉葛罗米柯，他对于双方前线的发展态势感到十分欣喜。他随后给葛罗米柯读了一份来自帕特里克·赫尔利[1]将军的电报，在这份电报中，赫尔利说，莫洛托夫告诉他，苏联对于中国的共产主义者不感兴趣。

在这次关于上述几个主题的观点进行初步的友好交流后，总统最终参加了敦巴顿橡树园会议，并且说，根据他的理解，只剩下一个基础性问题尚未达成一致。葛罗米柯说还有其他问题，但是当我问他其他问题的内容时，结果真正难以解决的仍是那一个问题，而我们拒绝同意十六个苏维埃国家的投票权并不包括在内。葛罗米柯说，他不能在投票问题和十六个苏维埃国家投票权的问题上让步，但是他也确实说，他可以对我们建立经济和社会理事会的提议表示赞同。

总统就这样一个问题开始了讨论：当大国之一成为不涉及使用制裁

---

[1] 帕特里克·杰伊·赫尔利（Patrick Jay Hurley, 1883—1963），美国陆军少将。1929至1933年胡佛总统时期任战争部长。1931年曾来华访问。1942年曾协助麦克阿瑟参加太平洋上的巴丹之战，后随罗斯福总统参加过开罗会议与德黑兰会议。1944年9月以罗斯福总统私人代表身份来到中国，10月就任驻华大使。——译者摘自《中外关系史辞典》，湖北人民出版社

的争议中的一方时，它是否应该拥有投票权。总统说，就这个国家的传统而言，当丈夫和妻子将争议诉诸法庭时，两人都有权陈述案情，但是他们中的任何一人都无权担任陪审员。总统将美国的"公平对待"概念追溯到我国开国元勋们的时代。他随后强调，我们在参议院将难以处理苏联的提议，不过他补充说，他觉得，关于紧急调用军事力量的议题在参议院是可以成功通过的。

葛罗米柯对于总统所说的话似乎并不完全感到沮丧。他得体地接受了这些话语，问了一些问题，并讨论了他向莫斯科解释我方立场的方式。

这个时候，我问道，若罗斯福总统就这一问题发送一份讯息给斯大林元帅，是否可以对他有所帮助。总统补充说，除非对他有所帮助，否则我们不希望发送这样一份讯息。葛罗米柯说，他把这件事交由我们判断。随后，我向总统呈交了一份由波伦准备好的草稿。这份草稿概述了我们在投票问题上面对的难题；还提及了传统的美国概念，即争议双方不可在他们自己的案子中投票；并说如果国际组织的方案违背了这一概念，美国大众既不会理解也不会支持这一方案。这份草稿还暗示，我们感觉其他国家尤其是其他小国，会与我们有相同的感受。这份草稿以一句表达希望的话收尾：希望斯大林可以指示他的代表团与我们在对此事的观点上达成一致。总统认为这份电报写得很好，但是他要求我们为他这个"丈夫和妻子"的比喻增加一个参考来源，并且要求我们就对苏联的提议很可能出现的负面反应以及我们在参议院中通过此方案的困难作更多强调。总统要求根据他的建议重新起草这份电报，并把它寄给总统的私人秘书格蕾丝·塔利[①]，以便立刻发送。

[①] 格蕾丝·塔利（Grace Tully, 1900—1984），美国总统富兰克林·罗斯福的私人秘书。自罗斯福当选纽约州州长开始，塔利就一直协助蜜茜·勒翰德负责罗斯福的私人秘书工作。1941年6月蜜茜·勒翰德中风之后，塔利接任罗斯福私人秘书，一直到他1945年4月12日去世。——译者

斯大林于 9 月 14 日发来了一个总体上算是消极的回复，他重申，他相信大国之间的全体意见一致必须在所有问题上得到维持。然而，他也确实说，他不会反对制定出一个特别方案，来解决牵涉到大国之一且不涉及制裁的争议。斯大林的这种态度使得事情有了转圜的余地。帕斯沃尔斯基和他的工作人员制定出了一个方案，此方案于 12 月 5 日被发送给斯大林和丘吉尔，后来在雅尔塔会议上被接受。

我相信，总统与葛罗米柯的讨论是美国在建立世界组织的问题上赢得苏联合作的重要一步。罗斯福应对葛罗米柯一事，仅是罗斯福总统能与苏联人以耐心和冷静的精神进行合作的例子之一，同时，他也坚定而明确地展现了美国的立场。

当敦巴顿橡树园会议上的对话告一段落时，作为美国代表团的团长和会议的主席，我建议，我们要迅速地采取措施，就未得到解决的投票问题达成协议。

有好几个月的时间，罗斯福相信，与丘吉尔和斯大林再举行一次会议以筹划战争最后阶段的军事策略，是头等重要之事。在 1944 年年末，自从三位领导人在德黑兰会面之后，战争的进程经历了急剧的变化。第二战场如今已经变成了现实。红军已经将德国人赶出了苏联的领土，现在他们已经深入欧洲要塞的腹地。对于给予德国最后一击和让苏联加入远东战争两件事来说，筹划是至关重要的。此外，法国、比利时、希腊、荷兰的部分地区、挪威、波兰、南斯拉夫和捷克斯洛伐克的解放以及罗马尼亚和保加利亚的投降，皆要求三位领导人作出决策。

总统利用即将到来的苏联、英国和美国的会议，将处理在敦巴顿橡树园会议上还未解决的问题提上了日程。他觉得，一个在战争结束之前创立的强大的世界组织，将帮助世界应对因对被解放地区的控制而产生的无法逃避的难题，还会使势力范围的重要性与从前相比变得更小。

"三巨头"会议的地点引发了大量的讨论。斯大林已经告知罗斯福总统和丘吉尔首相,苏联的冬季攻势正在进行当中,他个人需要作出许多决策,因此他不能离开苏联的领土。在雅尔塔会议期间,我们已经有许多次认识到斯大林元帅在制定最佳军事策略上所付出的大量时间,所以我们最好对他拒绝因"三巨头"的这些会议离开苏联一事表示理解。

自身就是一个狂热地理学家的罗斯福总统,为了在苏联境内气候温暖的港口举办下一次会议而特意研究了地图,以寻找到可能的地点。他已经与哈里曼[1]大使就这个问题进行了交流。最终,在他为第四任任期再次参加选举后,哈里·霍普金斯[2]在总统的要求下,与葛罗米柯提议,将克里米亚作为即将召开会议的地点。虽然有人反对让总统出行至如此之远的地方,但霍普金斯写道:"我确信,总统最后会去克里米亚,首要的原因就是,那是他在世界上从未访问过的一部分,而他的探险精神一直指引着他走向不同寻常的地方,而且对他来说,选举已经结束,他不会再因为政治原因而为选举烦恼了。"[3]

我清楚地记得,12月中旬的那一天,总统小声地告诉我,我们将要去雅尔塔。"你最好看看地图,"他说,"但是要在没有他人在场的时候看。"

虽然总统的有些顾问试图劝说总统不要去克里米亚,但是他知道,会议很重要,而且维护世界和平的价码太高昂了,以至于他不能因为举

---

[1] 威廉·埃夫里尔·哈里曼(William Averell Harriman, 1891—1986),美国商人、外交家、政治家。二战爆发后,1941年春担任罗斯福总统派驻欧洲的特使,协调租借物资发放事务,先后出席了大西洋会议、莫斯科会议、德黑兰会议、雅尔塔会议和波茨坦会议等一系列盟国重要会议。哈里曼是美国被称为"智者"的资深外交政策人员团体的核心人物,也是乔治·凯南"遏制战略"的积极倡导者,推动了美国冷战政策的形成和实施,在国际外交舞台上发挥了重要作用。——译者
[2] 哈里·劳埃德·霍普金斯(Harry Lloyd Hopkins, 1890—1946),美国政治家。1935至1938年任公共事业振兴署署长,1938至1940年任商务部长,是罗斯福总统的重要顾问之一,也是新政的主要设计者之一,参与组建并领导了公共事业振兴署。——译者
[3] 摘自罗伯特·E. 舍伍德,《罗斯福和霍普金斯:一段亲密的历史》(纽约,哈珀兄弟出版公司,1948年),第845页。

行会议的地点太远而使世界和平受到损失。丘吉尔就像总统的一些顾问一样,十分反对去克里米亚。他在马耳他说,没有人能挑选出一个更加不便利的会议地点了。另一方面,他也像总统一样,想要去实现一个稳定的世界。1944年4月我在英格兰拜访丘吉尔的时候,他曾经说:"世界是一只受伤的动物。"几天后,在我们展望未来、都希望能有一个世界安全组织出现之时,丘吉尔首相这样说道:

"你们年轻人必须让这个想法实现。我也许已经不在了。如果想都不敢想,那事情一定不会成功……丁尼生的那句诗用在这里是贴切的——我们必须'无力地紧抓住更大的希望'。"

在总统乘美国"昆西号"巡洋舰前去马耳他与英国首相见面的路上,我们的情报机构发现敌方知晓了会议的地点。总统立刻被告知了此事,但是考虑到在那时候安排与斯大林会面的困难性,总统决定完成原计划。

总统之所以这样决定的原因,并不是因为他相信自己拥有催眠式的影响力,也不是因为他喜爱个人外交,而是基于一个毋庸置疑的事实:在苏联,只有斯大林元帅才能做决定。经过几年的时间,我们发现,我们以为斯大林知道美国的立场的这个想法不总是正确的。当他后来了解到我们真正的立场是什么的时候,他会经常否定他的顾问的想法。

总统相信,和平有赖于三个大国对团结的发展和维护。如果通过耐心和理解,让苏联能够被纳入一个正常运行的世界组织之中,它就能成为世界事务中的建设性力量。反之,如果这个世界被分裂为两个军事阵营,那么苏联就会成为世界事务中的毁灭性力量。虽然总统不希望因为他和斯大林的会议而去到一个像克里米亚一样遥远的地方,但是实现世界和平在他心里是高于一切的。对于总统而言,为了实现和平的前景,就算跨越大半个地球，也是十分值得的。

  总统在雅尔塔会议前和会议中对苏联人都没有抱有幻想。他很清楚与苏联打交道时自己所要遭遇的危险和困难。他在工作中怀着这样的希望和信心：一个稳定的世界秩序能够得以实现。他并不像他的敌人所指责的那样心存幻想，即世界和平可以通过对苏联做出让步而被轻易实现。希望和幻想是两个不同的事物，总统非常清楚它们之间的差别。

第二章 在马拉喀什和那不勒斯举行的会议

雅尔塔位于克里米亚东海岸,距离土耳其、罗马尼亚和保加利亚不到300英里(约482公里)。雅尔塔在莫斯科以南约900英里(约1 448公里),在华盛顿以东约5 700英里(约9 173公里),在伦敦东南方向约3 000英里(约4 828公里)。这样的交通条件为组织会议提供了绝佳的条件,也给军方的通信保障提供了便利。总统必须不断跟进了解国会中的进展,与内阁的成员一直保持联系,并且持续掌握不同战区中局势的动向。国务院和参谋长们也必须与他们在华盛顿的办公室保持联系。美国预先获得了土耳其的许可,得以让美国船只通过达达尼尔海峡,而且美国军舰"科多克顿号"可以作为通信船被派遣前往塞瓦斯托波尔[①]。"科多克顿号"以距离会议地点800英里(约1 287公里)的塞瓦斯托波尔为基地,因为德国布下的水雷还未全部从雅尔塔的港口清除。美国通信部队在里瓦几亚宫[②](美国在雅尔塔的总部)设置了通信设施,以提供从雅尔塔由"科多克顿号"发往华盛顿的直接通信。

虽然罗斯福总统是以乘船的方式远途航行到马耳他的,但大多数军事人员和国务院代表团全体人员是飞越大西洋到达目的地的。在英国和美国的代表团在马耳他岛集结的一周以前,美国海军为保护乘飞机前去与会的人员的生命安全,进行了最为小心谨慎的安排。每架飞机都被要求在由海军划出的飞行路线中飞行,并且自百慕大群岛至亚速尔群岛[③]

每 300 英里至 500 英里处就停泊着一批驱逐舰，以援助任何遇到危险的飞机。在情报机构报告说敌方已经对会议有所察觉后，作为额外的安全措施，我方的所有飞机都被要求在大西洋上空飞行时使无线电处于静默状态。只有在发送遇险信号时才能使用无线电。除了驱逐舰之外，海军还安排了许多配备有营救设施的飞机在百慕大群岛待命。

这趟自马耳他出发，飞越地中海、黑海，至克里米亚萨基机场的危险航班，要求我们秉持最谨慎的精神、进行最极致的准备。约有 20 架 C-54 飞机和 5 架英国"约克式"飞机承载着总统和他的陆海军将领、外交官，还有英国首相及其工作人员，执行了这趟长达七个小时的飞行任务。

飞行计划要求飞机以十分钟的间隔飞离马耳他，所有飞机将以稳定的速度航行，每架飞机飞在不同的高度。飞机飞行时将关闭灯光，且机上的无线电将保持静默。万一有任何一架飞机遭遇袭击，该飞机将使用一个已经提前约定好的无线电频率来警告其他飞机。若确实发生了袭击，所有飞机将改变飞行方向，飞往位于非洲的基地。

身处马耳他的所有人对罗斯福总统和丘吉尔首相的安全感到极度不安，不仅因为对德国战斗机拦截怀有巨大担忧，还因为发生了一场非常不幸的飞行事故。一架载有外交部工作人员的英国飞机在去马耳他的途

---

① 塞瓦斯托波尔（Sebastopol），位于克里米亚半岛西南端，著名港口城市、黑海门户、俄罗斯海军基地、黑海舰队司令部所在地，战略地位重要。——译者
② 里瓦几亚宫（Livadia Palace），位于雅尔塔西南 3 公里处的黑海岸边，"里瓦几亚"希腊语意为"草地"。1862 至 1866 年建成沙皇庄园，1894 年作为最后一个沙皇尼古拉二世的夏宫。雅尔塔会议期间，罗斯福在此下榻，并在此签署了《雅尔塔协定》。——译者
③ 亚速尔群岛，位于北大西洋东中部的火山群岛，由 9 个火山岛组成，陆地面积 2 344 平方公里，为葡萄牙海外领地，是欧洲、美洲、非洲之间的海、空航线中继站，战略和交通位置极其重要。第二次世界大战期间，建在特塞拉岛上的拉日什和圣玛丽亚岛上的圣玛丽亚两座空军基地，是连接美国与欧洲战场的交通中心，也是盟军在大西洋进行反潜作战的重要基地。——译者

中坠毁，几位英国代表团成员遇难。

从马耳他到克里米亚的飞行计划要求向正东方向飞行三个半小时，随后，在到达克里特岛之前进行一个九十度的左转弯，因为当时克里特岛仍在德国人的控制当中。当飞机到达希腊的海岸时，它们将沿海岸飞行，随后在爱琴海上空飞过，到达达尼尔海峡和土耳其，并越过黑海。飞机都使用了一个安全密码：每架飞机，在即将抵达萨基时，必须根据无线电信号发送器发送的信号进行一个九十度的转弯，如此一来，苏联人就会知道该飞机并非属于敌方。

在联合代表团离开马耳他前一天发生的意外，大大加剧了他们对于飞机是否安全的担忧。一架载有会议所需装备的飞机，被派去在英国和美国工作人员设计的飞行通道中进行试飞。在开始的三个半小时里，顺风非常强劲，以至于飞机比航空地图原本计划的飞行速度更快、飞的距离更远。当飞机抵达克里特岛时，德国的防空火炮开启，并在飞机得以飞出其射程之前直接击中该飞机两次。

就在总统乘船前往马耳他岛的前几日，他和我就诸如安全理事会中的投票机制，法国参与对德国的占领，苏联对战后重建的看法，波兰、伊朗、巴尔干半岛问题和欧洲势力范围划分等事宜进行了多次谈话。

因为国务院工作人员对这些问题准备的材料透彻详尽，总统深有触动。工作人员将这份材料放入了一个活页夹供总统过目。总统在大致翻阅之后，说："我希望将这本活页夹放进我在船上的隔间里。"我便把活页夹交给了塔利小姐。

在我以国务卿、副国务卿、《租界法案》执行人的身份与总统共同参与的许多会议中，他对于复杂国际问题的强大的掌控能力不断地触动着我。我所呈送的事实情况也许是刚刚发生不久的，但是这位世界级的政治家，如丘吉尔一样，甚至在我完成我的解释之前，似乎已经对其中难题有了发自天性的理解。亚历山大·卡多根①也曾同意我的观点。在他所认识的人当中，像罗斯福总统和丘吉尔首相这般拥有罕见能力的，不过寥寥。

根据总统的建议，国务院代表团乘飞机前往北非，用数日的时间审度美国对于将在克里米亚讨论的问题采取的立场，其后，代表团飞往马耳他，在总统抵达之前与英国人进行商榷。

与我同行的国务院专家有：欧洲事务办公室主任——H. 弗里曼·马修斯；特别政治事务办公室副主任——阿尔杰·希斯②；以及国务卿助理，怀尔德·富特。在马耳他和雅尔塔，哈里曼大使和查尔斯·波伦也是国务院代表团的成员。1944 年 4 月，当我在伦敦的时候，希斯已经由远东事务办公室被调往了特别政治事务办公室，在埃德温·C. 威尔森手下工作。后者从美国驻法国民族解放委员会外交代表的岗位上被召回，负责带领特别政治事务办公室，为召开敦巴顿橡树园会议进行筹划工作。1943 年 10 月，在我成为副国务卿后不久，经过总统和赫尔先生的批准后，我叫来联邦调查局帮助进行一次对国务院的安全检查。在此次检查过程中，助理国务卿 G. 霍兰德·肖负责与联邦调查局进行联系。在我于国务院供职的期间，我从未在国务院内外人员或联邦调查局人员那里听到过对希斯先生忠诚度的质疑之词。

在敦巴顿橡树园会议、雅尔塔会议、旧金山会议，以及在伦敦举行

---

① 亚历山大·卡多根（Alexander Montagu George Cadogan，1884—1968），一译"贾德干"，英国外交官。——译者

② 阿尔杰·希斯（Alger Hiss，1904—1996），著名的"希斯间谍案"当事人。1944 年任国务院特别政治事务办公室副主任，专门负责研究筹建战后国际组织，出席了敦巴顿橡树园会议和雅尔塔会议。在 1945 年 4 月 25 日至 6 月 26 日召开的起草《联合国宪章》的旧金山会议上，希斯担任秘书长，为联合国的成立做了大量工作。此后他被指责在雅尔塔会议上向苏联做了不必要的妥协。1946 年末离开政府，任卡内基国际和平基金会主席，1948 年被指控为苏联间谍，1949 年 5 月被迫辞职。"希斯间谍案"是在冷战初期美国国内麦卡锡主义盛行的背景下发生的，一直备受争议。——译者

的首届联合国大会这些会议的整个过程中，希斯都有绝佳的表现。我一直有理由相信，希斯在这些会议上履行职责之时，他行为得体且表现出了爱国之情。本书接下来的内容将会展现他在雅尔塔会议中做出的贡献。

除了与我同往克里米亚会议的国务院专家们以外，美国陆军还指派了一个由李·布兰卡德、乔治·T. 康恩以及拉尔夫·L. 格雷厄姆组成的秘书处，作为美国代表团的医务官员陪同我们。

1945年1月25日早晨，天气寒冷刺骨，当天我们离开位于华盛顿的国际机场，踏上了前往克里米亚的旅途。我们乘坐的飞机是一架C-54，飞机于9点起飞，三个多小时后，穿过云层降落，我们第一次看见了珊瑚礁。飞机降落在百慕大的肯德利费尔德机场，当地气温70华氏度（约21摄氏度）。

在我们去雅尔塔途中，为我们服务的机组成员非常优秀。威廉·F. 里奇蒙德少校担任指挥官，那年春天我从伦敦回国的航班就是由他驾驶的。在1943年，他曾担任埃迪·里肯巴克①前往苏联的飞行员，并且曾为肯尼中将②驾驶飞机，飞遍了整个南太平洋和西南太平洋上空。里奇蒙德少校在为人和作为飞行员这两个方面，都是出类拔萃的。他性情安静，有如岩石一般坚定不移的品质，而且从他被单独指派给非常重要的"贵宾"驾驶飞机来看，他一定是陆军运输司令部中首屈一指的顶尖飞

---

① 爱德华·弗农·里肯巴克（Edward Vernon Rickenbacker，1890—1973），昵称"埃迪"（Eddie），美国一战时期的王牌飞行员，击落敌机26架。民用航空业先驱之一，曾长期担任美国东方航空公司总裁。——译者

② 乔治·丘吉尔·肯尼（George Churchill Kenney，1889—1977），美国陆军四星上将。1942年7月任西南太平洋战区盟国空军司令，9月兼任美国陆军第5航空队司令，10月晋升中将，成为西南太平洋战区最高司令道格拉斯·麦克阿瑟将军的得力助手。1944年6月任远东空军司令，下辖第5、第7和第13航空队，1945年3月晋升上将。1946年4月任新成立的美国战略空军首任司令。1948年10月任美国空军大学校长。1951年9月退役。——译者

行员①。

谈及被列为"贵宾",让我想起了一件事:赫尔在去莫斯科的途中参观在开罗的机场时,他的飞行员曾对他说道:"这是贵宾室,您知道这代表着什么。"赫尔回应道:"我不知道这代表什么,不过我知道他们中的一些人是什么。"

我们于晚上7点离开了百慕大,用了整夜的时间飞越南大西洋。就在我们的聚餐要结束前,我问里奇蒙德少校,让我们那晚不穿衣服是不是他的主意。他回答道:"是的,长官,你最好别穿衣服,因为当你落到水面上时,你会被很快冻住的。"

快到破晓时分,我们看见了亚速尔群岛。几分钟后,我们开始在特塞拉岛的拉日什机场降落,特塞拉岛从空中看起来很美。特塞拉岛的海岸线是由险峻的悬崖组成的,这些悬崖陡然竖在海中。而岛屿本身有许多的小山坡,我们目之所至是被石墙包围起来的古雅田地。

在这次旅途中,我对亚速尔群岛有着特别的兴趣——因为罗斯福总统曾告诉我,当他还是海军部副部长时,他曾来过亚速尔群岛,他认为这些群岛是世界组织永久总部的理想所在之地。

我在九个月前回伦敦的路上曾途经特塞拉岛,这个机场现在发生了巨大的变化。之前这里没有建筑物,空军部队的官兵们全都驻扎在帐篷中,而跑道也只是一个金属板铺成的长条。如今,一条混凝土跑道被投入使用,这里有一个巨大的飞机库,有15或20座半永久的营房,并且还有许多其他建筑物。

---

① 除了里奇蒙德少校外,其他三位主要的机组成员有:高级飞行员,诺尔曼·S. 波特努瓦中尉;初级飞行员,肯尼思·J. 史蒂文斯中尉——身高6英尺3英寸,身材壮硕,被其他三位主要机组成员称为"小家伙";以及领航员,威廉·F. 芬尼。还有其他的四位机组成员是:初级军士长杰斯·J. 克雷克斯,参谋军士大卫·T. 肯尼思,参谋军士雷蒙德·J. 戈德沙尔克以及参谋军士戴·U. 莫泽,他们是一个出色、高效的团队。

雅尔塔内幕　　029

马歇尔将军的飞机落地时间比我们的飞机晚二十分钟。在用完一顿丰盛的美式早餐后,马歇尔将军和我一起在露天平台上俯瞰机场和山谷中绵延的山丘。在看着太阳从这座孤独岛屿的山丘上升起时,我们讨论了我们对于未来的和即将到来的新时代的希冀。

几周后,在白宫,罗斯福总统在一日午餐后将我叫到他楼上的书房中,一定是把我看作他的亲信,在最高级别的保密情况下,给我讲了一个具有深远影响的试验——它可能会彻底改变世界。他告诉我,他还不确定要完善一种新型的炸弹——原子弹——需要多久,但有可能过不了多久,如果有人在纽约城的第四十二街和百老汇投下这种炸弹,总统说,随之而来的爆炸将会将纽约夷为平地。他所描述的一切就像一个不可思议的梦境。

总统接着说,国务院是时候考虑原子弹的事情了。到目前为止,只有最顶级的军事人员和身居要位的科研人员知晓原子弹项目,我是国务院中第一个得到消息的非军事人员。整个项目的保密级别是如此之高,总统说,以至于都不能按照平常的方式具体说明从国会出去的项目拨款,以防范机密从国会泄露出去的风险。

在和总统谈话之后,我应战争部长史汀生①的要求去同他见面,以在这个问题上建立与军方的联系。史汀生在他的助理哈维·邦迪面前讲述了一些原子弹工程的历史以及科研人员是如何将问题传达给总统和战争部的。在这次会谈中,我说我将任命助理国务卿詹姆斯·C. 邓恩来负责就所有与原子弹相关的事务与军方进行联系。

在"三巨头"会议于雅尔塔召开的前几周里,据报告,相当多的苏联情报活动正在我们的西海岸进行着。根据这些报告,我确信,苏联人

---

① 亨利·刘易斯·史汀生(Henry Lewis Stimson, 1867—1950),美国共和党政治家。1890年毕业于哈佛法学院,早年在华尔街从事律师工作。先后在多届政府中担任重要职务,对国家的外交和战争政策均发挥过重要影响。——译者

必然已经对我们正在进行的计划有所了解。然而，苏联人从未向国务院提及我们的原子弹研究。

然而，我有一种感觉，就是在克里米亚会议上，苏联人也许会问总统、马歇尔将军或者我有关原子弹研发的问题，并且我认为我们应就此问题有所准备。

1945年1月26日清晨，还在亚速尔群岛上，马歇尔将军和我讨论了这一可能性。他觉得，我们无法为这样一个可能发生的事情提前制订计划，因此我们要等问题出现的时候，根据环境和条件去处理它。实际上，苏联人在雅尔塔会议上从未提到过这个问题。我收到报告称，当杜鲁门总统在波茨坦会议上正式告诉苏联有关原子弹的事情时，苏联人至少在表面看起来对此事无动于衷。

我与马歇尔在亚速尔群岛上的谈话结束之后，国务院小组和我登机飞往法属摩洛哥的马拉喀什①。同时，马歇尔将军与艾森豪威尔将军一起飞往马赛的一个秘密聚会地点。马歇尔随后在马耳他与我们会合。

在接下来的几个小时里，我们研究了我们为雅尔塔会议准备的文件。大约下午1点时，里奇蒙德少校叫我去飞机的头部观赏非洲海岸的第一眼风光。不到六分钟我们就越过了海岸线。下面的土地让我想起了亚利桑那。在棕色和黄色的沙漠中，被灌溉的地方有一方一方明亮整洁的小麦田，到处都可以看到有着泥土墙的阿拉伯村庄，有些村庄中的房子是棕色的，有些村庄的房子被粉刷成了白色。远处的阿特拉斯山隐约可见，我们能看见山尖上的雪。

我们很快发现了一条公路，直通我们的目的地马拉喀什。我们在亚速尔时间下午1点48分降落在马拉喀什机场，看见至少有100架新型四

---

① 马拉喀什（Marrakech），位于摩洛哥西南部，坐落在阿特拉斯山脚下，有"南方的珍珠"之称。名字源自柏柏尔语，意思是"上帝的故乡"。马拉喀什是摩洛哥的古都，四大皇城之一，摩洛哥的国名也是源自此都，是著名旅游胜地。——译者

引擎轰炸机正准备飞往前线。

在马拉喀什时，从1月26日周五到1月29日周一，我们就即将到来的会议上可能被提出来的问题进行了长时间讨论。我们从身处华盛顿的代理国务卿约瑟夫·C.格鲁①处收到了很多电报，这些电报告知了我们有关以上全部问题的最新进展。我们除了有这个从华盛顿来的源源不断的信息流之外，也为自己准备好了极佳的材料以应对任何在雅尔塔会议上可能被提出的问题。

在为随后与总统在马耳他进行的讨论所准备的问题当中，我与马修斯、希斯和富特在马拉喀什回顾了这些问题：

一、由大不列颠、苏联、法国和美国组成的欧洲高级委员会的建立

拟建的委员会将帮助欧洲过去被占领之地和纳粹附庸国建立受欢迎的政府和推进解决紧急的经济难题。这个委员会不对战争的指挥或者对德国的战后管理负有责任。有关德国的问题将留给欧洲咨询委员会来处理——它是在莫斯科会议上被创造出来的。国务院觉得，欧洲高级委员会的建立，"会向美国及其他地方的社会舆论做出保证：这四个国家将齐心协力解决迫在眉睫的问题，同时，它们正在推进一般性国际组织的建立。"

此委员会的提议整合起来就是《关于被解放的欧洲宣言》。在经过一些改动之后，《关于被解放的欧洲宣言》在雅尔塔会议上得到通过，但是罗斯福总统决定不在会上介绍高级委员会。我就这个问题和总统产

---

① 约瑟夫·克拉克·格鲁（Joseph Clark Grew，1880—1965），美国外交官。哈佛大学毕业。1932年调任驻日本大使。任职初期主张对日绥靖，随着日美矛盾的尖锐改变态度。珍珠港事变后被扣留，次年春被遣送回国。1944至1945年再任副国务卿，曾力主保持日本的天皇制。——译者摘自《第二次世界大战百科词典》，上海辞书出版社

生了分歧，并且对他未将建立欧洲高级委员会的提议列入会议议程感到极为失望。国务院为了准备这个提议耗费了心力，而且我相信，如果建立了这样的一个委员会，一些在东欧出现的难题也许就会得以预防。

二、对德国的处置

国务院提议批准通过欧洲咨询委员会在伦敦就占领区和管控机制写就的协议草案。我们在该委员会的代表约翰·G. 怀南特①，还有菲利普·E. 摩斯利——后者是怀南特的政治顾问和代理人——须和军方分担美方的决策责任。1944年9月和11月，在欧洲咨询委员会的会议上，英国、美国和苏联的代表签订了关于将德国划分为三个占领区并建立"大柏林"地区且将其作为第四个联合占领区的协议②。在雅尔塔会议上，通过了这样的决定：分配一个地区给法国，以此德国被分为四个占领区，而柏林就被当成第五个占领区或者是联合占领区。然而，柏林并不算在苏联的占领区内。把随后将法国加入其中的协议算在内，1944年签订的协议的结果之一，就是英国军队、法国军队和美国军队以与苏联军队完全相同的权利驻扎在柏林。然而，在1944年签订的协议中，并没有详细说明同盟国对于柏林的权利。

对于柏林的权利在1944年没有被说明确，因为在那时要预估在德

---

① 约翰·吉尔伯特·怀南特（John Gilbert Winant, 1889—1947），美国共和党政治家。1941年3月被任命为驻英大使，接替了当时倾向绥靖政策的原大使约瑟夫·肯尼迪。他到任后迅速与英王乔治六世和首相丘吉尔建立了良好的关系，后来因其贡献成为继艾森豪威尔后第二个被授予英国荣誉勋章的人。1946年4月卸任大使后，被任命为驻联合国教科文组织代表。——译者

② 艾森豪威尔将军在《远征欧陆》（纽约：双日出版社，1948年）的第474页中写到，美国在雅尔塔会议上本应坚持将易北河作为分隔东占领区和西占领区的分界线。这些边界并不是在雅尔塔会议上被划分出来的，而是在1944年9月和11月在伦敦得到一致通过的。雅尔塔会议只是通过了这些之前已经签订的协议。

国投降之后，柏林周围有哪些铁路、桥梁、公路和运河还可以使用是一件不可能的事。因此，各方一致同意：欧洲咨询委员会应当将同盟国军队出入柏林权利的细节问题留给军事当局解决。1945年6月，军方高层司令部进行了有关这些内容的谈判。随之产生的协议保证了出入柏林的权利。这些协议似乎令各国都满意，所以军方觉得再拟定一个详细协议来防止可能永远不会发生的意外事件非必要之举①。

国务院也提议，"三巨头"在雅尔塔会议上应就以下几点达成一致：解散所有德国军事力量以及防范其卷土重来；销毁现有的德国战争装备，防止其未来生产此种装备；销毁不能转用于在和平世界中发挥作用的工业厂房和机器设备。另外，国务院提议剿灭纳粹党，废除纳粹制定的法律，查封纳粹设立的机构，停止纳粹进行的文化教育活动，革除现居公职或在私人企业中身居要职的纳粹分子的职位。

至于对德国在经济方面的处置，国务院建议，最终的结果应当是要废除德国的经济独裁并清除德国用以进行经济侵略的工具。为了不久的将来，我们提议应把削弱德国的战争倾向和帮助战胜国恢复经济作为目标。为了实现这些目标，国务院建议与英国和苏联就以下几点进行商讨：

1. 我们应当鼓励联合起来承担对德国经济生活进行指导和重新制定方向的重大责任，其中包括防止在德国战败后的初期产生难以处理的混乱经济局势。

2. 经济裁军行动应当包括阻止德国生产陆军和海军军备以及任何类型的飞机；销毁为其生产提供帮助的特别的设施；建立控制以侦察其为

---

① 见菲利普·E. 摩斯利《柏林僵局》，《美国视角》第二卷第七期，1948年12月，334页。或见《纽约时报》1948年10月12日，为获得英国对此立场的支持而撰文。此处作者是指1948年6月24日，苏联采取军事行动，全面封锁了盟军出入西柏林的在东德领土的必经之路，包括公路、水路和地下铁路，由此引发"柏林危机"。——译者

挑起战争而秘密进行的任何形式的准备活动。

3. 应当考虑在重要工业用品的生产和在金属、金属制品以及化学制品领域，对出口进行更广泛的限制。

4. 在德国战败后的早期，占领区的机构不应采取措施提供比为防止疾病和无序所要求的更高的生活标准。应就这里的最低生活标准达成一致，且如果有必要，应就保证此种最低标准的措施达成一致意见。

5. 我们应当选择将遗留下来的德国工业转换成能用于和平时期生产的工业，特别是要为了欧洲国家的重建生产赔偿物资。

6. （欧洲国家）经管制当局允许将赔偿物资进口所付款视为对于德国出口的初次收费。

7. 我们支持德国赔偿全部被其掠夺的可算清的财产。

8. 我们提议建立起保证在国际上交换基本物资的机制。

9. 我们应当寻求会同英国及苏联，在有关大型工业公司的管控政策和清除工业界及金融界中目前身居具有影响力的职位的纳粹分子这两点上达成一致意见。

在国务院和其他政府部门中，长期讨论的主题一直是重建和针对德国的长线的经济政策。虽然我们坚定地遵守无条件投降的政策，但是我们已经帮总统准备了在1943年12月24日所作的如下声明："美国无意奴役德国人民。我们希望他们在和平时期中，和有一技之长、值得尊敬的欧洲公民一样，有正常的发展机会。"

在1944年9月的魁北克会议上，财政部长小亨利·摩根索①说服了总统和英国首相在一个针对德国的严厉的项目上签字。赫尔和史汀生两位内阁成员去向总统抗议过《摩根索计划》。国务院也了解到，安东

---

① 小亨利·摩根索（Henry Morgenthau, Jr., 1891—1967），美国政治家，富兰克林·罗斯福总统时期的财政部长，负责监督为美国摆脱经济大萧条的新政实施的各项计划所需3 700亿美元拨款的使用。——译者

尼·艾登已经和英国首相就实施这个计划进行过了激烈的讨论。在和总统分别谈话结束后，赫尔和史汀生相信，总统在参加魁北克会议时还没有了解到，他在会议上让自己承担起的事情有多严重。

虽然摩根索继续推进他的计划，但是到了1944年10月的时候，总统已经决定不再接受这份计划。在一份10月20日写给国务院的备忘录中，总统明确表示，他同意国务院的经济计划。在1945年2月4日召开的雅尔塔会议上，我们在给总统的一份备忘录中阐明了我们的政策，其内容是：

"我们应当支持：破除德国自给自足的社会状态，推翻它对欧洲进行经济控制的地位，清理其特定领域的主要工业，阻止其生产武器和任何类型的飞机，并且继续掌握控制权以期实现这些目标。"[1]

三、波兰问题

各方决定就领土问题的解决给出如下建议：尽一切努力确定波兰边界——在北部和中部地区，沿"寇松线"确立边界；在南部地区，大体上顺着利沃夫[2]一级行政区的东部边境线确立边界。我们指出，这条边界线将和"寇松线"来往密切，并把城市利沃夫和油田划入波兰境内。

"寇松线"是在1919年12月8日由一个联合委员会划定的，它是由大不列颠的寇松勋爵，出于在无可争议的波兰国境中确定一条东部边境线的目的而被建议划出的。往东靠近"寇松线"的地区中，人口极其混杂，而波兰人形成了一个重要的少数民族。然而，这条线比起波兰军队在1919年到达的线或者在1921年的《里加条约》中苏联所接受的边

---

[1] 通过"破除德国自给自足的社会状态"这句话，国务院表达的意思是，破除德国以发动战争为目的的经济独立状态。

[2] 利沃夫（LVIV），乌克兰西部主要城市，有狮城之称，利沃夫州首府。——译者

境线，多少要向西边扩展得更远了。我们反对将波兰边境扩展到奥得河或者奥得河-奈塞河线。关于从德国转换给波兰的领土，我们赞成将补偿地仅限于东普鲁士（除了哥尼斯堡①，我们希望苏联来提相关要求）——一个波美拉尼亚的小凸角，它包括沿波罗的海海岸到波兰走廊和上西里西亚西边长约一百英里的地区。

关于波兰的政治问题，我们建议：

我们应当尽最大努力去弥合波兰因组建由来自五个波兰政党（农民党、国家民主党、社会主义党、基督教民主工党，以及波兰工人党【共产党】）的代表形成的全国团结政府而造成的政治分歧。我们应当坚持让米科瓦伊奇克②和其他在伦敦代表不同党派的、温和的波兰人加入临时政府。现在身处卢布林政府③的波兰人代表也应当加入全国团结政府。若同意将在伦敦的波兰政府和本身在卢布林的波兰政府混为一谈，对我们而言是不明智的。

波兰政府的首脑应由谁来担当这个问题，在举行自由选举之前，以及在波兰人民自己解决好整个宪法问题之前，应当暂时搁置。

我们应当坚决要求，波兰人民拥有不受限制的权利去自由选择他们自己的政府，如有必要，我们应当准备好协助他们监督这些选举。

---

① 哥尼斯堡（Königsberg），现名"加里宁格勒"，俄罗斯加里宁格勒州首府，波罗的海沿岸的重要港口。——译者摘自《世界历史地名辞典》，吉林文史出版社；《第二次世界大战大词典》，华夏出版社

② 斯坦尼斯·米科瓦伊奇克（Stanisław Mikołajczyk, 1901—1966），波兰政治家，二战时期波兰流亡政府总理。——译者

③ 卢布林政府：1944年7月22日，波兰民族解放委员会成立，发表《告波兰人民书》，自称波兰已解放地区的最高行政机关，并宣布在伦敦的流亡政府为"非法政权"。8月1日，民族解放委员会迁往刚刚被苏军解放的卢布林，并宣布以此为"新波兰"的临时首都。——译者

四、联合国善后救济总署和苏联政府之间的关系

我们建议苏联同意联合国善后救济总署①，在苏联红军解放的地区实施对救济物品的配发和监管。在东欧，苏联政府和联合国善后救济总署并没有充分地合作。1945年1月18日，苏联当局最终正式通知联合国善后救济总署，黑海的两处港口可以通行，允许他们穿过苏联的领土运送物资，但是在批准联合国救济总署工作人员通过苏联领土这一点上没有进展。

五、美国代表在负责保加利亚、罗马尼亚或匈牙利的同盟国管理委员会中的权利

需要阐明美国代表在这些已经向苏联投降的国家的地位和责任。我们提议保证我方代表的如下权利：当以管理委员会之名义发布的某项政策指令疑似与美国的一般政策产生冲突时，为使我方代表得以与华盛顿政府进行交流，要保证就该政策指令提前足够的时间征询我方代表意见；决定我方在管理委员会中代表团的规模，以及引入及送出我方的工作人员时，能得到苏联当局快速且主动的批准；除了与华盛顿方和境外的其他地方通信外，还能和这些地方之间进行快件的寄送；若有需要，可在无苏联官员陪同的情况下在国境内自由通行。外交人民委员莫洛托

---

① 联合国善后救济总署（United Nations Relief and Rehabilitation Administration），简称"联总"。1943年11月成立，总署设在美国华盛顿，有48个会员国，设署长、理事会、中央委员会、分署和办事处，在39个国家开展战时难民救济活动，特别注重对因第二次世界大战而流离失所者的援助。在二战结束时，受该署协助重返故乡的欧洲难民达800万人。——译者摘自《联合国辞典》，黑龙江人民出版社

夫不愿意在匈牙利管理委员会施行的法规中保证这些权利。不过,他告诉哈里曼大使,除了关于留出足够时间咨询华盛顿方意见那一条之外,其他权利他同意给予保证。

六、伊朗

1943年12月1日,三巨头表达了"他们维护伊朗独立、主权和统一的愿望",并制定了《伊朗宣言》,根据该宣言传达的精神,我们提议,苏联制定协议以尊重伊朗政府的决定:将与外国政权或公司之间进行的有关石油特许权的协商,推迟至战争结束及现在伊朗境内的同盟国军队撤出伊朗之后。

七、中国

我们提议,苏联和英国同意在中国实现最大程度上的统一的愿望。应当敦促苏联,运用其在中国共产主义者群体中的影响力,来推进他们与国民政府间的协议。我们相信,真正的统一不仅将缩短战争的时间,也将拯救美国人民的生命,也许还可以阻止一场灾难性的内战以及外国的干涉。赫尔利将军自1944年9月起就在中国工作,他试图协调所有中国的军事力量以打败日本。

八、土耳其海峡问题

若这个问题在雅尔塔会议上被提出来,我们已为总统做好了充分的准备来应对。我们描述了苏联渴望获得自达达尼尔海峡至地中海的通行权的历史。我们认为可以在《蒙特勒公约》① 的签署国之间举行一场会议，以修正土耳其对于海峡的控制权。

九、国际托管制度

我们支持在国际组织中纳入关于国际托管制度②的条款。我们相信，该条款应当包括有关如下几点的规定：在第一次世界大战后通过国际联盟建立的委任统治制度，各国在当今的战争中从敌国获得的领土以及任何在托管制度下可能被自愿纳入的领土。

在马拉喀什，我国国务院的工作人员也就安全理事会遵循的投票程序问题进行了两场漫长的讨论。这个问题在敦巴顿橡树园会议上未得到解决。在国务院的建议下，罗斯福于 1944 年 12 月 5 日向丘吉尔和斯大林发送了私人信函，陈述了美国为解决安理会的投票僵局所构想的方案。然而，这不仅仅是美苏之间意见不统一的问题。我们得到消息称，英国首相现在支持在常任理事国之间实行全体一致同意原则，甚至在牵扯到常任理事国之一的事件当中，也要实行这一原则。

从本质上来说——以下这一点将在雅尔塔会议上得到采纳——美国

---

① 《蒙特勒公约》（Montreux Convention Regarding the Regime of the Straits），1936 年 7 月 20 日在瑞士蒙特勒签署的有关黑海海峡的国际条约，当年 11 月 9 日生效。根据新公约，撤销了原来的海峡国际委员会，恢复了土耳其对海峡的全部主权，土耳其获得了在达达尼尔海峡和博斯普鲁斯海峡设防的权力。其后该公约经多次修改，至今有效。——译者

② 国际托管制度：根据《联合国宪章》规定，把一些领土依照特别协定置于联合国权力下，按一定程序进行管理或监督的制度。被置于该制度下的领土称为托管领土。管理托管领土的当局，可以是一个或数个国家，也可以是联合国本身，称为管理当局。托管制度的基本目的之一是增进该领土居民"趋向自治或独立之逐渐发展"。实际上国际托管制度是二战之后各管理当局在国际管理名义下对殖民地进行统治的一种形式，是国际联盟委任统治制度的继续。——译者

的方案中提议道，若理事会任何成员国作为争端的一方，则无论是对于解决该争端的决议本身还是相关程序事项的表决，都不应当享有投票权。在另一方面，有关下列几点的决议在所有的情况下都要求常任理事国一致同意：确定一个事项是否对于和平构成威胁或破坏，决定是否使用强制措施。此方案是经过了极为周密的考虑，并与共和党和民主党的议会领袖们商讨之后才被送交出去的。

总统在12月5日发送给斯大林的信函中，有关此方案的内容是这样的：

就《联合国宪章》第三部分有关安全理事会的提议

三、投票

1. 安全理事会每一理事国应有一个投票权。

2. 安全理事会关于程序事项之决议，应以七理事国之可决票表决之。

3. 安全理事会对于其他一切事项之决议，应以七理事国之可决票包括全体常任理事国之同意票表决之；但对于第八章A节和第八章C节第一段各事项之决议，争端当事国不得投票。

您会发现，这样的规定要求，在达成任何有关于以下几点的决议时，需要常任理事国全票通过：对和平造成威胁，为了消灭此种威胁或者为了阻止破坏和平而采取行动。我明白，在实际中，如果此类行动是可行的，那全票通过就是必要的。而我也会因此准备好在这一方面接受您的政府在备忘录中就敦巴顿橡树园会议上关于国际安全组织所表达的观点。当然，这意味着在具有此类性质的决议当中，每一个常任理事国都总是拥有一票的权利。

同时，敦巴顿橡树园会议上的提议，对于安全理事会在推动争议自主和平解决过程中可能采取的具有建议性质的裁定或其他程序,也在第八章 A 节做了规定。我在此也对下面这一点感到满意:安全理事会的建议如果经过常任理事国一致同意,它们将会发挥更大的作用。但是我也相信,只有当大国们通过展示它们对于公正原则的忠诚态度,并因此通过接受根据上述程序对争议的任何一方不应行使投票权的规定来彰显道德领导力时,上述的程序才能有效。我坚定地相信,常任理事国若有意愿不为它们自身谋取在这个问题上的特殊地位,则它们的道德声誉将会得到极大提升,它们自身作为未来和平的主要守护者的地位将会更加稳固,而且绝不会危害它们自身的重大利益或破坏在理事会任何决议上大国们必须一致同意的基本原则。常任理事国这样的意愿,定将使整个方案——这一方案已经在维护和平上给大国设定了必要的特殊地位——对于所有国家来说更加容易接受……

国务院小组和我在马拉喀什的讨论中达成一致,我们将向苏联代表团和丘吉尔强调,我们完全同意大国在思想和行动上的全体一致对于和平与安全来说有着最为重大的意义这一点,以此来支持美国的方案。大国间的和谐氛围和以和平与安全之名采取行动的意愿,应会带来更为稳定的国际关系环境。而且,在让大国拥有和平的主要守护者之特殊地位的理由中,没有比它们中的任何一个在成为任一争端之一方时,自愿放弃投票权更加有说服力的了。这一步将更明确以下这一点:大国的领导权将不仅仅建立在国家的幅员、兵力和资源上,也将建立在持久不衰的道德领导力上。

在结束了泰勒别墅的繁忙会议之后,我们这群人或是在非洲温暖的阳光下休息,或是去参观马拉喀什城。这个城市有 30 万人口,其中包括日均 3 万的流动人员。之所以产生这些流动人员,是因为马拉喀什是一个活跃的商队贸易中心,还因为它对于美军的用处:它是空运司令部的关键中心,还是我们轰炸机的中转站。

霍普金斯在波伦的陪同下,在我们代表团访问伦敦、巴黎和罗马的数日前离开了华盛顿。他认为这样的旅程也许对于总统是有价值的,罗斯福也允许他去打探整个局势的情况。我个人觉得,这是一个极大的错误。霍普金斯既没有体力也没有精力,去承担这样的旅程再加上雅尔塔会议的压力。与总统共同搭乘战列舰前去参会,顺便休整一下,再和总统一起回顾一遍将要在会议上谈论的问题,对他应该是更为明智的选择。

如果不考虑霍普金斯长期不佳的健康状况,他确实是罗斯福总统最为得力的顾问。他是总统忠实的朋友和心腹。对于总统的情绪,他有着出奇的体察。他知道何时提出特定的政策,何时保持沉默。我在任期间结识的许多朋友——即使不是一般公众的话——对于霍普金斯都有着完全的误解。虽然许多讨厌罗斯福"新政"的人通过攻击霍普金斯来表达他们的愤怒,但他依然是一个有能力的、值得尊敬的、头脑聪明的、勤奋工作的人,在公共服务事业中留下了令人羡慕的成绩。

我们还在马拉喀什工作的时候,我收到了一条来自波伦、署名为"那不勒斯"的无线电报——我也将根据之前的安排去那不勒斯会见霍普金斯。我们于1月30日周二早晨离开了马拉喀什,在两个小时的飞行之后到达地中海,然后沿着海岸飞往阿尔及尔。飞越了突尼斯的山区,1942年至1943年北非战役的许多战斗都是在这里打的,从天空看,可以想象厄尼·派尔在电报里生动描绘的那般景象。下午3点左右,我们到了西西里岛;下午4点,我们看见位于我们左侧卡普里岛险峻的绝壁,在我们右侧,一如既往冒着烟的维苏威火山很快映入眼帘。

我们在卡塞塔的侯爵夫人机场降落,迎接我们的人员有:约瑟夫·T.麦克纳尼中将——地中海战区盟军副总司令、艾拉·C.埃克——美军驻地中海空军司令、亚历山大·科克——美国驻意大利大使、波伦以及霍普金斯。

1931年以后，这是我第一次来到意大利。在霍普金斯、科克和我驱车从机场到那不勒斯市中心途中，我对人们饥肠辘辘、无精打采的样子感到震惊。我从未见过比这更加令人沮丧的场景。

在晚餐前，霍普金斯、波伦、科克、马修斯、希斯和我，就意大利的政治和经济局势进行了讨论。霍普金斯告知我，首相因美国和英国在意大利问题上的分歧感到极度恼火。几个月前，英国已经阻止过卡洛·斯福尔扎①伯爵成为意大利的外交部长。自1943年9月3日巴多格里奥②元帅向艾森豪威尔投降后，英国和美国之间在意大利政府的问题上就出现了分歧。我们不赞成让维托里奥·伊曼纽尔③继续掌权，除非意大利人民想让他如此；我们也不认为巴多格里奥是能治理意大利的合格人选。另一方面，丘吉尔会乐意看见意大利王室继续其统治，他也确实暂时成功地使得国王掌握了统治权。

1943年10月3日，当巴多格里奥政府向德国宣战时，巴多格里奥曾承诺，他的政府将会很快纳入所有政治党派的代表。然而，这些政党并不统一服从于国王，他们也不考虑让巴多格里奥成为民主的代表人。斯福尔扎领导了针对国王的反对活动，他在墨索里尼掌权前曾是意大利的外交部长。

美国曾为斯福尔扎在1943年回到意大利提供援助。他告诉丘吉尔和助理国务卿阿道夫·伯利，他将会支持巴多格里奥和被对德作战的同

---

① 卡洛·斯福尔扎（Carlo Sforza，1873—1952），意大利外交官，反法西斯领袖。——译者
② 佩特罗·巴多格里奥（Pietro Badoglio，1871—1956），意大利陆军元帅。——译者
③ 维托里奥·伊曼纽尔三世（Vittorio Emanuele，1869—1947），意大利国王（1900年至1946年），期间还兼过埃塞俄比亚皇帝（1936年至1941年）和阿尔巴尼亚国王（1939年至1943年）。1900年父亲翁贝托一世遇刺后继位，在位近半个世纪，经历了两次世界大战和意大利法西斯主义的诞生、兴起、败落。——译者

盟国所接受的其他任何意大利政府。

然而,当斯福尔扎回到意大利,与其他反法西斯领导人会谈后,他却表示,只要维托里奥·伊曼纽尔继续掌权,他就拒绝加入巴多格里奥政府,他建议国王退位。

我们在华盛顿对斯福尔扎的建议表示同意。1944年1月25日,盟军在罗马以南25公里的安齐奥登陆①之后,赫尔就组建意大利咨询委员会发送电报给我们的代表,电报中提到:在更加自由的基础上重组意大利政府一事,不应再被推迟。他也说到,虽然是否想保留君主政体这件事应由意大利人民自己决定的,但是我们不赞成保留国王。

丘吉尔对上述内容表示反对,并强烈要求应该保留国王和巴多格里奥。然而,德国对盟军的进攻负隅顽抗——德国在那不勒斯和罗马之间建立了强有力的防线,还挡住了我们在安齐奥的登陆——从而推迟了对于此事采取的行动。

终于,到了4月,我们派驻意大利咨询委员会的代表罗伯特·D.墨菲②与委员会中的英国代表讨论了我们所主张的观点:国王应当退位。伦敦方面很快让英国代表对我们的立场表示同意。国王后来向墨菲承诺,当罗马被解放时,自己会退位以让王储即位。几天后,反法西斯党派加入了意大利内阁。在6月罗马攻下之后,王储取代了国王的位置,一个新的内阁建立起来,而内阁的领导人是一个立场鲜明的反法西斯

---

① 安齐奥战役(Battle of Anzio),是二战意大利战场的重要战役,从1944年1月22日盟军在安齐奥海滩登陆的"鹅卵石行动"(Operation Shingle)开始,到1944年6月5日罗马解放结束。——译者

② 罗伯特·丹尼尔·墨菲(Robert Daniel Murphy,1894—1978),美国外交官。他是美国国务院的法国问题专家。1942年秋,根据罗斯福总统的命令,墨菲以总统特使、北非公使之职,对法属北非进行了考察,为"火炬行动"做准备,并广泛接触法军将领,鼓动他们支持盟军的登陆行动,成功协调了美军与法军将领之间的关系,为筹备"卡萨布兰卡会议"和促成法国将领吉罗、戴高乐的合作做出了重要贡献。——译者

者——伊凡诺·博诺米①，他以总理的身份领导内阁。

不仅有丘吉尔反对组建博诺米内阁，丘吉尔在意大利的代表人也告诉博诺米，斯福尔扎不应该被任命为外交部长。英国首相最终对新内阁的成立表示同意，但是他对于斯福尔扎的态度是坚定不移的。我们则告诉博诺米，美国认为可以同意对于斯福尔扎的任命。

11月末，一场政治危机迫使博诺米政府辞职。英国大使馆再次在没有与我方商议的情况下对此进行了干涉，并警告道，英国不会再支持任何有斯福尔扎的内阁。在美国，立刻出现了针对英国这一武断行为的猛烈的批评声。在一封1944年12月4日发送给国务院的电报中，丘吉尔称，斯福尔扎不仅密谋推翻君主政体，总体来说，他还是一个搬弄是非的人。次日我发表了如下的公开声明：

> ……从任何方面来说，英国这届政府与意大利政府都是不亲近的，在此政府中有对斯福尔扎伯爵的各种反对意见。因为有几个国家联合起来对意大利负有责任，我们已经向英国政府和意大利政府申明，我们期待意大利在不受外界影响的条件下，沿着民主路线找出其政府存在的问题……

英国首相立即发送了一封充满攻击性的电报给总统，并在一场对众议院的演讲中说道：

> "我们必须对最吃力不讨好的任务承担责任，我们在承担时会

---

① 伊凡诺·博诺米（IvanoeBonomi, 1873—1951），意大利政治家。早年为意大利社会党人，后被清除出党。1916年起历任公共工程大臣、陆军大臣，曾于1921年一度任首相。1944年6月罗马光复后，取代巴多格里奥任首相，组成由6党参加的联合政府。——译者摘自《第二次世界大战百科词典》，上海辞书出版社

遭到各方的嘲笑、批评和反对；但是至少我们知道，我们正在往什么方向努力，知道道路的尽头是什么，知道我们的目标是什么……我们并没有企图否定对斯福尔扎伯爵的任命。如果明天意大利人民将选他为总理或外交部长，我们无权阻止，但要得到同盟国的同意。我们对此不得不说的所有内容就是，我们不信任这个人，我们不认为他是一个忠实的、值得信任的人，对于任何让他作为主要成员的政府，我们不会有一丝信心。我认为，我们应当让那些呼吁他掌权的人，对于可能发生的情况负起沉重的责任。"

霍普金斯在那不勒斯说，当我们到达马耳他的时候，丘吉尔"将痛揍我们所有人"，并说因此我最好在英国首相向总统提出意大利问题之前，向总统简要说明情况。霍普金斯补充说，已经到了1945年初，许多意大利问题都是非军事性质的。他说，政治问题是超出海军和陆军官员的能力范围之外的。但是，霍普金斯还补充道，国务院依然没有掌控住美国在意大利的政策。他指出，英国在意大利的军事当局，就如同英国在其他地方的军事当局一样，服从于外交部的指挥，而美国军事官员却毫不犹豫地站在了独立于国务院的立场上。在当天晚上，科克大使———位经验丰富的国务院职业官员———花了很大力气告诉我，他认为驻意大利的军方必须考虑民事机构的意见，已经到了这样一个时候了。

而且，霍普金斯说道，对于美国政府来说最基本的就是，在意大利，不要再仅仅做英国一个沉默的伙伴了。美国不应再自动地默认英国的决定，而是应当强调，同盟国给予了意大利人民更大的政治责任。霍普金斯说，如果得不到盟军的批准，意大利政府甚至在最为琐碎的小事上都不能采取行动。考虑到美国是以军事方式参与意大利事务的，霍普金斯强调，我们不能逃避军方就政治事务做出决定时的责任，即使真正

雅尔塔内幕　　047

说了算的是英国人。

我们也花了大量的时间,讨论提高意大利食品配给量的必要性,并特别强调以立刻进口小麦的方式实现这一目的。然而,同盟国在意大利的最高司令——哈罗德·亚历山大①爵士反对提高配给量。由于对航运资源的短缺和其本身的食品供应短缺极度敏感,英国人觉得,不能把必要的航运资源再额外分出一部分,去跨越半个地球给意大利运输小麦了。

霍普金斯说,出于政治原因,必须立即提高面包供应量。他注意到,为了实现供应量增长所要求的航运资源只是"杯水车薪"。我们都同意,除非人民有足够的食物以及能用以返回工作岗位的工具和材料,否则在意大利和欧洲就不会有复苏、和平和民主。

次日早晨,1月31日周三,在前往马耳他的飞机起飞前,我和霍普金斯再次见面,讨论了好几类话题。霍普金斯报告说,他已经与丘吉尔和艾登就拟建立的安全理事会投票程序进行了几次谈话。霍普金斯说,外交部对于美国立场的明智性表示完全赞同。然而,英国首相却简单明了地表示,是他自己不同意美国的提议。他的这一态度让我感到十分诧异,因为就在我们离开华盛顿之前,英国大使馆还正式通知我们,说英国政府支持美国的方案。我知道陆军元帅史末资②已经发电报给丘吉尔,说明他支持在所有问题上赋予一个绝对的否决权,而南非联邦领导人的

---

① 哈罗德·亚历山大(Harold Alexander, 1891—1969),伯爵,英国陆军元帅。1942年8月起先后任中东战区英军总司令、盟军副总司令、第18集团军司令、第15集团军司令、地中海战区副总司令、中地中海战区盟军司令、意大利战区盟军司令、地中海战区盟军最高司令等职,与蒙哥马利、艾森豪威尔等人配合默契,参与指挥了北非战役、意大利战役等一系列重大作战行动。——译者

② 扬·克里斯蒂安·史末资(Jan Christian Smuts, 1870—1950),南非著名政治家,英国陆军元帅,1919到1924年和1939到1948年任南非总理。他是英联邦这一概念的创始者,对国际联盟和联合国的成立均做出很大贡献。——译者摘编自《大学历史词典》,黑龙江人民出版社

这一立场，显然会在丘吉尔与霍普金斯谈话时对丘吉尔的观点造成影响，因为史末资对于首相有着很大影响力。丘吉尔也告诉了霍普金斯，他觉得在雅尔塔会议上须就此问题达成一致意见。若英国和美国都不能说服苏联接受美国的方案，他认为，则必须要找到其他替代方案。

艾登已经告诉霍普金斯，哈利法克斯勋爵——英国驻华盛顿大使——已经给外交部发送电报，电报内容：总统亲口说美国的提议不是一成不变的。霍普金斯从这些在伦敦进行的讨论中察觉到，有一点是清楚的：英国外交部和美国国务院的处境是完全相同的。虽然双方都意识到，对于美国的提议来说寻求苏联同意的重要性，但是罗斯福和丘吉尔却不认为，与苏联在投票问题上有分歧是一个非常重要的事情。

霍普金斯的言论以及哈利法克斯的电报都让我有些困惑。在投票方案的出台过程中，总统和国务院进行了合作，总统已经于 1944 年 12 月 5 日给斯大林元帅和英国首相发送了电报，在电报中完全清楚地阐明了他的立场。12 月 5 日信函中阐述的提议，一直都是总统的立场。斯大林和丘吉尔在雅尔塔的会议桌上接受的，正是这份提议。

霍普金斯补充说，英国内阁中并非所有成员都与外交部达成一致意见，这一事实导致英国的局势更加复杂。他说，首相给他看了一份斯塔福德·克里普斯①爵士的备忘录的副本，内容称从符合英国利益的立场上看，采用完全一致原则的苏联投票方案是更为理想的。在雅尔塔会议上我被告知，艾登对于丘吉尔把备忘录给霍普金斯看这件事感到极为恼火，因为这份备忘录泄露了英国政府内部未达成完全一致意见的事实。

英国首相向霍普金斯透露此类信息，对我而言不足为奇。他完全相

---

① 理查德·斯塔福德·克里普斯（Richard Stafford Cripps, 1889—1952），英国政治家。二战爆发后，1940 年至 1942 年出任驻苏联大使。1942 年 3 月曾率领"克里普斯使团"出使印度解决战时危机，为换取印度在二战中的合作，他承诺战后给予印度自治领地位并进行选举，但印度政府拒绝了他的建议。——译者

信霍普金斯，也私交甚厚。在我去年 4 月拜访丘吉尔的时候，他和夫人对于哈里身体欠安这一情况都十分关切。

霍普金斯和波伦也已经和英国讨论了苏联那份炸了锅的提议。这份提议是在敦巴顿橡树园会议上做出的，内容是苏联的十六个加盟共和国都要在世界组织里拥有投票权。他们报告说，英国与我们达成了完全一致意见，认为苏联的建议是荒谬可笑的。然而，每个大英帝国的领地——包括那时并未自治的印度——都将分别拥有投票权这一事实情况，使得英国出于策略上的考虑，而决定让美国承担反对上述提议的主要责任。

而后霍普金斯报告说，虽然英国和美国在欧洲咨询委员会的代表已经就德国被占领区签署了协议，但是在政府间还没有达成任何协议，从而使得怀南特大使十分不安。霍普金斯察觉到，怀南特担心苏联可能会在到达他们国家占领区的边界后继续往前推进。

我向霍普金斯解释，国务院也担心这样的延迟，助理国务卿邓恩与我们的参谋长联席会议不断地进行交流，强烈要求得到他们的支持。美军参谋长们和英军参谋长们之间有个议题，就是美国对于在英国占领区内的不来梅港的控制程度。霍普金斯和我达成一致：总统和首相就这一点在马耳他会议上达成一致是最为紧要的事情。

在那不勒斯会议上，霍普金斯还报告了他与戴高乐将军在巴黎进行的会谈。戴高乐将军态度并不友好，他对于自己未收到参加雅尔塔会议的邀请而感到尤其恼火。霍普金斯还就他与法国外交部长乔治·皮杜尔的谈话作了报告。霍普金斯说，法国要求对鲁尔区和莱茵河西岸有一些特殊的控制权，皮杜尔对此坚定不移。虽然皮杜尔明确地说，法国并不期望能获得德国的领土，但是他大致提及了对这块区域实行国际共管，而占领军以法国为主。

1 月 31 日，我们的此次会谈结束了，大家与埃克将军及其工作人员共进午餐，随后我们乘飞机离开那不勒斯，去与马耳他岛上的英、美代表团众人会合，以便我们在苏联参加的雅尔塔会议之前提前进行讨论。霍普金斯病得很严重，以至于在三个小时的飞行过程中，他一直都躺在机舱里的床上。他身体很虚弱，所以当他还能像往常一样有活力时，我们都感到惊奇。他靠着咖啡、香烟、少得惊人的食物、止痛剂和纯粹的毅力，撑过了一个个困难重重、难以应付的会议。在我们到达雅尔塔的时候，他精疲力尽，比如说，除了罗斯福、丘吉尔和斯大林在场的时候，他一刻都不能离开床。不过，当我们在马耳他与英国人进行会谈时，他还是积极地参与到我们当中。

第三章　在马耳他的会面

太阳刚刚落山的时候,我们看见了马耳他的山丘和它的首都瓦莱塔。有人曾这样写道:

"有一句伊斯兰教的话说,有些特定的感受只有'用金色的墨汁书写'才能被充分地表达出来。对于我这个描写瓦莱塔的人而言,只有用闪闪发光的文字,才有可能涵盖这座马耳他城市闪耀着金色光泽的美丽。"[1]

对我们这些第一次看到瓦莱塔城的人来说,这段话是过去对它的完美描述,但是当我们环岛行驶着靠岸时,我们看见的,却是德军对马耳他长期袭击所造成的严重损毁的景象。

我们从那不勒斯刚刚到达马耳他的机场,安东尼·艾登,亚历山大·卡多根爵士和萨拉·丘吉尔·奥利弗就来迎接我们。他们驾车带我们穿过遭到了严重轰炸的城市,直到港口。沿途可以看到许多堡垒、瞭望塔,还有结构复杂的防御工程,建筑的外墙大多颜色绚丽、外观宏伟,让人回想起几个世纪前的马耳他骑士,他们曾在这里生活、战斗,也为了保卫这个岛国在这里死去——当时欧洲盛行基督教,反对伊斯兰教,而这个岛国当时只是基督教的一个小小的前哨基地。

护送我们的是英国轻型巡洋舰"天狼星号",我的船舱就在艾登的船舱正对面。有一些国务院的工作人员被临时安排在"东方王子号"上,它是一艘佛尼斯维航运公司的客轮,被征用作我们的运输船。"东方王子号"被拴在码头上,就在"天狼星号"的后面。刚刚越过海湾,首相和哈里曼就登上了另一艘英国轻型巡洋舰——"猎户座号"。马歇尔将军、海军上将 E. J. 金②、B. B. 萨默维尔③将军,以及其他陆军和海军的参谋人员都待在瓦莱塔的蒙哥马利大厦中。在战争的早期,有很多建筑物被空袭所破坏,以至于岛上不能给聚集在这里的所有到访者提供足够的活动空间。

我们到达的那一天晚上,在市政厅里,马耳他总督为了表示对到访的英国和美国代表团的敬意,准备了一顿丰盛的晚宴。英国和美国在意大利政治局势问题上所持的立场有明显的分歧,这激怒了首相。他直截了当地告诉我,拜我所赐,意大利的局势已经变得让他难以处理。

首相还在因为我于 1944 年 12 月 5 日发表的公开声明而生气。每当有人刺激到他那好斗的性格时,他就会变得歇斯底里,极容易与人争吵。虽然在我还是《租借法案》的执行官和副国务卿的时候,我就已经与首相在华盛顿和伦敦打过交道,但是在马耳他,我还是第一次以国务卿的身份与他进行会谈。首相用辛辣刻薄的语言,表达了他对于我在意大

---

① 贝拉·西德尼·伍尔夫,《金色之城瓦莱塔》,皇家殖民者出版社,1948 年 6 月,第 299 页。

② 欧内斯特·约瑟夫·金(Ernest Joseph King, 1878—1956),美国海军五星上将。1942 年 3 月至第二次世界大战结束,担任海军作战部长,是唯一一位曾经兼任海军舰队总司令和海军作战部长这两个职务的将军,是美军参谋长联席会议和英美联合参谋长委员会成员。在他的影响下,美国在二战中改变了对战列舰的看法,不再把它看成是海战中起决定作用的舰种,而主张加速建造航空母舰。他还是"太平洋优先"战略的倡导者。——译者

③ 布里恩·伯克·萨默维尔(Brehon Burke Somervell, 1892—1955),美国工程兵上将。1935 至 1940 年任纽约市公共事业振兴署署长,负责罗斯福新政中带有福利救济性质的公共工程建设,为大萧条时期的失业民众提供就业机会,善于管理大型工程项目的能力也为他赢得了良好的声誉。1940 年 12 月任军需部工程处处长,组织建设了一系列重大军事工程,包括五角大楼。1941 年 11 月任陆军助理参谋长,掌管供应与军需分配事务。1942 年 3 月美国陆军部队重组,萨默维尔出任陆军后勤部队总司令,二战期间曾出席卡萨布兰卡、德黑兰、雅尔塔和波茨坦等一系列重要国际会议。——译者

利问题上所持态度的忧虑。他还告诉我,他认为斯福尔扎不值得信任。

我向首相表明了我国的立场——即使英国已经提前与我方进行了磋商,我方仍可能会发表一些或许将引起他不悦的言论。我告诉首相,对于12月5日的声明,我负全责。我随后了解到,两天后,首相向总统抱怨,说我在意大利问题上所持的态度,对局势发展没有任何帮助。

当晚,首相告诉我,巴尔干地区的局势,特别是希腊,让他忧心忡忡。1944年12月5日,首相告知众议院:"……除了我们正在努力叫停的内战之外,希腊还面临着最为严重的经济和财政困难……主要的负担已经落在我们肩上,承担这份责任是我们分内的事情——这里所指的这份责任,是仅限于我们与主要盟友们一致协定的军事领域内的。"

丘吉尔在圣诞节与艾登一起飞往了雅典。丘吉尔给敌对行动画上了句点,建立了在达马斯基诺大主教①领导下的临时摄政政权,并从乔治二世国王那里获得了如下承诺:国王将不会试图返回这个国家,"除非对国家意志的自由和公正的表达"将他"召唤"回国。

丘吉尔在马耳他向我解释他的立场:如果英国不在希腊驻军,希腊的共产主义者就会占据政府。他说,英国对于阻止这件事的发生负有绝对的责任。

那天晚上,我也和丘吉尔简短地提及了我们的安理会投票机制方案中存在的问题。在我看来,有一点是显而易见的——首相还没有把心思放到这个难题上。他后来和我强调,他觉得世界组织应当集中力量以维持和平。显然,丘吉尔相信,应当将世界组织限制在推进和平这个职责当中,而对于经济和社会事务,就如过去一样,应当由直接的政府协议来处理。艾登和我都就此与丘吉尔进行了争论,我告诉他,如果我们在

---

① 达马斯基诺大主教(Archbishop Damaskinos of Athens, 1891—1949),原名乔治·帕潘德里欧(George Papandreou),希腊内战期间的雅典大主教兼希腊摄政王。——译者

敦巴顿橡树园会议上提议建立的经济和社会理事会不能担负起重要职责的话，我们会有多么失望。

与丘吉尔进行的交流结束后，当天早晨，艾登和我讨论了一些将在雅尔塔会议上提出的问题。总统要求我在他到达马耳他之前就开始这些会话。丘吉尔曾向罗斯福建议，让艾登和我在马耳他会议之前举办一个预备会议，但是总统拒绝了。总统知道苏联人有多么疑神疑鬼。总统担心，在雅尔塔会议前，英美两国之间如果举办太多的会议，会使苏联人一贯存在的疑心变得更重，他们可能会怀疑西方国家建立了联合战线来和他们对抗。

总统对于告知苏联有关英国和我国政府之间进行外交协商这件事，一直保持着小心谨慎的态度。在德黑兰会议上，虽然首相在那时相当生气，但总统还是拒绝了与他在全体大会前单独共进午餐的邀请。在雅尔塔，也发生了类似的情况——总统和首相直到会议结束五天后才进行了私下的正式午餐会①。

在马耳他的两天多时间里，艾登和我看到了彼此身上的许多闪光点。二战爆发前，艾登因为绥靖政策的问题，与张伯伦②政府勇敢地决裂，他那聪明敏锐的头脑也为他赢得了外交部工作人员和英国普通民众的信任。

2月1日，我们走下英国的战舰，踏上马耳他的土地，船厂工人认出了艾登，并对他表示了热烈欢迎。当我们回到船上时，艾登受到了虽

---

① 摘自罗伯特·E.舍伍德，《罗斯福和霍普金斯：一段亲密的历史》（纽约，哈珀兄弟出版公司，1948年），书中提供了许多总统如何一直告知斯大林元帅有关我们与英国进行协商的事例。

② 阿瑟·内维尔·张伯伦（Arthur Neville Chamberlain，1869—1940），英国首相（1937—1940）。任内推行纵容德、意、日侵略的绥靖政策。1938年9月3次飞赴德国面见希特勒，签订《慕尼黑协定》，出卖捷克斯洛伐克。——译者摘自《第二次世界大战百科词典》，上海辞书出版社

是无意却真诚的问候。一位英国士官没有认出艾登，问号兵刚刚吹号迎上船的是谁。我们小组的一个成员没等号兵回答，就回复道，刚刚那个人是外交部长。那位英国士官说："你疯了吧。他长的一副英国人的样子，怎么会是'外国的'部长呢？"

在散步过后，马修斯，还有美方的其他工作人员，和我一起会见了艾登、卡多根和其他英国外交部的代表，以就许多重要问题征求他们的意见。我们一致同意，我们将协力督促联合参谋长委员会[①]，在离开马耳他前，就关于德国占领区的协议达成决议，并建议在此之后处理好不来梅港问题的技术性细节。当天，马歇尔将军、陆军元帅艾伦·布鲁克子爵[②]与艾登和我在"天狼星号"上共进午餐。这两位参谋长，在与我们就上述问题进行了深入讨论之后，授权我们给各自在欧洲咨询委员会的代表发送电报，通知他们英美两国政府现在都对有关占领区的计划持支持态度。

接下来，我向艾登指出，总统很重视划给法国一块德国占领区这件事。艾登与我达成了一致意见：英美两国政府可以将各自的占领区分给法国一部分。

我们也就波兰问题进行了详细的讨论。我告诉艾登，如果承认卢布林民族解放委员会是波兰的政府，将会在美国引起极大的厌恶情绪。我解释说，我们希望建立某种形式的联合政府，能够邀请伦敦波兰政府的前任首脑米科瓦伊奇克加入。艾登简明直白地说，英国政府也不会承认卢布林政府。我们都同意向总统和首相呈交一份联名备忘录，以推进成

[①] 联合参谋长委员会（Combined Chiefs of Staff），美、英二战时期进行合作的联合机构之一，于1942年1月宣告成立。设在华盛顿，成员为美、英的陆海空三军参谋长（或其代表）、约翰·迪尔（代表丘吉尔）和威廉·莱希（1942年7月起代表罗斯福）。——译者摘自《第二次世界大战百科词典》，上海辞书出版社

[②] 艾伦·弗朗西斯·布鲁克，艾伦·布鲁克一世子爵（Alan Francis Brooke, 1st Viscount Alanbrooke, 1883—1963）。英国陆军元帅，大英帝国总参谋长。——译者

立一个新的波兰政府。

艾登想知道,苏联人是否可能向英国和美国保证在波兰会进行真正自由的选举。他补充说道,他意识到,要做到这一点可是"非常不容易的"。我不确定他说这句话的原因是什么。也许这句话只是表达了他的忧虑,不过在雅尔塔,英国人确实全心全意地与我们一起坚持和确保达成一份这样的协议。我指出,波兰整体上令人不满的局势阻碍了美国筹建一个世界性组织的工作。而后,我说,罗斯福总统和丘吉尔首相现在"只需要"将这一事实向斯大林元帅说明白即可。艾登说,若苏联人不同意我们在波兰问题上的解决方法,我们将不得不向世界宣告这一问题陷入了僵局。

在波兰与德国的边境线问题上,艾登说,他担心卢布林一派会叫嚣要求更多的德国领土。他说他认为波兰应当承认,割让给它的东普鲁士、西里西亚和波美拉尼亚的一部分沿海岸线的地区,是其合理的西部边界。他指出,这些土地上有 800 万德国人,已经达到卢布林一派能管理的极限了。

马修斯补充说,各国对此说法普遍表示同意,美国希望必要的人口转移不会进行得太仓促。

至于意大利的边界问题,艾登说,他想让苏联、美国和英国告知南斯拉夫的铁托元帅:出于占领的现状,意大利将继续保持现有的边界。有关边界的任何调整变化,而后都将会作为和平总协定的一部分来处理。我同意了这个提议。

应我的要求,马修斯解释了我们的期望:要保证巴尔干管理委员会拥有行动和通讯的自由,我们想确保管理委员会在采取行动之前先与我们在委员会中的代表商议。艾登回答说,他正在就英国对这个问题的期许准备一份备忘录给莫洛托夫,并且也会给我们提供一份副本。

之后我们讨论了伊朗问题。马修斯简单明了地表示,我们认为苏联人这次应该会因为石油特许权而停止给伊朗施加压力。艾登建议我们深入探讨这个问题,说当不再需要那条穿越伊朗、通往苏联的供应路线时——他认为这会发生在7月——我们就应该以协议的方式,开始撤走所有军队。

他补充说,考虑到伊朗南部的油田对于继续对日战争依然至关重要,他不确定英国军方会不会坚持在伊朗驻军。我说,我方政府掌握的最新信息表明,如果允许关闭波斯湾港口的话,敖德萨①和其他黑海港口的铁路和卸载设施是不够用的——即使我们与土耳其之间已经有了令人满意的商议结果,即土耳其同意我们通过达达尼尔海峡。艾登说,英国不希望伊朗被划分为任何国家的势力范围,而撤出驻军是最好的办法。我告诉他这也是美国的立场,一旦不需要因为战争在伊朗驻扎美军了,美军就会撤出。

我们接下来讨论了苏联一直以来对于暖水港的兴趣。艾登说,他曾强烈要求首相在即将到来的会议上,把包括这个问题在内的所有事情摆到台面上说清楚。

我们随后谈到了中国问题,强调美国很重视英、苏、美三方对于以下这一点的支持,即在国民党和共产党之间建立理解,以推动战争的结束,并预防可能发生的内战。艾登说,霍普金斯数日前在伦敦已经告诉他,总统认为英国对中国两个政党之间达成协议持反对态度。艾登坚称,这种说法是不正确的,英国不仅希望中国统一,也希望能说服苏联采取相同的立场。

---

① 敖德萨(Odessa),乌克兰第二大城市,敖德萨州首府,黑海沿岸最大的港口和工业、科学、交通、文化教育及旅游中心,位于德涅斯特河的黑海入海口东北30公里处。天然海港常年不冻,在水路运输占有重要地位,被誉为"黑海明珠",同世界60个国家的200多个港口有来往,承担着苏联50%以上的对外贸易货运任务。著名的黑海舰队驻扎于此。——译者

我们接下来讨论的是，国务院为了一个解放的欧洲成立紧急高级委员会的提议。我指出，总统在离开华盛顿的时候还没有决定是否采纳这个建议。

我们对解放后欧洲的物资供应、战俘、战犯等问题进行了简要的讨论，并没有得出结论。在研究了世界组织的筹建工作之后，我们结束了会议。艾登说，英国外交部对于我们提出的安理会投票方案持支持态度，但是他说外交部须与首相进行进一步的沟通，以确保首相理解外交部的想法。我说，我们打算在总统到达马耳他之后，就投票问题与他进行进一步的探讨。

我们提到，国务院深信，法国应当加入英国、苏联、中国和美国，成为第五个发起国，参加起草《联合国宪章》的会议。英国完全同意，认为这是应当的。会谈即将结束时，有人提到了联合国成立大会的日期问题。我表示自己倾向于就在4月15日之后不久尽早举行会议，但是卡多根觉得这个时间太早了。

在一天的会议和讨论之后，霍普金斯、艾登、卡多根和我与首相在"猎户座号"上共进晚餐。我们与首相进行了非常私密的谈话，一直待到午夜。我们极为深入地谈论了被解放的人们所需要的经济和政治援助。我们认为让人们填饱肚子以及给他们提供交通工具是最为紧要的事。首相说，食物和交通工具是与军火弹药同样重要的战时必需品。而且他同意，英国外交部、美国国务院和苏联人已经认识到了这一点，然而军方还没有认识到。

在谈话过程中，丘吉尔对于世界局势表达了彻底的失望。他说，就在我们进行会谈的同时，或许仍有不少人在经历着前所未有的苦难。他补充说，当他放眼望向这个世界时，它充满了悲痛与血腥。他的观点是，未来的和平、稳定和进步有赖于英国和美国始终保持密切与和谐的关系。

在我看来，在这次会谈结束后不久，首相对世界的未来感到深深的沮丧。这种沮丧也许是出于忧心英国与苏联的关系，或者可能是他因为希腊糟糕的情况而感到难过。然而，当他到达雅尔塔的时候，他的消极情绪似乎已经好了大半。

在与首相共进晚餐后的那个早晨，总统搭乘的重型巡洋舰——美国海军的"昆西号"驶入了港口。总统的到来是极其激动人心的时刻。那天温暖晴朗，万里无云。六架"喷火式"战斗机在海港上空高速来回飞行。一个连的海军在我们对面的"天狼星号"和"猎户座号"上列队。丘吉尔踱来踱去，抽着他平日里常抽的长雪茄。

艾登、霍普金斯、哈里曼和我们小组的其他成员在甲板上等待了半个小时后，"昆西号"在航道拐角处出现了。我戴着借来的眼镜，很快发现了总统——他身着棕色的大衣，戴着花呢帽，坐在舰桥上。当"昆西号"与我们的舰船并肩齐驱时，我们都向总统挥手，总统也挥手回应我们。"天狼星号"上的海军官兵们笔挺地立正着，乐队奏起《星条旗永不落》。随后，随着"昆西号"与"猎户座号"擦肩而过，"猎户座号"上的海军和乐队也进行了同样一套表演。

在"昆西号"上，陪在总统身边的人有海军上将威廉·D. 莱希①，总统的军事副官埃德温·M. 沃森②将军，还有民主党领袖爱德华·J. 弗林③，总统的女儿安娜·罗斯福·伯蒂格女士。

---

① 威廉·丹尼尔·莱希（William Daniel Leahy, 1875—1959），美国海军五星上将。二战期间，莱希陪同罗斯福和杜鲁门两位总统，出席了开罗会议、德黑兰会议、雅尔塔会议、波茨坦会议等一系列重大国际会议，直接参与了盟军重大战略决策。——译者

② 埃德温·马丁·沃森（Edwin Martin "Pa" Watson, 1883—1945），美国陆军少将。富兰克林·D. 罗斯福总统的朋友和高级副官，承担着军事顾问和秘书的职责，类似现今白宫幕僚长的角色。二战期间，沃森陪同罗斯福总统参与了一系列重大决策，出席"德黑兰会议"。——译者

③ 爱德华·约瑟夫·弗林（Edward Joseph Flynn, 1891—1953），美国政治家，民主党重要领袖之一，昵称"埃德"（Ed）。罗斯福长期的政治盟友，关系密切，帮助罗斯福赢得历次总统选举。1945年2月陪同出席雅尔塔会议，会后受罗斯福委托留在欧洲，协调处理战后安排的相关事务，直到罗斯福去世。——译者

"昆西号"停下以后，霍普金斯、哈里曼和我立刻过去迎接总统。我们在乐队演奏的迎宾曲中登上船，莱希上将和威尔逊·布朗①过来迎接，领我们来到舰桥处，总统在那里休息，和他的女儿坐在一起。他稍微从航行的劳顿中恢复了一些。

　　我发现总统的精气神不错。我们就各自到马耳他的旅途这个话题聊了几分钟。总统说他要向国务院宣布一件重要、紧急和绝密的事情——他在最后时刻决定带弗林去克里米亚，但弗林没有护照。总统补充说，他不希望弗林在西伯利亚度过他剩下的几天。于是工作人员很快动身去办理弗林的护照。虽然弗林没有参与会议的正式事务，但是在会议结束后，应总统的要求，他访问了莫斯科，以讨论改善罗马天主教会与苏联关系的事宜，随后，他去往罗马，在那里他与教皇讨论了同样的话题。

　　我向总统报告，我们在前一天已经与英国外交部进行了对话，在大多数问题上我们和英国人的看法大体是一致的。我也告诉总统，我与丘吉尔进行了谈话，而既然首相已经——按霍普金斯的话说——"先痛扁了我一顿"，估计总统和首相之间相处应该会更和谐一些。

　　我告诉总统：马歇尔将军和布鲁克陆军元帅终于同意了对德国占领区的计划，而且艾登和我已经向我们在伦敦的欧洲咨询委员会的代表们下达了指令。他听到这些后似乎放松了很多。

　　在马耳他总督、金海军上将和马歇尔将军来访之后，总统在"昆西号"上举行了午餐会。他坐在餐桌的一头，首相坐在他的右侧，伯蒂格夫人坐在餐桌的另一头，艾登坐在她的右侧。其他出席午餐会的人有莱希海军上将、萨拉·奥利弗、詹姆斯·伯恩斯②和我。

---

① 小威尔逊·布朗（Wilson Brown, Jr., 1882—1957），美国海军中将。——译者
② 詹姆斯·弗朗西斯·伯恩斯（James Francis Byrnes, 1882—1972），美国政治家。1945年初参加雅尔塔会议；4月罗斯福总统去世后，他成为新任总统杜鲁门的重要助手；同年7月任国务卿，在波茨坦会议上发挥了重要作用。——译者

我们吃了一顿典型的海军餐。首相的烟灰缸上有一个小蜡烛,用来点燃他的雪茄,这和他在唐宁街 10 号用的一样——这是总统精心安排的。首相接受了总统给他的正常尺寸的雪茄,但是不久后,他还是心满意足地抽自己那 8 英寸(约 20 厘米)长的丘吉尔风格雪茄去了。

总统和首相的兴致似乎都很高。到了出席马耳他会议的时候,此二人之间已经建立了舒适密切、坦诚相见的关系。"和你身处同一个年代真的很有意思"——总统在 1942 年曾给首相发去这样的电报。霍普金斯随后在和总统去参加大西洋宪章会议的路上描述了丘吉尔对此的态度:"你原以为温斯顿上天堂去见上帝了嘛!"

从我个人与他们二位相处的经验来看,我知道他们对于彼此都怀有深深的敬爱之情。但从另一方面来说,在他们所有的军事和外交会晤中,他们彼此之间的友情和信任,也从来没有令他们忘记他们各自所代表的立场和国家。

在这次午餐会上,总统提到,《大西洋宪章》从来没有成为一个已签署的文件,而是他将首相的名字签在了他自己的那份上。罗斯福以开玩笑的方式地表达了他所希望的事情:也许在这次旅程中,首相会双签这份文件,从而使其合法。

丘吉尔说他最近阅读了《独立宣言》,并且高兴地发现里面也有《大西洋宪章》的内容。首相说他依然支持《大西洋宪章》的内容。此时,他以相当严肃的语气表示"四大自由"是正确的,而这"四大自由"中最重要的是"免于恐惧的自由"。

首相说,总统从来没有向世界表明自己想让世界免于恐惧的理想。他指出,此刻世界上有许多国家的人民正生活在对他们政府的恐惧中。"必须把人们从这种恐惧中解救出来",他以一句话戏剧性地总结了自己的观点:"只要血液还在我的血管中流淌,我就会为此而奋斗。"

在午餐会上,首相就美国对中国和蒋介石夫人的兴趣向总统开玩笑,并把中国称为"美国最大的困惑"。对于总统在收到情报部门的警告后仍拒绝改变雅尔塔会议举办地的做法,首相也是抱着轻松的心态来看待的。

总统讨论了他近期的选举,非常轻松地指出 90% 的媒体都在反对他。丘吉尔说,他喜欢生活在民主制度下的人们批评他们政府的方式。他随后提到,他最近是如何在走廊里冒犯了两位议员,并肯定会因此而收获两张反对票的——因为这两位议员本来是不打算投票的。首相说他有自信赢得四个月后的英国大选。我记得接下来的 5 月丘吉尔在旧金山会议上也是这样预言,但当时艾登告诉我保守党失败是极有可能的。他还对我说在下一次的外交部长会议上,我见到的将会是欧内斯特·贝文①。

总统还对丘吉尔说,虽然他期待欧洲的战争在当年就结束,但是他觉得对日本的战争也许会持续到 1947 年。在这一点上各国似乎达成了全体一致。

午餐后不久,总统私下里告诉首相、艾登和我,他想要在这趟旅程中见到沙特阿拉伯国王伊本·沙特、埃及国王法鲁克②和埃塞俄比亚皇帝海尔·塞拉西。丘吉尔说,他认为把他们邀请到"昆西号"上是一个绝妙的注意。

艾登在午餐会后对我说,总统看起来精神风貌更好了,似乎比上次看见他的时候更加冷静、更加放松了。他认为罗斯福先生状态颇佳。卡多根的观点却与艾登相反——他告诉我,当他在马耳他看到总统的时候,总统的外表与上次见面时相比的变化之大让他震惊不已。我那天在

---

① 欧内斯特·贝文(Ernest Bevin, 1881—1951),英国政治家、工会领袖。艾德礼工党政府上台后,1945 年 7 月至 1951 年任外交大臣。任内主张西欧国家的联合,为《布鲁塞尔条约》的签订、北大西洋公约组织及其军事集团的建立做出了重要贡献。——译者摘自《第二次世界大战百科词典》,上海辞书出版社
② 法鲁克一世,全名穆罕默德·法鲁克(Muhammad Fārūq, 1920—1965),埃及国王,1936 至 1952 年在位。——译者

笔记里写道：

总统似乎放松下来、冷静下来了。他说他在来的路上睡眠充足。他说，他自从离开华盛顿以后每晚都会休息十个小时，但搞不懂为什么依然感觉没有睡够。

自从1月20日总统在白宫发表就职演说以来，我一直都很担心他。那天他似乎全程都在发抖。我并不是说只有他的手在颤抖，而是他的全身都在颤抖。然而，当他到达马耳他的时候，他却似乎精神振奋，冷静自持，且相当放松。

在我看来，从12月中旬到1月20日的就职演说之间，总统的健康状况变差了。然而，先不管这样的变化，我想强调的是，从马耳他到克里米亚会议以及在亚历山大港举行的会议，在这整个过程中，我发现他时时保持着机警，完全能够处理任何变化的局面。据我所知，那些有关他在去雅尔塔的途中或在雅尔塔会议期间健康状况恶化的传言，是没有根据的。总统能接连数日地在会议中与像丘吉尔和斯大林这样强大的伙伴在一起进行激烈的较量而应对自如，就是对这些传言最有力的回击。

在去雅尔塔的旅程中，总统的女儿——安娜的陪伴对总统来说，是一个极大的慰藉。他们之间存在着父女之间罕见的美好关系。安娜除了拥有善良和忠诚的品质外，还拥有智慧与谋略，她已经学会了如何主导棘手的局面。当晚餐时的谈话似乎让她的父亲不安时，她最是知道如何不动声色地把谈话引向另一个话题。

在雅尔塔，总统非常沉着，有着极大的耐心，从不突然发脾气。他虽然温和可亲，善解人意，但是也坚定果决。

2月2日下午3点左右，比德尔·史密斯①将军已登上"天狼星号"，

---

① 沃尔特·比德尔·史密斯（Walter Bedell "Beetle" Smith，1895—1961），美国陆军上将，绰号"甲壳虫"。——译者

和我讨论一些紧急事务。在1940年我已经见过了史密斯将军,那时他还是马歇尔将军属下的总参谋部的助理秘书长。我与马歇尔将军有着长久的交情,所以当我刚刚到华盛顿时,尽管战争初期四处挨打的日子很难熬,我和史密斯还是建立了温暖的友谊。后来艾森豪威尔带史密斯去了伦敦,所以他刚刚从艾森豪威尔的司令部飞到马耳他。

我与史密斯进行了详谈。他特别讲述了艾森豪威尔与他和陆军元帅伯纳德·蒙哥马利①爵士在盟国远征军最高统帅部发生的纠纷。蒙哥马利都是直接向丘吉尔报告军务,而蒙哥马利与丘吉尔的这些交流,在艾森豪威尔看来是对他极大的羞辱。史密斯让我向罗斯福总统解释一下情况。虽然随后我将自己与史密斯的谈话报告了总统,但是我和史密斯讨论的这些新闻,在总统看来却并不令人感到新奇或吃惊。他对艾森豪威尔和蒙哥马利之前发生的这种纠纷相当熟悉。

除了有关蒙哥马利的消息外,史密斯还告诉我,盟军已经从德国在突出部之役②的反击中恢复了过来,并告诉我,各国都期望能尽快发起联合攻势。他补充说,苏联停止进攻的可能性很小。他相信,如果德国失去了柏林,德国人可能会退到德国西南部,进行持续数月甚至数年的游击战。

那天晚上,总统、首相、艾登和我一起在"昆西号"上吃了晚餐。艾登和我通过非正式的、对话的方式,为两位领导人回顾了我们前一天的谈话。艾登和我依次提及了我们有关以下话题的讨论:国际组织;对

---

① 伯纳德·劳·蒙哥马利(Bernard Law Montgomery, 1887—1976),昵称"蒙蒂",子爵,英国陆军元帅。——译者

② 阿登战役(Ardennes Offensive),又称"突出部之役"(Battle of the Bulge),第二次世界大战期间的重要战役之一。此次战役是第二次世界大战中西线最大的一次阵地战,双方有60个师参加战斗,美军有60万人参战,伤亡及被俘8.1万,英军伤亡1 400人。德军伤亡与被俘约10万人,损失坦克800辆,飞机1 000架。——译者摘自《第二次世界大战大词典》,华夏出版社

德国的处置；波兰问题；盟军在罗马尼亚、保加利亚和匈牙利的管制委员会；伊朗问题；中国问题。

在这次会议上，美国和英国对于这些问题的态度也得以阐明。鉴于总统和首相将在雅尔塔会议上就这些问题多次发表观点，本书随后的几章会呈现相关细节。

晚餐后，我们于当晚飞往了克里米亚。总统倾向于乘船去，因为航空旅行会让他的鼻窦非常疼痛。虽然麦金泰尔①博士也更支持总统乘船出行，但是因为乘战舰通过达达尼尔海峡对总统来说太危险，所以这个方案最后被取消了。

那天夜里，马耳他的机场十分繁忙。我们带了一大批军事人员，于是总统开玩笑说，有一小支俄罗斯先遣队已经抵达了雅尔塔，在他们看来，我们的联合代表团就像是一场小规模的入侵。

我邀请霍普金斯与我们国务院小组乘坐同一架飞机，他很快答应了。我们的飞机是5号，它于午夜后不久起飞，开始了这次秘密航程。我们飞越了地中海、爱琴海和黑海，飞行了1 400英里（约2 253公里），去参加克里米亚会议，或者说，"阿尔戈"——这是我们在通信密码中对此次会议的称呼。

---

① 罗斯·T. 麦金泰尔（Ross T. McIntire，1889—1959），美国海军中将，耳鼻喉科医师。1932年起担任罗斯福总统保健医生。1938年任海军卫生局局长，在二战期间推动了医疗卫生机构的大规模扩张。——译者

第二卷 开 会

第四章　阿尔戈人

离开雅尔塔七小时后，2月3日早晨7点半，我们的C-54飞机在克里米亚半岛西海岸的萨基机场降落。机场跑道是由类似于瓷砖的水泥砖制成的。跑道的长度刚刚够用，而降落因为跑道表面结冰变得危险。四引擎飞机以约十分钟的时间间隔落地，每一架飞机都滑行到了跑道尽头。

在机场的四周，每隔20英尺（约6米）的地方，苏联人都安排了带着冲锋枪的守卫。一个壮观的乐队和一个仪仗队，还有许多苏联和美国的通讯兵摄影师都列队站在机场中，以欢迎英国和美国代表团。

当我们下飞机的时候，受到了来自以下人员的欢迎——外交人民委员莫洛托夫，副外交人民委员A. Y. 维辛斯基[①]，空军元帅库迪亚科夫[②]，海军上将库兹涅佐夫[③]，安东诺夫[④]将军，葛罗米柯大使和古谢夫大使。

苏联人安排了三座提供茶点的帐篷，帐篷中有自助餐，还有加了柠檬和糖的8盎司热茶。餐桌上摆满了一瓶瓶伏特加、白兰地和香槟，一碟碟鱼子酱、烟熏鳕鱼和鲑鱼、白面包和黑面包、新鲜的黄油、奶酪，以及全熟鸡蛋和半熟鸡蛋。有许多声音批评苏联人缺乏在艺术、体育或其他实践活动中的技能和能力，但是那天早晨，他们在萨基机场为我们准备的招待会真是令人难忘。

艾登早于我们抵达，当我们站在一起时，载着马歇尔将军、海军上将金、英军参谋长和我们国务院其他成员的飞机落地了。

总统的飞机在六架洛克希德"闪电"战斗机的护航下,在一个小时后到达了机场。伯蒂格夫人,沃森将军和麦金泰尔海军中将全都神采飞扬,但是直到丘吉尔的飞机大约在半个小时后抵达之前,总统都待在飞机上。

在落地后,丘吉尔直接走向了总统的专机——"圣牛号"。由道格拉斯飞机公司特别设计的升降梯将罗斯福送到了地面,总统的保镖麦克·赖利将他抬进了一辆根据美国《租借法案》援助的吉普车,苏联人提供这辆车以便让总统检阅仪仗队。莫洛托夫加入了两位领导人之中并介绍了苏联的代表们。丘吉尔抽着一支新点的 8 英寸雪茄,莫洛托夫站在总统的吉普车旁,而仪仗队队长做了一番简短的欢迎致辞,同时他笔挺地立正着,将剑直直地举在身前。随后乐队演奏《星条旗永不落》、《天佑吾王》和苏联国歌。在乐队演奏完《星条旗永不落》之后,总统转向莫洛托夫——他正站在我身旁——并告诉他,乐队演奏的美国国歌很优美。

当仪仗队走过去之后,总统从吉普车上下来,进入了一辆房车,而伯蒂格夫人已在车上等候。随后这辆房车出发去往雅尔塔,开始了一段漫长的行程。

---

① 安德烈·亚努阿里耶维奇·维辛斯基(Andrey Yanuaryevich Vyshinsky,1883—1954)。苏联政治家、法学家、外交家,曾任苏联总检察长和外交部长,在大清洗中扮演过重要角色。——译者

② 谢尔盖·亚历山德罗维奇·库迪亚科夫(Sergei Aleksandrovich Khudiakov,1901—1950),苏联空军元帅。——译者

③ 尼古拉·格拉西莫维奇·库兹涅佐夫(Nikolay Gerasimovich Kuznetsov,1904—1974),苏联海军元帅。——译者

④ 阿列克谢·因诺肯季耶维奇·安东诺夫(Aleksei Innokentievich Antonov,1896—1962),苏联陆军大将。1945 年 2 月任苏军总参谋长,最高统帅部成员,出席了雅尔塔和波茨坦会议。——译者

我与海军上将莱希和埃夫里尔·哈里曼同乘一辆汽车,跟在总统那辆车的后面。当我们穿越乡村时,我受到了震撼——这里的地形起伏平缓,光秃秃的,像极了我们美国的大平原。同样令我们印象深刻的是,这里到处都是被战争摧毁的痕迹。我们看见了被烧坏的货运火车,被烧毁的坦克和其他遭到破坏的物资。

在距离辛菲罗波尔①几公里的地方,乡村的地形不再是平路了,而变成了环山路。这座山位于辛菲罗波尔和雅尔塔之间,我们的车沿着环山路一圈圈地绕行。等我们下山后,到达克里米亚东海岸时,感受到这里的天气比萨基暖和多了,而且在雅尔塔附近都没有会下雪的迹象。

虽然两地之间只有90公里,但是从萨基到雅尔塔,我们花了六个小时,因为这条路经过了好几个地区。在整个行程中,每50到100码(约45米到91米)的地方都有红军哨兵把守,这些哨兵中有些是身材健壮的女兵。

我们约于傍晚6点到达了距离雅尔塔市1.5英里(约2.4公里)的里瓦几亚宫。这座宫殿建成于1911年,当年是沙皇尼古拉二世用作避暑的住处。从这座宫殿俯瞰,可以看到黑海边美丽的半圆形雅尔塔港,在它的顶端,是克里米亚最时髦的洗浴胜地。在港湾两边,一座座山峰在大海中陡然而立。这副景象美得令人窒息,让我想起了太平洋海岸的一些风光。

德国人退出克里米亚时,曾劫掠过里瓦几亚宫。据我们所知,苏联人不得不征用三家莫斯科宾馆的物资,以重新装备这个用于召开会议的宫殿。总统住在沙皇的卧室里,他将台球室用作私人餐厅。我住

---

① 辛菲罗波尔(Simferopol),位于克里米亚半岛中部,是俄罗斯所称的克里米亚共和国首府,也是乌克兰宣称的克里米亚自治共和国首都。——译者

在一间有两个房间的套房里,可以俯瞰大海。伯恩斯、霍普金斯、莱希、厄尔利①、哈里曼、波伦和我们国务院小组的其他人住在一楼舒适的房间里。唯一不便之处就是需要共享卫生间。

国务院小组人数不多,所以尚能安排在里瓦几亚宫中舒适地住宿,但是对于军方人员来说就不是这样了。马歇尔将军和海军上将金分别住在二楼的皇家卧室和皇后的房间里。在里瓦几亚宫住宿的美国军人是如此之多,以至于需要五到七位将军挤在一个房间,十位上校挤在另一个房间里。在参会的整个过程中,美国军方人员过多的情况惹出了许多令人捧腹的事情。譬如宫殿二楼设有一间食堂,它为美苏两军人员准备的食物,最后全都被美军一方吃光了。

英国代表团的住处是沃龙佐夫宫②,它有着一百年的历史。别墅位于阿卢普卡镇,从此处乘车到里瓦几亚宫约半个小时时间。苏联人住在科列伊兹别墅③,这座宅邸曾属于尤苏波夫王子——他因刺杀了拉斯普金而声名远扬。如此安排人员住处带来一个不便之处:三国代表团的住处之间相隔甚远,要乘汽车才可方便来往。

在我们到达雅尔塔的那个傍晚,哈里曼大使,大使的女儿凯瑟琳,伯蒂格夫人,海军上将莱希,沃森将军和我与罗斯福先生共进了晚餐。总统以他极具幽默感的口吻,开玩笑说自己是唯一与会的国家元首。他笑着说,他作为出席会议的最高官员,应该得到所有人的拜访。

周六的那次晚餐,是我们在雅尔塔会议上的最后一次休闲社交聚

---

① 斯蒂芬·厄尔利(Stephen Early, 1889—1951),美国记者和政府官员,1933 至 1945 年任罗斯福总统的白宫新闻秘书。——译者
② 沃龙佐夫宫(Vorontsov Palace),位于克里米亚南部海滨的阿卢普卡,又称阿卢普卡宫。建于 1828 至 1848 年,是沙皇时期新罗斯西科边疆区执行长官、俄罗斯政治军事家沃龙佐夫伯爵的官邸。雅尔塔会议期间,英国首相丘吉尔在此下榻。——译者
③ 科列伊兹别墅(Koreiz Villa),又称尤苏波夫宫(Yusupov Palace),位于雅尔塔西南,莫伊卡运河旁,曾经是俄国巨富门阀尤苏波夫家族的住所,科列伊兹为所在的居民区地名。——译者

会。接下来的几天所负担的压力让我们精疲力竭。以我日常的时间表为例：我早上一起床，就要去与马修斯、波伦、希斯商议事宜，接下来我要与总统就会议上的问题进行讨论。而且每天早晨都会有数不清的突发状况需要处理，有文件需要签字，我要与马歇尔将军、霍普金斯还有其他代表团成员开会，以及查阅从华盛顿发来的电报。

在结束这些会议之后，我要参加外交部长会议，后者是从中午开始的，要进行一整个午餐会的时间。这些会议的主席是轮流担任的，我们轮换着在不同的总部碰面。在外交部长会议结束后，我通常会在全体会议前的最后几分钟再和总统见一面。全体会议是在里瓦几亚宫举行的，所有人员均到场参会。会议于4点开始，进行到8点或者更晚。随后常常是一顿漫长又令人疲惫的晚餐——就像午餐会一样，大家必须互相推杯换盏又时刻保持警觉。在晚餐后，我通常又要与马修斯、波伦、希斯和富特进行商讨，阅读来自华盛顿的代理国务卿格鲁的电报，起草发给国务院的电报，然后一般在大约凌晨2点时才上床休息。

在2月3日的晚餐后，哈里曼在总统的要求下，邀请住在科列伊兹别墅的莫洛托夫前来，为次日要举行的会议商讨计划。哈里曼解释说，总统对于里瓦几亚宫里的安排极为满意，并说，若斯大林元帅方便的话，总统会非常乐意在第二天下午3点或3点半于里瓦几亚宫接待斯大林元帅，以进行一次纯粹的私人谈话。在这次谈话后，总统将提议就军事局势与英国首相、斯大林元帅、其他军事人员和外交部长们进行讨论。

莫洛托夫解释说，如果可能的话，斯大林元帅更希望总统在第二日下午4点进行私人谈话，第一次全体大会正式会议可以推迟一个小时召开。哈里曼同意后，莫洛托夫提议，在讨论完军事局势后，他们就转而讨论德国的政治问题。莫洛托夫说，斯大林打算首先就东线的战局做一个报告。

在安排妥当后，哈里曼又邀请斯大林元帅和莫洛托夫参加总统在第二天傍晚于里瓦几亚宫举行的晚宴。莫洛托夫回应说，他肯定斯大林元帅会很高兴参加的，但是他还是要在第二天上午进行确认。

第二天上午 10 点半，哈里曼、马修斯、希斯、波伦和我，与总统在俯瞰大海的阳台上见面，我们回顾了对会议议程的建议方案。我们在总统和军方高层的会议结束前到达了见面地点，军方将领们尚未离开，所以我们建议他们也留下来，以让他们充分了解国务院的外交立场，并让他们将这一立场与三国参谋长即将举行的秘密军事会议统筹起来考虑。

随后我将以下材料呈递给了总统（所有这些内容都已经事先向总统解释过了）：

呈报总统的建议措施备忘录

1. 国际组织相关事宜。我方应当寻求各方采纳美国就投票程序所提出之议案，以及就立即召开联合国大会这一点达成一致。（美国提案文本的副本及对其的分析已附上，若您需要向丘吉尔和斯大林提交以上文件，可供您使用。）

论点：我方的提案，目前以各种可能的方法维护了大国间的团结——强制措施的实行要以全票通过为条件——只有在涉及一国为争议一方这种情况下，该国才没有投票权。若讨论可以被一票否决，拉丁美洲国家和其他小国将会感到失望。

注意：若投票事宜得到解决，在联合国大会召开前，必须要就其他事宜达成一致意见：国际托管制度、法国作为第五个发起国的问题、联合国大会邀请的国家名单、会议日期和美国代表其他四个发起国作为会议地点的事宜、美国代表英国和苏联与中国和法国进行商议之事、国际组织相关事宜达成的协议以何种方式发布的问题（我们已经就以上几点问题附上了必要的文件）。

2. 选定紧急欧洲高级委员会成员的事宜。（宣言的草稿和与之相关的草案的复印件已附上，若您需要向丘吉尔和斯大林提交以上文件，可供您使用。）

论点：各方十分希望大国之间能就有关被解放的国家、轴心国、卫星国的政策达成统一。法国也应当被包含在参与达成政策统一的大国之中。

3. 对德国的处置

(1) 应当达成有关管控制度和占领区的最终协议。应将此份协议和更早的有关投降条款的协议进行宣布。

(2) 边境：此时达成最终的具体承诺并非必须。不过，若事实证明有必要达成最后的具体承诺，我方的详细意见已经备好并附上。

(3) 少数民族：我方应当尽可能地反对歧视向邻国迁移的少数民族。迁移应当在国际监督下渐次进行。

(4) 长期的经济政策：我方应当选择废除德国自给自足的经济政策，以及其在欧洲的经济统治地位，根除其特定的关键产业，阻止其生产武器和任何类型的飞机，我方也应当对其进行持续的管控以达到以上目标。

4. 波兰

(1) 边境：我方的态度是，波兰的北部和中部以"寇松线"为边境线，南部以利沃夫东部边界为边境线，这大致与1919年向协约国最高委员会提出的其中一条边境线一致。被移交的德国领土限制在东普鲁士（从哥尼斯堡到苏联以外的地区）、波美拉尼亚沿海的一小块突出部分以及上西里西亚的范围内。

(2)我方应当准备对建立一个新的代议制临时政府施以援手,该政府承诺在条件允许的情况下进行自由选举。我方应当促成包括米科瓦伊奇克以及其他海外温和派波兰人(农民党是波兰最重要的政党)的临时政府。我方不应认同卢布林"政府"以其目前的方式继续存在。

5. 在罗马尼亚、保加利亚和匈牙利的盟军管制委员会。须确保我方的代表享有以下权利:(1)自由行动的权利,以及(2)盟军管制委员会在做出决议前,我方代表参与商讨的权利。

6. 伊朗。我方应当就以下一点寻求与苏联达成共识:在战争结束及盟军部队从伊朗撤退之前,不向伊朗索取石油特许权。

7. 中国。我方应当就促进国民党与共产党之间达成协议的努力,寻求苏联和英国的支持。

论点:两个政党之间的合作将加快远东地区战争的结束,并避免可能出现的中国内部冲突以及外部入侵。

总统同意将这份关于安全理事会投票程序的备忘录交与斯大林和丘吉尔。我们这些国务院的人员在马耳他会议召开的三天前,曾因为总统从"昆西号"上发来的电讯而担心不已,因为当时总统表示,他对安全理事会的投票程序有了新的想法。这是因为伯恩斯法官[①]之前与总统就这件事进行了讨论。据总统说,伯恩斯建议,为了避免因全体一致原则而导致无法采取行动,应当为四个大国能采取行动而制定一条新规则。然而,即便看过了伯恩斯的电报,总统还是决定继续采用国务院的方案。

---

① 此处就是后来接替作者斯特蒂纽斯的国务卿詹姆斯·弗朗西斯·伯恩斯,曾经担任最高法院法官,这里应该是作者对他的习惯称呼。伯恩斯1942年10月就离开了最高法院,参加雅尔塔会议时的职务是战争动员办公室主任。——译者

有关波兰问题，总统查阅了一份地图，说道：若苏联不同意让波兰保留利沃夫，也许他们会出于给波兰留一点面子的缘故，至少同意让波兰保留那些油田。波伦评论道，对于苏联来说，那些油田并不是很重要，但对于波兰来说，它们却是重要的。他补充说，波兰得到的德国领土与其划给苏联的领土相比，面积小了三分之一。

就波兰政府的组成问题，总统与我们持有一致意见：不应认可卢布林政府。米科瓦伊奇克政府提议成立"总统委员会"，由来自波兰不同组织的代表组成，将其作为临时政府，直到选举得以进行。总统对米科瓦伊奇克政府的这一提议已了然于胸。"他们不会采取君主制的，"总统说，"他们需要一个摄政委员会。"总统让我们准备一个简短的稿子，说明我们对于波兰问题的观点，他会将稿子交给斯大林和丘吉尔。

对于国务院有关成立欧洲高级委员会以管理被解放地区的提议，总统并不看好。总统说得很清楚：他觉得，根据1943年莫斯科条约成立的"欧洲咨询委员会"并不是一个成功的组织，他进一步说，他表示不希望再有"另一个组织"了。他说道，外交部长会议已经足以解决被解放地区的管理问题了。当有人向总统指出国务卿不能太频繁地离开华盛顿这一点时，总统回答说，可以设立一个秘书处，接手国务卿离开华盛顿时的工作。虽然总统决定不在雅尔塔会议上介绍成立欧洲高级委员会的提议，但他却介绍了《关于被解放的欧洲宣言》，其内容便是国务院所提建议的主要部分。

上述会议结束后的那个周末下午，在与国务院代表团的谈话中，伯恩斯对于总统反对成立欧洲高级委员会的态度表示了支持。他说道，美国人民和国会不会希望看到一个拥有自主权力的委员，即使我们指出这个委员将遵守指令，但伯恩斯法官认为，我们的驻外大使可以根据此拟建的委员会的要求来制定目标展开工作。他认为，这样国会就不会反对,因为大使的人选是由参议院通过的,且大使们直接对国务卿负责。

伯恩斯说,进一步来说,任何机构都倾向于在其效用消失后存续下去。美国的士兵想要立刻回家,若他们因为这个欧洲高级委员会的决议而不得不留在欧洲,他们将会感到不满。最重要的是,根据伯恩斯的意思,美国并不情愿对欧洲的内部事务承担责任。他指出,若我们拒绝对欧洲的内部事务担负责任,则我们不应对英国、苏联或法国这些实际占有特定领土的国家抱有期待,认为他们会听从我们的建议。

除了关于欧洲高级委员会的提议之外,我们与总统讨论了很久有关德国占领区的问题。总统提出,此时法国迫切希望能分到一块占领区,而他认为,最后的三方协议应等到法国的占领区确定下来之后再签署。莱希海军上将建议我们将自己的占领区交给法国,既然我们的部队想要立刻回家的话。虽然莱希毫无疑问是在开玩笑,不过他所说的也是美国人民对于战后欧洲责任如何分担的普遍态度。

总统随后询问了有关联合国善后救济总署在波兰的活动。我们告诉总统,卢布林政府最近授权让联合国善后救济总署从康斯坦萨港①运来的物资,经由陆路运输进入波兰。总统也询问了有关红十字会在波兰的活动,并得知苏联人最近同意了波兰运入急需物资。总统说,他认为,红十字会和联合国善后救济总署给同一个地方输送物资并不是一个好主意。他希望红十字会能立刻停止给波兰输送物资的活动。总统补充说,最重要的是要让联合国善后救济总署在波兰焕发新生。

随后他问我们,我们是否考虑过安排一些可用的德国土地给那些被

---

① 康斯坦萨(Constanza),罗马尼亚第一大港口,位于黑海西岸,北距敖德萨 187 海里,南距瓦尔纳 73 海里,距伊斯坦布尔 199 海里,有铁路、公路连接罗马尼亚交通网。——译者

德国人占去土地的荷兰农民。威廉明娜女王①最近曾与总统讨论此事，总统对我们说，我们应当允许这些荷兰农民在西德得到他们想要得到的任何土地，以五年为期，或以那些遭受海水破坏之土地的生产力恢复所需要的时间为期限。

虽然作为国务卿，我陪同总统参加了此次他与其军事顾问召开的专门会议，但我却并未出席三大国军方高层在雅尔塔召开的会议——这些会议均由三国军方人员共同参加。不过，凡是我方参谋长的决定影响到外交工作的，我都会得到通知。

比如说，我知道，为了把俄国人拖进远东战事，我们军方领导人在雅尔塔给了总统巨大的压力。此时原子弹尚未研发成功，而且我们对突出部战役中所遭遇的挫败还记忆犹新。我们还没能越过莱茵河。没有人知道在欧洲战争会持续多久，也没有人知道战争伤亡会有多么惨重。

就在我们动身前往雅尔塔之前，我们的参谋长联席会议给国务院发送了几份有关苏联参与对日作战的文件。这些文件中写到：

> ……我们迫切希望苏联在其能力范围内尽早参与进攻作战，并且，在不损害美国对抗日本的主攻力量的情况下，美国准备好为苏联提供尽可能最大的支持……

---

① 威廉明娜女王（Wilhelmina Helena Pauline Marie，1880—1962），荷兰女王（1890—1948）和王太后（1948—1962）。在整个二战期间，威廉明娜坚持在伦敦通过无线电广播，号召全国人民拿起武器，保持旺盛的斗志，直到全国解放，成为荷兰人对德国占领进行抵抗的象征。1945年德军撤出荷兰后，她回到祖国，受到热烈欢迎，被誉为"抵抗之母"。——译者

在1943年8月举行的魁北克会议①上,霍普金斯带来了一份军事文件,文件内容是:

> 最终,美国在考虑与苏联之间的关系时,最为重要的因素,是太平洋战争如何发展。若苏联成为美国在对日战争中的盟友而非对手的话,此战就能在更短的时间内结束,且以更少的人命和资源消耗为代价。若苏联一方在太平洋战争中一定要(对美国)持不友好或消极态度的话,那么战争局面就会变得棘手无比,(美国的)战争行动也会失败。②

1943年10月,当科德尔·赫尔在莫斯科访问时,斯大林元帅声明苏联会加入对日作战,几周后在德黑兰,他对总统和首相也发表了相同的声明。

到那时为止,斯大林尚未对苏联加入对日作战的具体时间或条件做出任何表示。随后,1944年10月,丘吉尔在莫斯科与斯大林讨论欧洲事宜时,作为美方参谋长联席会议代表的哈里曼和约翰·R. 迪恩③将军正身处莫斯科,他们与斯大林就远东地区的事宜进行了讨论。斯大林

---

① 此处是指第一次魁北克会议,代号"四分仪"。1943年7月25日墨索尼里倒台,意大利投降在即,为了调整盟国战略以适应此形势,8月14至24日,罗斯福、丘吉尔举行此会议。联合参谋长委员会成员与会。中国、加拿大政府代表参加了有关会议。1944年9月11至16日,罗斯福、丘吉尔又召开了第二次魁北克会议,代号"八边形",磋商击败德国后的政策和对日作战问题。——译者摘自《第二次世界大战百科词典》,上海辞书出版社

② 摘自罗伯特·E. 舍伍德,《罗斯福和霍普金斯:一段亲密的历史》(纽约,哈珀兄弟出版公司,1948年),第748~749页。

③ 约翰·拉塞尔·迪恩(John Russell Deane, 1896—1982),美国陆军少将。1943年10月任美国驻莫斯科军事代表团团长。同年10月18日至11月11日代表美国出席第三次莫斯科会议,研究二战合作事宜,并代表美国在《莫斯科宣言》上签字。期间促成美军轰炸机在空袭罗马尼亚目标后降落苏联加油。——译者

说，苏联将在德国战争结束三个月后加入对日作战，但是首先他们要与中国达成一致意见。此时哈里曼和迪恩并未深究斯大林元帅的内心想法。

总统到达雅尔塔之后不久，他就与斯大林元帅就苏联加入对日战争的事项举行了高层会议。大多数出席的美方代表对这些讨论一无所知，相关的问题也没有在三大国的全体会议或外交部长会议中被提出。在雅尔塔会议进行到大约一半的时候，哈里曼和霍普金斯告诉我，总统让他们告知我，总统和斯大林元帅正在就这一问题进行讨论。

我得知，除了其他事项以外，斯大林说，非常清楚的一点是，苏联能在远东地区获得一些特权是苏联参与对日战争的必要条件。斯大林表示，若这些条件不能得到满足，那么苏联最高苏维埃和苏联人民就会对自己参与到远东战事这一点产生困惑——他们可以理解对德战争，因为苏联遭到了德国的攻击，但是，既然日本在远东并没有公开的敌对行为，那就须用能取得特权这一点，来使得苏联加入远东战事的行为显得合理。

在哈里曼和霍普金斯向我提到了有关远东的讨论后，我在一次与总统的私人交流中问他，他是否希望国务院代表团研究与此相关的问题。总统说，鉴于这主要是一个军事问题，且在一段时间里，哈里曼已经就这个问题与他和苏联代表进行过很多次私人讨论了，所以，他认为最好还是让这个问题停留在单纯的军事层面上。

在我与总统的谈话后，总统、哈里曼和霍普金斯继续与斯大林和莫洛托夫讨论远东问题。2月11日，斯大林元帅、丘吉尔首相和罗斯福总统签署了以下协议：

苏美英三大国领袖同意，在德国投降及欧洲战争结束后两个月或三个月内苏联将参加同盟国方面对日作战，其条件为：

1. 外蒙古（蒙古人民共和国）的现状须予维持。
2. 由日本1904年背信弃义进攻所破坏的俄国以前的权益须予

恢复，即：

（甲）库页岛南部及邻近一切岛屿须交还苏联；

（乙）大连商港须国际化，苏联在该港的优越权益须予保证，苏联之租用旅顺港为海军基地须予恢复；

（丙）对担任通往大连之出路的中东铁路和南满铁路应设立一苏中合办的公司以共同经营之；经谅解，苏联的优越权益须予保证而中国须保持在满洲的全部主权。

3. 千岛群岛须交予苏联。①

经谅解，有关外蒙古及上述港口铁路的协定尚须征得蒋介石委员长的同意。根据斯大林元帅的提议，美总统将采取步骤以取得该项同意。

三国领袖同意，苏联之此项要求须在击败日本后毫无问题地予以实现。

苏联本身表示准备和中国国民政府签订一项苏中友好同盟协定，俾以其武力协助中国达成自日本枷锁下解放中国之目的。

这份"关于日本的协定"——一份最高机密文件——没有在雅尔塔会议的协议中出现。这份草案被带到了华盛顿，存放在总统私人的保险箱里。只有总统的少数亲信才知道它的存在。这是因为，我们担心若太多的人知道这份协议，其中的信息会被泄露出去而让日本人知道。凭借这些信息，日本随后可能会先发制人，在苏联军队从欧洲转移到远东之前攻打苏联，由此破坏同盟国的计划。

出于对重庆方面可能会泄露机密的担忧，在雅尔塔达成的这一协定没有立即通知中国。在雅尔塔，斯大林元帅告诉罗斯福总统，苏联会开

---

① 千岛群岛，当然，在1904年苏日战争前是日本领土。在19世纪，苏联和日本都主张过对千岛群岛的所有权，而在近世纪末时，日本对其的所有权才被承认。

始派遣军队穿过西伯利亚,但斯大林强调,这必须在完全保密的情况下进行。因此,总统同意在苏联部队的转移结束后,他才会向中方解释这一决议。可总统在那一天前就与世长辞了。

在英国政府的一位朋友告知我,艾登曾尝试阻止首相签署此份协定,因为主要的讨论他都没有参加,也因为这份协定牵涉到的情况是如此复杂。然而,丘吉尔表明,大英帝国在远东地区的整体处境可能会遭遇风险。我的朋友告诉我,首相说他会签这份协定的,为了让大不列颠还能继续待在远东。根据我的理解,这说明首相充分相信罗斯福总统,并认为在这件事情上,他可以完全依赖总统的判断。

国务院并没有参与远东协定。虽然此前是哈里曼大使与斯大林就此问题进行的沟通,但他在莫斯科有一个特殊的使命——在战争期间,没有其他与之相似的任务,而且这与仅仅作为一位大使应当承担的任务完全不同——哈里曼在莫斯科是政府事务和军事事务的总协调人。军事代表迪恩将军以及政府部门——例如战时新闻办公室,战时生产委员会,《租借法案》执行办公室,战时航运管理局,甚至战略情报局——都要向哈里曼汇报工作。

罗斯福总统和战争部已经为哈里曼分配了任务——查出让苏联加入远东战争所必须的一切。当哈里曼来到雅尔塔的时候,我明白了,对于让苏联加入对日战争的必要条件,他已经有了一些想法。就在我们到达雅尔塔的前几日,哈里·霍普金斯告诉我,在这个问题上已经取得了良好的进展。远东协定是由各方小心谨慎地在雅尔塔制定出来的,而并不是一个仓促的决定——不像有些人宣称的那样,是因为罗斯福总统累了,想要避免更多的争论才制定的协议①。

---

① 见罗伯特·E. 舍伍德,《罗斯福和霍普金斯:一段亲密的历史》(纽约,哈珀兄弟出版公司,1948 年),第 867 页。

许多针对远东协定的批评，都是关于其协商过程和最终文件的秘密性质的。如何看待这类批评，需要记住两点。第一，苏联内部政治权力的特点，在这个国家，权力和责任被牢牢掌握着，并在极端保密的情况下行使。因为我确信，斯大林绝不会在一个更大的谈判小组面前，就加入太平洋战争做出任何承诺，这就迫使总统几乎只能独自应对难题。第二，在这种情况下，出于明摆着的军事上保密的考虑，苏联人对秘密外交，甚至是个人外交的偏好，就变得更加强烈了。在欧洲和太平洋，战争都临近高潮，泄露这样的远期军事计划会带来危险。如我之前所说，虽然其他重要的美国代表团成员并未获悉有关这些协商的情况，但我还是得到了消息。在罗斯福总统与世长辞的时候，这份文件仍然安然无恙地存放在白宫里。我从未真正看到过这份文件，而且我相信，杜鲁门总统在入主白宫之前也没有看到过这份文件。我前面已经提到过，白宫和国务院之间的信息不对称，是我不得不解决的主要问题之一。但对于这件事情，显然是战时环境所迫，再加上总统的不幸突然离世而变得更为棘手，故很难对其作出什么指责。

出于最高的军事考量，总统签署了远东协定。军方人员坚称苏联必须要加入对日作战。史汀生直到 1945 年 7 月还在这样描述军方关于对日战争的立场：

> 就我们于 7 月了解到的情况来说，日本政府极有可能在它控制的所有远东地区负隅顽抗，直至最后一刻。在这种情况下，盟军将会面临一个艰巨的任务：要摧毁一支由 500 万士兵和 5 000 架自杀式飞机组成的武装部队，而这支部队所属的种族已经充分证明了其具有战斗至死的能力。
>
> 我军于 7 月制订的打败日本的战略计划，是在不依靠原子弹的条件下提出的，因为原子弹还没有在新墨西哥州试验过。我们计划

在整个夏天和初秋加强海空封锁，并大力加强空中战略轰炸，然后于11月1日登陆南部的九州岛。下一步，我们将于1946年春天进攻本州岛。美国陆军与海军将全军投入此项伟大的计划，总兵力为500万。若将不直接作战人员也计入的话，这个数字会更加庞大……我们估计，若我方不得不执行此计划直至计划完成，那么主要的战事最早在1946年下半年之后会结束。我得知，执行此项计划预期可能会造成100万人员伤亡——这只是美军一方的伤亡数目。预计我们的盟军可能会有更多伤亡，当然，若我方的计划成功，且根据已有的经验来判断，敌方的伤亡较之我方的会多得多……①

就在旧金山会议于4月25日开幕之前，在白宫举行的一次高层政策会议上，杜鲁门总统、军方领导人和我就苏联未能遵守《雅尔塔协定》中有关巴尔干半岛之内容的问题进行了讨论。在这次会议上，我们的军方将领请求对苏联保持耐心，因为他们担心对苏联施加惩罚会影响其加入远东战争。

即使是到了波茨坦会议时，在7月16日第一颗原子弹在洛斯阿拉莫斯②爆炸后，军方仍坚持认为必须让苏联加入远东战争。在雅尔塔和波茨坦会议上，军方人员都特别关心满洲的日本军队。这支装备齐全的部队被称为日军之精华，拥有独立的指挥和工业基地，我们认为甚至在

---

① 摘自亨利·L. 史汀生和麦克乔治·邦迪，《历经和平与战争》（纽约：哈珀兄弟出版社，1948年），第618~619页。
② 洛斯阿拉莫斯（Los Alamos），美国新墨西哥州城市，常简称"阿拉莫斯"。1943年，为了赶在纳粹德国之前研制出原子弹，美国战争部决定把欧洲和美国的优秀科学家集中到一个秘密地点从事研究，执行著名的"曼哈顿计划"，美国物理学家奥本海默选择了帕哈里多高原之巅的洛斯阿拉莫斯。洛斯阿拉莫斯国家实验室（Los Alamos National Laboratory）占地110平方公里，拥有1万多名雇员，一开始就由加州大学管理并延续至今，但隶属于美国能源部。——译者

日本诸岛被征服后,这支部队还会继续战斗,除非苏联加入战争并对付这支部队。

基于这样的考量,总统的顾问们迫切希望苏联参战。若日本不得不转移兵力去应对北方的苏联部队①,我方的伤亡将大大降低。尽管苏联部队将与日本部队在满洲交战,但在雅尔塔签署的远东协定却明确要求苏联承认中国对满洲的主权。因此,那种认为总统同意苏联对满洲进行永久控制的观点是不正确的。指控罗斯福总统在雅尔塔会议上同意苏联进入朝鲜的声音也出现了。实际上,同意苏联人进入朝鲜北部一事,是在雅尔塔会议之后,美国军方当局对接受日军投降而做出的安排。

---

① 我曾有机会与迪恩将军就此事进行私下的讨论。

第五章　三巨头的会面

2月4日

　　斯大林元帅和苏联外交人民委员莫洛托夫，于2月4日周日下午4点来到里瓦几亚宫，他们乘坐一辆黑色"帕卡德"大型豪华轿车，前来与总统进行短暂会晤。斯大林元帅虽然身材短小，但是他矮壮的身躯承载着一颗睿智的头脑和一对宽厚的肩膀，这使得他整个人散发出强势的气场。

　　总统与斯大林在寒暄之后，讨论了英国、美国和苏联三国军方的进攻局势。总统说，他希望，眼下美苏军队之间的距离已足够近，这使得艾森豪威尔将军能直接与苏军的指挥官们交流，而不用再像过去一样，要经过身处伦敦和华盛顿的参谋长们转达信息才可以。斯大林对这一建议表示同意，也承诺苏联的军事人员会在雅尔塔与另外两国的军事人员立刻开启会谈。

　　罗斯福告诉斯大林元帅，他对于德军在克里米亚造成毁坏之程度深感震撼。总统说，所有这些景象都让他比一年前更加痛恨德军。

　　斯大林回应说，每个人都应该比一年前更痛恨德军。他指出，与乌克兰遭受的磨难相比，克里米亚受到的破坏不值一提。他接着说，德国人残暴成性，对于人类创造的事物，他们似乎怀有一种残忍的仇恨。

　　随后，总统询问斯大林元帅，对戴高乐将军最近访问莫斯科过程中的表现有什么看法。斯大林元帅回答道，他发现戴高乐将军并不是一个非常"复杂的人"。哈里曼大使已于1月4日向国务院发送了电报，电报中指出，斯大林在与"自由法国"领导人会面后告诉他，戴高乐是一个"笨拙且固执的人"。而另一方面，戴高乐告诉哈里曼，他在莫斯科的经历让他对苏联粗糙生硬的外交政策印象不佳。随后，戴高乐还预言，今后西方国家将与苏联发生严重纠纷。

斯大林告诉总统，就法国并没有在战争中进行多少战斗这一事实来看，戴高乐坚持主张与"三巨头"一样的全部权利是不现实的。总统回忆起他与戴高乐两年前在卡萨布兰卡进行的一次谈话，那时戴高乐将他自己比作法国的精神领袖圣女贞德，同时还是法国的政治领袖乔治·克列孟梭①。

总统和戴高乐将军之间的关系曾正如众所周知的那样，剑拔弩张，十分差劲。直到1944年6月6日诺曼底登陆之后，美国才愿意承认，戴高乐和法国民族解放委员会是法国民政事实上的当权者。在事实证明法国人民确实拥戴戴高乐将军之前，总统都不愿认可戴高乐的身份。总统无意逼迫法国接受一个它不想要的政府。但即使我们并没有给予戴高乐这份政治上的支持，我们还是早在1941年11月11日就向"自由法国"提供了《租借法案》中的援助。在盟军重新占领法国部分地区，且民众对于戴高乐政府的支持已是显而易见之时，我们在与英、苏两国商量后，于1944年10月23日宣布，我们承认戴高乐政府为法兰西共和国临时政府，这一政府因为一些反对派人士的加入而又得到了扩充。

总统于2月4日在雅尔塔告诉斯大林元帅，他最近得知，法国愿意放弃其占有的全部德国领土，条件是将这些领土置于国际监管之下。斯

---

① 乔治·克列孟梭（Georges Clemenceau，1841—1929），法国政治家，1906至1909年、1917至1919年两度担任法国总理。——译者摘自《二十世纪世界名人辞典》，辽宁人民出版社

大林回应说，这不是戴高乐在莫斯科时的态度——那时戴高乐说，莱茵河是法国的自然边境，他希望法国部队在那里永驻。

关于德国境内的占领区问题，就欧洲咨询委员会对三方占领区形成的协议，斯大林元帅似乎与总统达成了一致意见。总统说，突出的问题是法国的占领区。他解释道，他已经与丘吉尔就法国拥有占领区的问题进行了讨论，首相认为"这不是一个糟糕的主意"。当斯大林元帅问总统为什么支持分给法国占领区时，罗斯福回答，他仅仅是出于善意才支持的。斯大林和莫洛托夫以坚定的语气说，这当然是给予法国一块占领区的唯一理由。但斯大林明确表示，他并不认为法国值得拥有一块占领区，他补充说，这个问题必须要在雅尔塔会议上得到进一步的讨论。总统和斯大林元帅随后结束了他们的讨论，转移到了里瓦几亚宫中用于召开第一次全体会议的会议室，此处先前被沙皇用作宴会厅和舞厅。

出席第一次正式会议的人员有：

美国：总统、斯特蒂纽斯先生、莱希海军上将、马歇尔将军、金海军上将、库特将军①、迪恩将军、麦克法兰将军②、哈里曼先生、波伦先生

英国：首相、艾登先生、陆军元帅艾伦·布鲁克爵士、坎宁安海军元帅③、陆军元帅哈罗德·亚历山大爵士、陆军上将黑斯廷

---

① 劳伦斯·谢尔曼·库特（Laurence Sherman Kuter, 1905—1979），美国空军上将。——译者
② 安德鲁·杰克逊·麦克法兰（Andrew Jackson McFarland, 1888—1965），美国陆军准将，1942年起担任英美联合参谋长委员会秘书长。——译者
③ 安德鲁·布朗·坎宁安（Andrew Browne Cunningham, 1883—1963），英国皇家海军元帅，子爵，绰号"ABC"。1942年底任北非盟国远征军海军司令，参与指挥盟军在北非登陆的"火炬行动"。1943年1月晋升海军元帅，10月任第一海务大臣兼海军参谋长，先后出席了开罗、德黑兰、雅尔塔、波茨坦等会议，参与了盟军一系列重大战略决策。——译者

斯·伊斯梅爵士①、查尔斯·波特尔爵士②、柏斯少校

苏联：斯大林元帅、莫洛托夫先生、安东诺夫将军、库兹涅佐夫海军上将、库迪亚科夫空军元帅、维辛斯基先生、葛罗米柯先生、古谢夫先生、麦斯基先生、巴甫洛夫先生

与会者围着一张大圆桌坐下。虽然由于会议的性质，军方人员参加了2月4日的第一次会议，但除莱希海军上将以外，再没有军事将领参与其他的全体会议。他们都举行了自己的会议，这与外交会议是分开的。

第一次会议后，以总统为起点顺时针排布，通常的会议座位安排是：波伦，哈里曼，卡多根，艾登，首相，爱德华·布里奇斯，葛罗米柯，维辛斯基，莫洛托夫，斯大林元帅，麦斯基，古谢夫，莱希和我，我坐在总统的右边。另外，三个代表团的其他成员通常坐在他们各自的代表们之后。美国人坐在总统身后。虽然美国每次参会的人员有所不同，但是通常出席的有霍普金斯、马修斯、希斯，有时富特也会参会。每次伯恩斯参加全体会议的时候，他都坐在会议桌前。

每个代表团都有自己的口译员。波伦担任美方口译员，柏斯担任英方口译员，巴甫洛夫担任苏联方的口译员。然而，波伦除了专业译员这个身份之外，也是处理实务的专家。翻译的惯例是，每个发言者只说出一句话或一个段落，然后再让他的译员进行翻译。

艾登频繁地要同我议论，这给美方和英方口译员的英译俄工作造成

---

① 黑斯廷斯·莱昂内尔·伊斯梅（Hastings Lionel Ismay，1887—1965），男爵，外号"巴哥犬"（Pug），英国陆军上将。——译者
② 查尔斯·波特尔（Charles Portal，1893—1971），男爵，英国皇家空军元帅。1940年4月任轰炸机司令部司令，主张对德国工业区实施战略轰炸。1940年10月任皇家空军参谋长，任职期间反对皇家海军接管空军的海岸司令部和陆军组建航空队，大胆任用阿瑟·哈里斯主持对德轰炸作战。1944年1月晋升皇家空军元帅。——译者

了很大麻烦。艾登认为让苏联的译员来进行英译俄的翻译，而让英美译员将俄语翻译成英语，会好得多。而我认为，更好的方法是让一个专业的官方译者来为所有代表团成员进行翻译，就像在国际联盟中曾采取的做法那样。

在雅尔塔会议上，若是与会人员就讨论内容做过一份速记记录就更好了。因为随后可以将这份记录分发给各个代表团，并经由它们批准，让这份记录成为会议议程的官方记录。然而，会议并没有一份官方记录，也没有任何一位速记打字员对会议内容进行逐字记录。例如，布里奇斯为英方进行了速记，而波伦则承担了双重任务：为美方进行口译和记录。另外，一些美国代表团的成员至少也保留了他们自己的个人记录。每天中午，在外交部长的会议上，都要讨论由三位领导人布置的问题，美国驻莫斯科大使馆的爱德华·佩吉为美国代表团身兼口译员和会议记录员两职。克里米亚会议上的这些会务安排，是之前由英国和美国驻莫斯科大使与苏联外交部进行磋商后确定下来的。

军方则采用了另一种做法来记录他们的讨论。虽然三个国家都有其各自的代表做记录，但这三位记录者会彼此审查记录内容，记录也会经过所有讨论参与者的审阅。但对于外交讨论而言，很可惜，它不能遵循如此的做法。结果就是，在英国、苏联和美国各自的记录中，对任何一个发言者使用的词汇或短语的描述，可能是大相径庭的。另一方面来说，当然，三个国家所采用的官方文件应当始终保持一致，而且最后达成的协议是完全相同的，因为艾登、莫洛托夫和我同我们各自的工作人员极为尽心地准备了官方的议定书。

在全体会议上，以及在正式的晚宴上，除了要解释美国的立场外，事实证明，罗斯福总统通常还要扮演斯大林元帅和丘吉尔首相之间的仲裁者和调解者。面对丘吉尔的雄辩和充满技巧的操纵手段，斯大林大多以直言不讳的话语回应。有时，当他们两人之间的紧张对峙愈发剑拔弩张之时,总统就会引入看似无关的话题以缓和气氛。由总统扮演这个调解者的角色并不是事先计划好的事情。实际上,在这段时期中,英国人对于总统担任这一角色感到相当敏感。

在里瓦几亚宫的第一次会议上,斯大林元帅表示,他希望总统像在德黑兰会议上时那般开启会议,会议由此开始。斯大林元帅以直接和友好的方式表示,鉴于总统既是国家元首,又是政府首脑(他和丘吉尔先生仅是政府首脑,而加里宁①主席和乔治六世并不在场),他认为,总统应当担任会议的主持。总统答道,他很荣幸能开启此次会议,他希望代表美国来访者,对东道主的热情好客和精心安排表达感激之情。

总统说,他知道,他所代表的人们希望迎来全面的和平,希望战争尽早取得胜利并迎来尾声。总统说,此刻我们所有人都比以往更加理解彼此,且随着时间的推进,这种理解将会愈发深切。总统补充说,正因为如此,他认为他所提议的做法是没有风险的,即以非正式的形式进行会谈,以使得每个人都能坦率而自由地表达心声。

虽然总统知道大家在会议上讨论的问题将涉及全球范围,但他还是提议首先讨论东线的军事局势。总统说,苏联军队进军德国让英美两国人民激动不已。

斯大林元帅随后让苏联副总参谋长、陆军一级上将安东诺夫致辞。安东诺夫宣读了准备好的文稿,其中详细介绍了苏联冬季攻势的背景。他讲述了从1月12日到15日,苏联部队是如何沿着涅曼河到喀尔巴阡山这条长达700公里的战线作战的。切尔尼亚霍夫斯基将军的军队已向哥尼斯堡进发;罗科索夫斯基元帅的军队沿维斯瓦河北岸行动;朱可夫元帅的军队沿维斯瓦河南岸向波兹南前进;科涅夫将军的军队已向琴斯

---

① 米哈伊尔·伊万诺维奇·加里宁(Mikhail Ivanovich Kalinin, 1875—1946),苏联最高苏维埃主席团主席(1938—1946)。——译者摘自《第二次世界大战百科词典》,上海辞书出版社

托霍瓦到布雷斯劳一带行进；本在喀尔巴阡山的彼得罗夫将军的军队已前往新塔尔格。

在十八天的进军过程中，据安东诺夫将军所言，苏联部队平均每日需要前进25到30公里。这场攻势的结果是，红军到达了法兰克福南边的奥得河，占领了西里西亚的工业区，切断了东普鲁士的敌军与德国中部的联系，从哥尼斯堡和拉脱维亚方向突破了德军阵地，并摧毁了德军全部的45个师。

安东诺夫将军强烈要求英国和美国在西线加快盟军进军速度，他以此作为致辞的结尾。他也建议盟军空军应当采取行动，阻止德国将部队从意大利、挪威和西线转移到东线。

总统问安东诺夫将军，在他们进军德国的时候，是不是把铁路轨距改成了更宽的、符合苏联标准的轨距。将军回答道，他们在此前发现，绝大多数的德国机车都遭到了严重损坏，故他们不得不将之替换掉。那么在"几处重要的路线上"，他们必然要把轨距加宽。

当总统建议应当由军方联合参谋人员来决定德国不同标准的铁路轨距如何统一时，斯大林回答道，大多数的德国铁路还是保持着标准轨距。他补充说，苏联缺少足够装备来改变数量并不少的战略性铁路线。斯大林的语言有力，有一次他还从椅子上站起来，用夸张的手势强调自己的观点。

在讨论过程中，斯大林着重强调了一个被他称之为广为流传的说法：他是应总统和首相的要求才让苏军发起攻势的。斯大林补充说，他对于自己采取主动，且在总统和首相没有给出压力的情况下，自愿对这一点做出解释而感到骄傲。就在斯大林元帅做这番陈辞时，我有这样一种感觉，那就是他正在对政治局内部的批评声音作出回应，且让人将其话语记录在案。斯大林的意思是，他对于罗斯福和丘吉尔所做出的让步太频繁了，不能再继续下去了。

在斯大林和安东诺夫回答完首相和总统提出的细节问题后，丘吉尔提议，若总统同意的话，让马歇尔将军讲述一下西线的战况。于是，马歇尔即席做了我有生以来听到过的最清晰、最简明的关于西线作战情况和未来计划的总结。很明显，他的报告给苏联代表留下了深刻印象。

马歇尔解释道，德军在阿登高地的突出部阵地现在已被消灭，盟军在某些地区已越过了去年12月德军发起反击时占领的防线。他随后说，艾森豪威尔和蒙哥马利希望在3月1日后不久渡过莱茵河。他还解释说，英国和美国的战斗机和轻型轰炸机摧毁了大量的德国运输工具。他补充说，重型轰炸机正主要用于阻止德国的石油供应。这些行动是如此成功，以至于德国的石油生产量较其之前已经下降20%。重型轰炸机还破坏了铁路线和调车场，摧毁了坦克工厂。

马歇尔随后称，有迹象表明，由于技术的发展，德国人即将恢复大规模的潜艇战。他说，在1942年北非登陆时，大约有100艘敌方潜艇在大西洋上作业，而现在有30到35艘。他补充说，重型轰炸机正在空袭德国潜艇组装厂。当斯大林询问盟军的预备队是否足以实施计划中的进攻时，马歇尔解释说，3月1日，艾森豪威尔将军将率领89个师，从地中海到荷兰全线进攻。大约每三个师中就有一个是坦克师。斯大林还被告知，欧洲战场上有近1万辆盟军坦克和4 000架重型轰炸机。斯大林说，在波兰前线，有180个苏联师对阵80个德国师。首相对此回应说，英美军队从来没有过兵力上的优势。首相指出，盟军的优势在于空中力量和装甲部队。斯大林元帅随后指出，十天前，在西线上，有79个德国师对抗78个英美师。

斯大林随后询问，英美对于红军还有什么期许。

首相说道，他最希望的就是表达英国——且他确信还有美国——对于苏联强大进攻力量和丰硕战果的感激之情。他唯一的要求，就是苏联可以继续进攻。

而斯大林的回应似乎表面上看起来他被激怒了。斯大林说，目前的进攻并不是盟军要求的结果。他补充说，没有哪一份在德黑兰签订的协议有权要求苏联发起冬季攻势。更进一步说，先不论某些人是如何想的，苏联此前没有任何一次进攻是在美国总统或英国首相的命令或要求下进行的。

斯大林继续说道，总统要求他接见艾森豪威尔将军司令部的一位代表——皇家空军上将特德①——以讨论红军的冬季攻势，而他立即同意了。特德要求苏联继续进攻到3月末。斯大林当时说，如果天气和路况允许，他们会这样做。斯大林说，他提到这一点只是为了彰显苏联领导者的精神，表明他们不仅履行了自己的职责，还做了更多，担当了他们认为对他们的盟友应尽的道义责任。

总统对斯大林元帅有关德黑兰的言论表示同意。总统指出，在德黑兰，各方仅就以下一点达成一致：每一支盟国成员的军队都要以尽可能快的速度推进，对抗共同的敌人。总统提到，他个人在当时正要面临选举，这就使得他不可能做出太长远的规划。当时，我们的军队之间被分隔开很远的距离。现在，我们的军队正在靠近彼此，他认为或许可以更为紧密地协调我们的作战计划。

首相说，总统和他从未对斯大林元帅做出任何要求，这是因为他们在斯大林元帅身上、苏联人民身上和苏联军队的效率中感受到了完全的自信。因此，讨价还价是不必要的。不过丘吉尔说，三方的军事人员第一次聚到了一起，现在对于他们最为重要的，就是为对德国的联合攻击制订出详细的计划。若苏联的进攻因糟糕的天气或路况而遇到阻碍，盟军应当自由行动。他补充说，最理想的情况是，两支军队能同时从东面

---

① 阿瑟·威廉·特德（Arthur William Tedder，1890—1967），英国皇家空军元帅。1944年1月任盟国远征军最高司令部副总司令，指挥盟国在西欧的全部空军作战，加速了盟军在二战最后几个月的推进。——译者

和西面夹击。

斯大林回应道，他认为最有用的事情是，让军事人员们讨论即将进行的冬季进攻，还有将在夏季进行的进攻。他补充说，他并不完全确定德国在夏季前是否会投降。美、英、苏三国的参谋长根据指示在次日早晨会面，以协商三大国的军事计划。在战争中采取这样的一个措施还是历史上的创举。虽然美、英、苏三国已然为生存努力了多年，但在雅尔塔会议召开之前，他们之间的相互信任，并不足以让他们为了军事上的具体协作而聚在一起。

我在自己的笔记中记录道，会议的整体精神"是非常具有合作性的……"，斯大林不错的幽默感让我印象深刻。在雅尔塔举行的各种会议中，我注意到，每当斯大林改变自己的想法时，苏联代表团的其他成员会跟着改变自己的想法，且毫不觉得这样做有何丢人之处。

当会议快要结束的时候，发生了令人啼笑皆非的一幕：两名被派来保护斯大林的苏联内务部人员，不知怎的，竟当斯大林急着去洗手间时，将他跟丢了。走廊里，大家步伐匆匆地找寻着斯大林，且沉浸在焦急不安的情绪中，直到斯大林元帅出现在大家眼前。

那天晚上8点半，总统在里瓦几亚宫设宴招待丘吉尔和斯大林。除了总统之外，只有哈里曼、波伦、伯恩斯和我四个美国人出席。在宴会过程中，三大国的领导人谈笑风生。晚宴上有几十种菜品可供品尝。我注意到斯大林喝掉了半杯伏特加后，在以为没有人看着他的时候，偷偷把水倒进了杯子。我觉得他的这个行为有趣极了。我还注意到，相比较苏联的香烟，斯大林似乎更喜欢美国香烟。

丘吉尔在一次举杯时说道，整个世界都在关注着这次会议，若我们成功了，我们就可以迎来一百年的和平。他以坚定的口吻说道，他相信为了战争抛头颅、洒热血的美、苏、英三大国会承担起维护和平的责任。

斯大林在举杯时说的话就相当直白了，他说他同意首相的观点——在战争中当仁不让的"三巨头"应当成为和平的捍卫者。他说，相信一个像阿尔巴尼亚这样的国家能与"三巨头"拥有平等的话语权，是十分荒谬的事。他声称，他已经准备好加入美国和英国的行列，来保护小国的利益，但是他绝不会同意让小国对大国的行为指手画脚。

总统和首相回应道，他们同意三大国承担维护和平的主要责任一事，但是他们指出，有必要恰当地行使此项权力，并尊重小国的权利。"南斯拉夫、阿尔巴尼亚这样的小国没有资格出现在这张桌子上。"斯大林说。"难道你想让阿尔巴尼亚和美国平起平坐？"他问道，"阿尔巴尼亚能有今日的地位，是归功于它自己在战争中做过什么贡献吗？我们三大国必须决定如何维护世界和平，如果我们不下决心这么做，世界的和平将不会得到维护。"

首相对此做出的回应是："老鹰应当允许小鸟鸣叫，而不用关心它们为何如此。"

在晚宴的交谈中，有一次维辛斯基对波伦说，苏联永远不会同意让小国来评判大国的行为。当波伦说，美国代表团需要记住美国人民对于保护小国利益的关切时，维辛斯基回复道："美国人民应该学会服从他们的领导者。"波伦随后说，若维辛斯基去美国访问，自己愿意让他负责去对美国人民说这样的话。维辛斯基回复道，他会很乐意去美国，并把此话告诉美国人民。

晚宴上还讨论了阿根廷不肯与盟国合作一事。斯大林说阿根廷应该受到惩罚。他说，若阿根廷是这个世界的一部分，他认为它就应当受到惩罚。总统回应道，虽然此时此刻是某些恶人当权，但阿根廷的人民是善良的。

罗斯福认为，就整体而言，与小国打交道并非易事。他说："比如，在美国有很多波兰裔人民，他们十分关心波兰的未来。"斯大林立即回应道:"但在你们的 700 万波兰人中,只有 7 000 人投票。"他强调说,他已经调查过了,他知道他是对的。虽然斯大林也许是调查过波兰裔美国人的问题,但实际上,波兰裔投票者的人数肯定不下数十万。苏联所掌握的有关美国的信息并不准确,这件事在很长一段时间成了我们的笑料。除了苏联大使馆和领事馆工作人员之外,很可能也有美国共产党向苏联汇报情况。当然,也可能是他们在美国的代表只向克里姆林宫上报了领导们想听到的信息。

丘吉尔以全世界无产阶级群众为对象进行了敬酒,之后大家就人民自我治理的权利展开了大量讨论。首相指出,尽管他经常被攻击为反动分子,但他是在场的唯一随时可能被自己的人民投票推翻的领导人。他补充说,就个人而言,他以这种危险为荣。

当斯大林讽刺地说丘吉尔先生似乎害怕即将到来的选举时,丘吉尔首相却说他不仅不害怕选举,而且为英国人民可以在他们认为合适的任何时候重选他们的政府而感到自豪。

在晚宴过程中,莫洛托夫和我相互敬酒,也敬我们长长久久的友谊。他在敬酒时,表达了对我能早日访问莫斯科的期望。总统立刻说:"啊哈,莫洛托夫希望埃德①去莫斯科呢。"总统随后问:"你认为埃德在莫斯科的表现会如同莫洛托夫在纽约的表现一样吗?"总统以他打趣的口吻暗示,之前白宫特勤局人员带莫洛托夫在纽约城观光时,莫洛托夫非常尽兴。斯大林回应道:"他可以隐藏身份去莫斯科。"

当晚我们在雅尔塔的晚餐是典型的美式菜肴。虽然我们几乎在每顿饭中都能吃到鱼子酱和鲟鱼,但是这顿晚餐中有鸡肉沙拉、肉馅饼、美国南方风味的炸鸡以及蔬菜。晚餐上还有苏联产的香槟。大家对总统之前是否向莫斯科发电报要了 500 瓶香槟一事开了许多玩笑,但是斯大林

---

① 埃德(Ed),是斯特蒂纽斯的昵称,爱德华(Edward)的缩写。——译者

说,无论如何,他将把这批香槟作为三十年的长期信用贷款给总统记上。

"我想告诉你一件事,"总统此时说,"到现在为止,首相和我已经来来回回通了两年的电报,在电报中我们以'昵称'称呼你,这个昵称就是'乔大叔'。"

斯大林随后问这个名字是什么意思。总统告诉他,这是一种亲昵的称呼,就好像把他当做家庭成员一样。当斯大林表现出被冒犯的神态时,莫洛托夫告诉我们别被他的样子骗了。"他只是在开玩笑而已,"莫洛托夫说,"这两年我们大家都知道这件事,苏联全国都知道你们叫他'乔大叔'。"雅尔塔会议之前,我早些时候在一些场合听说过这个故事,首相应该已经问过斯大林元帅是否介意被叫做"乔大叔"。斯大林的回应应该是,他想等丘吉尔先生稍微多了解他一点儿再说。

在聊了"乔大叔"这个昵称后,总统环顾餐桌,发现大家的杯子都空了,于是他叫了更多香槟上桌。斯大林随后问,是不是该散场回住处了。总统说"不",但斯大林回复道他还有军务要处理,而现在已经迟到了。斯大林最后说他会在10点半离开。但实际上他待到11点10分才回去。斯大林和他的将军们、他的工作人员依照惯例,通宵工作到凌晨5点,在睡了五个小时后,他们又从上午10点再次开始工作。一周七天,他们的时间安排一直如此。在会议过程中,莫洛托夫因为斯大林元帅不得不离开会议而多次特地表示歉意。莫洛托夫解释道,斯大林在处理会议事务的同时,不得不去指挥军事作战。

晚餐结束后,在斯大林和总统离开之后,我与丘吉尔和艾登就安理会的投票问题进行了讨论。首相坚持说他倾向于接受苏联的提议,即始终遵守"一致同意"原则。因为首相认为,一切事情都取决于维持英、美、苏三国团结统一这一点。首相补充说,若这三国之间没有了团结统一,世界将注定陷入无法避免的灾难中,因此,一切有利于保持这份团结统一的事情都会让他投出自己的一票。

艾登对首相的话表示坚决反对,并称没有理由让小国加入一个遵循一致同意原则的世界组织。艾登坚持说,要赢得小国的支持,采用美国的方案是最基本的必要条件。更进一步地,艾登明确地说,他并不相信英国人民会接受无条件的一致同意原则。

首相表示他一点儿都不赞成艾登的观点。首相说他是在为国际局势的现实情况考虑。然而艾登警告首相,若他在投票问题上与苏联站到同一立场,我们甚至会永不再有机会召开联合国会议。随后我加入了讨论,向首相解释了美国方案提出的理由,我认为我使他的想法产生了一些动摇。至少艾登后来与我说,他相信这是首相第一次认清了问题的关键。

当首相离开里瓦儿亚宫时,艾登、哈里曼、波伦和我继续留在那里讨论晚上的谈话内容。我们一致认为,当下的趋势似乎更多地朝着建立三国联盟的方向发展,并没有跑偏。不过大家认为,在雅尔塔,我们在建立一个以承认所有国家主权为基础的世界组织这一点上,尚未取得任何进展。

第六章　德国的问题

2月5日

会议第二日，我在早餐后去往总统的房间与他谈话。虽然总统头脑清醒，面对外界压力从容不迫，但我还是判断出总统内心深处对于有些浮出水面的重要之事的感受。我们讨论了是否给予苏维埃社会主义共和国联盟额外票数的问题，讨论了即将提出的世界组织会议选址问题，讨论了挑选美国代表团的成员问题，最后，我们讨论了若与原子弹相关的问题出现在会议上，我们应该如何应对。

总统告诉我，他和哈里曼计划与斯大林就苏联参与对日作战问题进行讨论，他还告诉我，由于我在其他事务中的负担已经够重了，就不需要再参与此项目。总统重申了他对苏联拥有16票的坚定反对立场。我们就多个城市作为世界组织会议地点的可能性进行了大致交流，但似乎没有一个能让总统满意。总统让我继续研究这个选址问题，并在晚些时候呈送一份具体方案给他。总统说，很明显，我们应当派一支代表两党的代表团与会；他倾向于从参议院和众议院中的每个党派里选择两名代表，再选两到三位其他人员，以组成一个七人的代表团。他要我考虑一下这件事，尽快向他提出具体的建议。我还提到了我与马歇尔将军在亚速尔群岛就原子弹问题进行的谈话，总统同意马歇尔将军的立场，认为一旦苏联人提出相关问题，我们就要予以回应。

和总统谈完话后,我绕着宫殿的庭院走了一会儿,出了正门。走着走着,我注意到离宫殿约100码远的地方有一座完全被烧毁的别墅。有人告诉我,这一带的大部分别墅要么被撤退的德国人烧掉了,要么被夷为平地。然而,他们撤退得太快了,来不及摧毁他们一直在使用的里瓦几亚宫。

那天上午,在繁忙的日程安排中,我与霍普金斯、伯恩斯和哈里曼讨论了总统、首相和元帅下午会议上要提出的政治问题。然后,我要应对与其他人约定好的一系列工作,还要处理华盛顿发来的急件。

安东尼·艾登和我中午时作为嘉宾出席莫洛托夫在科列伊兹别墅举办的午宴。伯恩斯法官、哈里曼大使和爱德华·佩吉陪同我们出席了这次午宴。当哈里曼将马尼拉刚刚被占领这一激动人心的消息告诉莫洛托夫时,莫洛托夫立即提议为盟军的胜利干杯。

在午宴上,经过认真的讨论后,莫洛托夫建议将这次会议正式命名为"克里米亚会议"。尽管"三巨头"同意用这个名字,公报也正式包含了这个名字,但这个名字从未得到普遍接受。

当艾登问莫洛托夫,苏联人打算在下午的全体会议上讨论什么问题时,莫洛托夫回答说,他们准备讨论美国或英国想要讨论的任何问题。这是我后来在旧金山会议上多次听到的老生常谈的答案。在德国的分割问题以及德国的经济和政治问题上,莫洛托夫表示,美国和英国在这些方面的研究远远领先于苏联。

艾登回答说,英国人只是在技术层面上研究过德国的问题,但战时内阁还没有讨论过。他建议,莫洛托夫也同意,三国外交部长应进一步研究这一问题,并在两三天内向三国领导人提出明确建议。

我在一旁对莫洛托夫说,美国政府非常重视就德国的某些经济问题达成协议。莫洛托夫立即回答说,苏联政府希望从德国得到实物赔偿。他还表示希望苏联能从美国获得长期贷款。

我立即声明，我国政府已经研究了苏联贷款问题，我个人准备在此或稍后在莫斯科或华盛顿讨论这一问题。莫洛托夫认为，既然战争即将结束，那么最重要的事就是就这些经济问题达成协议。

实际上，美国国务院一直在对向苏联提供贷款的问题上进行大量研究。1945年1月3日，哈里曼大使与莫洛托夫讨论了这个问题。哈里曼指出，国会只赋予了在《租借法案》有效期内处理贷款问题的行政权力。哈里曼解释说，战争状态结束后，根据国会的新法案，有必要建立新的权力机构。莫洛托夫表示理解这种情况，并询问现在是否是提出战后贷款问题的合适时机。我们还在华盛顿的时候，我们的大使就发电报给我们说，他已经答复过了，现在这个时机，对于就战争时期的租借订单达成最终协议并就战后贷款问题展开初步讨论，是完全有利的。他指出，由于协议的达成需要一段时间，并且要从国会获得必要的授权，因此讨论应该在战争结束之前就开始。

1945年1月1日，财政部长摩根索给总统发了一封信，说他曾多次与哈里曼讨论过苏联贷款问题。"我们考虑的不是更多的租借或任何形式的救济，而是一项对美国和苏联都有明确且长期的益处的举措"，他写道，"我相信，如果我们现在继续推进，给苏联人呈现一个具体的计划，以在苏联重建时期对他们施以援手，这将大大有助于解决我们在他们的问题和政策方面遇到的许多困难。"

就在雅尔塔会议召开之前，威廉·J. 多诺万[①]将军和他战略情报局的工作人员为我们起草了一份关于苏联遭受战争损失的评估报告。该机构认为，按照1937年的价格计算，苏联损失了大约160亿美元的固定资

[①] 威廉·约瑟夫·多诺万（William Joseph Donovan, 1883—1959），美国陆军少将，绰号"野蛮的比尔"（Wild Bill）。二战时期任美国战略情报局（OSS）局长，被称为中央情报局（CIA）之父，现位于弗吉尼亚州兰利的CIA总部入口处就树立着多诺万的塑像。——译者

产，相当于1939年以前苏联境内固定资产的25%。此外，苏联可能还损失了价值40亿美元的制造业库存和个人财产。我们知道，苏联在战争结束时没有得到过一笔贷款。而这样一笔贷款是否会让苏联在战后世界成为一个更理性、更乐于合作的国家，将是历史上一个重大的假设性问题。

从政策问题的角度来看，次日在雅尔塔举行的第一次外交部长会议成果并不特别丰硕。我们只能处理全体会议分配给我们的问题。由于前一天的第一次全体会议只讨论了军事问题，外交部长们不得不等到第二次全体会议再分配任务。然而，从2月6日到会议结束，各国外长将有一个严格的问题讨论时间表。

当天下午，总统在开始第二次全体会议时说，首先要讨论的问题之一是占领德国的问题。他说，法国人想要一个占领区，而这又涉及管制机构的问题。

斯大林元帅说他想要讨论下列问题：

（1）德国的分割。斯大林指出，大家曾在德黑兰交换过意见，丘吉尔在莫斯科访问他时也交换过意见，但没有达成任何决定。他宣称，如果我们完全同意分割，他想知道分割会以何种形式进行。

（2）"三巨头"是否考虑在德国建立政府。斯大林补充问道，如果德国被分割，每个部分是否会有自己的政府？

（3）难道不需要制定出有关无条件投降的明确条款吗？[1]

（4）赔款的形式和数额。

总统说，所有这些问题都是长期性的，并与占领区的问题息息相关。艾登也大声表示赞同总统的看法。

---

[1] 从这句话看来，斯大林并不熟悉那份由苏联、英国和美国在欧洲咨询委员会的代表签署的议定书。

然而，斯大林元帅继续解释有关分割德国的问题，他说总统在德黑兰时曾建议将德国分成五个部分。罗斯福在德黑兰曾经探讨过将德国分割成五个自治州的可能性：(1) 普鲁士（面积将缩小），(2) 汉诺威和西北部地区，(3) 萨克森和莱比锡地区，(4) 黑森-达姆施塔特，黑森-卡塞尔以及莱茵河南部地区，(5) 巴伐利亚，巴登和符腾堡。基尔运河和汉堡，鲁尔和萨尔将处于联合国的控制之下。斯大林说道，他同意总统在德黑兰的建议，但是那只是意见的交换而已。斯大林补充说，首相在莫斯科时已经说起过，将德国分为两部分，即普鲁士和巴伐利亚，并将鲁尔和威斯特伐利亚置于国际管制之下。然而，当时罗斯福并不在场，所以就这一点未达成协议。斯大林认为，是到了达成决议的时候了。

首相认为，虽然大家都对这样的分割方式表示同意，但是就地理、历史和经济层面而言，确定分割的边界是一件非常复杂的事情，而大家在雅尔塔停留的五六天时间不足够用来解决这些问题。这值得一个特别委员会进行长时间的讨论。他自己还没有准备好回答如何分割德国的问题。他个人的看法是，德国可以建立第二个国家，首都设在维也纳——尽管他可能随时改变这种看法。他认为，还有别的问题，虽然原则上已经决定了，但是下列问题现在也要考虑：

(1) 我们一致认为，德国应该失去一些被苏联军队占领的领土，或者波兰人定居点需要的领土。

(2) 有一个问题是，鲁尔和萨尔究竟应该处在法国的管辖下，使之独立，还是由一个世界组织长期控制。

(3) 最后，存在一个普鲁士是否应当在内部被分割开的问题。

首相强调说，他对这些问题没有固定的看法。然而，他主张就所有的这些问题咨询法国人的意见。他还建议，在雅尔塔建立彻底调查这些问题的机构。关于德国立即投降的问题，他认为，三国政府已经商量好了所有细节,且他们对此都了如指掌。他认为,目前只剩下一个问题:达成关于占领区和管制机构的正式协议。

斯大林问,在给德国人施加的无条件投降的条件中,是否应该提到分割德国的意图。首相宣布没有必要与德国人讨论这个问题。他补充说,我们所要做的就是通知他们,他们必须等待我们做出有关他们未来的共同决定。

此时总统说道,如此一来此次会议并没有就斯大林元帅提出的是否支持分割德国的做法达成决议。斯大林希望这个问题在大体上得到解决,而不是只是解决一些细节上的问题。总统补充说,很显然,首相并没有准备好划定边界。总统说,似乎对于他而言,丘吉尔首相和斯大林元帅实际上讨论的是同一件事。因此,总统建议,我们所有人应就分割德国达成一致,并只将原则问题而非细枝末节通知德国。总统警告道,若他们不谨慎行事,就会有一百种分割德国的方案产生。因此,总统强烈要求三国的外交部长们,根据指示尽快就研究分割德国的问题呈交计划。首相随后宣布,英国政府此时准备好就分割原则表示同意,并且让一个团队来研究分割问题。

斯大林说道,他认为总统的建议应当得到采纳。根据他的理解,他们同意:(1)分割德国,赋予外交部长们制定具体规划的权力;(2)在投降条款中加入分割德国的内容而不必详细阐释这一点。斯大林说,首相所言——不告诉德国有关分割的消息——是有风险的。他说道,将分割的内容加入投降条款的好处是,德国当权者应在他们签署投降书时,对此承担责任。

总统说,斯大林此想法与他的想法有一些不谋而合。从各个方面来看,将分割内容加入投降条款都是更好的选择。

丘吉尔警告称,将这一点加入投降条款,会致使德国人反抗的决心更加强烈。罗斯福说,德国人民已经承受了如此之多的苦难,他怀疑心理战会对他们造成更多影响。在进行了更为深入的短暂讨论后,三国领导人同意外交部长们将"分割"一词加入由欧洲咨询委员会准备的投降条款中。

关于给予法国占领区一事,丘吉尔支持将一部分英国和美国的占领区域分给法国。他询问斯大林是否同意,英美在其自己的占领区中共同贡献出一个区域来分给法国。

斯大林回复道,这也许会形成一个先例,让其他国家也来讨要占领区。他同时指出,首相的提议意味着法国会成为对德国管制机构的一部分。斯大林元帅转而建议,在占领区的问题上,也许可以让英国来寻求法国、荷兰或比利时的帮助,但同时并不给予这些国家在管制机构中的任何权益。苏联,或许也可以要求一些国家来帮助占领其区域,但是这些国家不会被允许在管制机构中拥有代表。

然而,丘吉尔回复道,法国在占领德国这件事上有着长时间的经验,是不会心慈手软的。他说,法国必会再次强大起来,以阻止德国复兴。他补充道,英国之前并不知道美国在其德国占领区中愿意待多久。因此,法国军队应当增强实力,共担压力。丘吉尔总结说,若苏联希望与其他国家分享自己的占领区,我们不应当反对。

此时斯大林要求总统就以下一点表态:美国愿意在其德国占领区中驻军多久。总统回答道:"我可以让人民和国会为了和平进行充分合作,但是我不会在欧洲驻军很久。两年便是上限。"

虽然在今日这听起来令人震惊,但是我们应当记住,当时的公众舆论迅速升温,认为我们的军队在战争结束后要尽快回家。进一步说,这一假设是合理的:若苏联和美国的关系还像在雅尔塔时那般热络,公众舆论不会支持美军在战争结束后还在欧洲驻扎太长时间。在这个问题上,是雅尔塔之后美苏关系的恶化导致了美国社会舆论的迅速转变。

在总统的声明之后,斯大林说他同意丘吉尔的观点:法国应会东山再起,但是他补充说,在这场战争中,法国早就"向敌人敞开了大门"。如果法国在先前进行了坚决的斗争,苏联和英国在这场大战中本可以不遭受如此多的损失和破坏。斯大林补充说,对于德国的控制和管理,只能由从一开始就同仇敌忾的国家来进行,因此,法国不应跻身此行列中。

虽然首相同意法国在战争中并没有做出很大贡献,但他从另一方面说,法国是德国最重要的邻国。进一步说,若对于法国至关重要的决定,在没有和法国打招呼的情况下就做出,英国的公众舆论是不会对此表示理解的。他补充说,我们不应该总是做出排斥法国的决定。他指出,他曾反对邀请戴高乐参加克里米亚会议,但事实上法国终将在国际事务中占据一席之地。

当法国因此可能在未来加入"三巨头"的行列时,斯大林微笑着说,这是一个极为高端的俱乐部,仅限于拥有500万士兵的国家参与。丘吉尔立即纠正斯大林的说法,说是300万士兵。

首相称,英国将来在防范德国上需要法国的帮助。"我们曾经深受德国人的飞弹之苦,"丘吉尔说,"若德国再次靠近英吉利海峡沿岸,我们还会遭殃。在美国人都回国之后,我们必须严肃地思考未来。"接着首相提议,将一部分英美现有的占领区提供给法国,至于法国与管制机构的关系,还有待进行技术上的研究。

斯大林突然插进来说,他依然反对让法国在管制机构中拥有一席之地。总统随后提议,让法国拥有一块占领区,至于法国是否参与到管制机构当中,以后再讨论。

这表明,虽然总统支持法国拥有一块占领区,但是此刻他同意斯大林的观点——法国不应当参与到管制机构中。他随后补充说道,其他的国家或许也想要加入管制机构。例如,荷兰因为洪水损失了大量土地。总统说,我们必须要拨出一些德国土地来弥补荷兰损失的土地,而荷兰也许会因此要求在管制委员会中拥有一席之地。

艾登随后询问，若法国拥有占领区，那他们要如何被排除在管制机构之外。他补充说，若他们被排除在外，对于他们占领区的管控又要如何实施呢？

斯大林回复道，法国可以由分给他们占领区的国家所管控，而丘吉尔和艾登都称，英国不同意如此做，而法国也不会屈服于这样的安排。艾登解释道，法国在获得管制委员会的席位一事上曾向英国施压，艾登问斯大林，他们是否在莫斯科提出过这个问题。斯大林回答道，他们提到过，但是他们得到的回应是，只有"三巨头"共同参与的情况下才能讨论这一问题。

首相再次询问，英国和美国是否都同意分配土地作为法国的占领区。他补充说，两国的外交部长们应当就管制问题进行更为深入的讨论。斯大林回答道，就法国拥有一块占领区的问题已经达成了一致意见，而这些外交部长们应当研究法国占领区和管制委员会之间的关系问题。

在讨论全程，以及在大多数会议过程中，斯大林都表现出要与罗斯福达成协议的明显意愿。然而斯大林对于丘吉尔的态度，就不是如此了。

总统接下来提出了德国赔款的问题。总统指出，美国并不想用劳工来赔偿，他确定英国也持有相同的观点。

斯大林回复道，他们有"实物"赔偿的提案，但不准备讨论使用人力的问题。斯大林随后让他的助手麦斯基来解释苏联的提案。麦斯基留着尖尖的胡子，举止儒雅，他是一个有魅力、有才干的人。他曾是苏联驻英国大使，能说一口流利的英语，尽管有明显的口音。他以铿锵有力的语气进行了报告，似乎是得到了斯大林和莫洛托夫的全力支持。我一直想知道，为什么在克里米亚会议后不久，麦斯基不仅被排除在赔偿事

雅尔塔内幕　　109

务之外，也不再拥有权力和影响力了。

麦斯基说，苏联有两个想法。在战争结束后的两年间，德国国有经济中的工厂、重型机械、机床、铁路车辆和海外投资应当被拆除。另外，德国还要以产品或实物的形式每年支付一次赔偿，期限为十年。

为了欧洲的安全，也为了恢复苏联经济，麦斯基坚持认为有必要将德国的重工业削减80%。例如，应禁止德国所有的军火生产和石油的生产。麦斯基说，留给德国20%的重工业，对于满足德国和平时期的经济发展需要是足够的。十年为期的实物赔款清单可以在稍后再确定下来。他补充说，为了让德国付款，必须对德国实行三方管控。管控的细节可以在以后解决，但必须确定的是，德国所有可用于战争目的的工业都要国际化。三大盟国的代表在委员会任职的期限应为十年。

麦斯基说，必须认识到，战争对国家和私人财产造成的损失是如此巨大，以至于赔偿不足以支付全部费用。因此，应确定各国之间的优先次序。他建议，一个国家的优先地位应基于：(1) 该国对赢得战争所做贡献的比例，以及 (2) 该国在战争中的物质损失。他补充说，苏联希望通过拆除资产和每年支付的方式，在这十年期间得到总额不少于100亿美元的赔偿。然后，他建议"三巨头"在莫斯科成立一个赔偿委员会来制定赔偿计划的细节。

当麦斯基完成他的发言时，首相回顾了上次战争后关于赔偿的不愉快经历[①]。他指出，德国之所以能够偿还部分债务，只是因为从美国获

[①] 一战后德国赔款问题：第一次世界大战结束后，德国赔款数额在凡尔赛会议上没有确定下来，在其后成立的赔款委员会将德国赔偿总额定为1 320亿金马克，德国应自1921年5月起每年交付20亿金马克，66年付清。德国从始至终都是以一种非常消极的态度对待赔款问题，采取"履行它，就是要证明它无法履行"的策略，当法国等催得紧了，并以军事行动为威胁时，才赔一点。另一方面，一战期间直到战后初年，美国给协约国提供了一大笔贷款和预付款，还供应了谷物、棉花等各种物资，欧洲由此欠下美国战债。协约国赔款委员会于1923年11月增设两个专门委员会，　　（转下页）

得了大量贷款。另一方面，考虑到苏联的巨大损失，他会赞成把一些工厂和设备转移到苏联。他补充说，他确信我们每年要从德国得到 2 500 万英镑是不可能的。英国也遭受了创伤——房屋被损坏，国家面临着严峻的出口问题。英格兰不得不靠出口来购买生存所需的食物，而这些食物中的一半甚至在战争前就不得不进口到国内了。而不列颠除了租借物资之外，已经背负了极其沉重的债务。首相称，没有一个战胜国像英国这样背负着如此沉重的经济负担走出战争。结果自然是，若能在德国赔款中获得任何好处，首相都会欣然接受，但是他对赔款是否能带来多大好处持怀疑态度。其他国家也遭受了巨大的破坏——法国、比利时、荷兰和挪威。此外，他宣称，我们还必须考虑德国这个饥饿的幽灵以及谁来为此买单。他总结道，如果你想要一匹能拉车的马，你至少得给它喂些饲料。

斯大林插话说，德国人会有食物的，但是要小心，不要让马在你不注意的时候转过身来踢你一脚。

不过，首相继续说，他赞成在莫斯科设立一个委员会，研究苏联所建议的赔偿问题。

总统评论说，在上次战争后，美国借给德国的钱比从德国得到的要

(接上页) 以美国银行家 C.G. 道威斯为主席，研究德国赔款问题，次年 4 月提出道威斯计划并于 9 月 1 日生效，企图用恢复德国经济的办法来保证德国偿付赔款。道威斯计划实施，对德国经济的恢复和发展起了重要作用，为其在政治上重新走入西方大国行列和进一步摆脱《凡尔赛和约》的束缚打下了基础。1924 至 1930 年，德国从美英获得贷款 200 多亿金马克（其中美国占 70%），支付的赔款仅为 110 亿金马克。1929 年，德国重新成为欧洲首屈一指的经济大国，改变了欧洲的力量对比。赔款本来是协约国对德国的惩罚方式、战胜国对战败国的勒索，结果反倒无形中使德国重新崛起，这无疑是个莫大的讽刺。同时，美元以贷款流入德国，然后以赔款从德国到了债权国手里，最后又以还债流回美国，就在这样的周转中，美元逐渐成为世界性货币，美国与欧洲之间的经济联系进一步加强。但如果美元出现信用问题，则欧洲各国都将受牵连。这也是此后以纽约股票市场大崩盘为标志的世界经济危机迅速波及欧洲、同时使德国马上出现严重通货膨胀的原因之一。——译者

多得多。他说，这种情况不能再发生了。他宣称，美国不需要德国的人力、机器和工厂。因此，美国唯一能得到的就是德国在美国的财产。他解释说，他希望通过立法来接管这些财产，并将其置于公共信托之下。

总统接着指出，美国传统上对其他国家一直很慷慨，但它不能保证为德国的未来提供资金。他说，他设想的是一个能够自给自足、不会挨饿的德国。战后，美国不会再借钱给德国。我们的目标是确保德国不挨饿，同时帮助苏联获得重建的赔款，并帮助英国获得对战前德国市场出口的赔款。因此，现在是时候设立一个赔偿委员会了。在德国重建过程中，我们必须从德国得到我们所能得到的一切赔款，但是我们不能从德国的赔款中拿走用于重建的全部费用。总统总结道，给德国留下足够的工业和工作，使其人民不至于挨饿。

麦斯基声称，尽管他对首相关于上次战争后赔款的言论表示赞赏，但是错误并不在于赔款太高，而在于它们是以货币形式出现的。他还说，英国和美国的财政政策导致了德国拒绝付款。他说，对苏联来说，从德国得到100亿美元并不算大数目。他宣称，这只占到当年美国预算的10%，相当于英国六个月的战争开支。他同意德国的生活水平不应高于中欧。但他不同意丘吉尔关于德国可能挨饿的观点。他宣称，依靠轻工业和农业，德国人民可以过上俭朴、体面的生活。

斯大林随后坚称，三大国应该首先得到德国的赔款。他说，法国在战争中没有付出足够的努力以使其有资格第一批索赔。然而，丘吉尔回忆起了"各尽所能"的说法，并宣称，他认为在决定赔偿的分配时，不应该把战争中的努力作为考虑因素。

总统说，在他看来，拟建立的赔偿委员会应限于苏联、英国和美国的代表参与。斯大林对此表示同意，首相也表示同意，表示首先应由三个大国的代表来考虑这个问题。

在三位领导人同意在莫斯科设立一个赔偿委员会，并指示外交部长们为委员会起草指令之后，会议于晚上 8 点结束。不过，这些指令在送交委员会之前要先发回给三位领导人。

会后，总统请一小群人和他一起用餐。出席的有马歇尔将军、金海军上将、威尔逊·布朗海军中将、麦金泰尔海军中将、伯恩斯法官、厄尔利先生、哈里曼大使、凯瑟琳·哈里曼小姐、伯蒂格夫人、总统和我。这一餐纯粹是在辛苦了一天后进行的一次家庭晚宴。

第七章　三大国的否决权

2月6日

会议的第三天,艾登和莫洛托夫与我一起,在里瓦几亚宫讨论了分割德国的问题,这个问题是前一晚的全体会议留给我们的。然而,我们一致同意在研究这个问题之前,就克里米亚会议召开一次新闻发布会。由于德国电台一直在散布各种谣言,因此我们认为最好发表一份一般性的声明。当天下午,三位领导人签署了我们提交的新闻公报:

> 美利坚合众国总统,苏维埃社会主义共和国联盟总理和大不列颠及北爱尔兰联合王国首相在各自参谋长、外交部长和其他顾问的陪同下,现于黑海地区举行会晤。
>
> 他们的目的,是为了打败共同的敌人以及与盟国一起为实现持久和平而奠定坚实基础。会议仍在持续进行。
>
> 会议开始时首先讨论了军事形势。我们已经审查了眼下所有欧洲前线的战局,并最大限度交换了情报。在对抗纳粹德国战争之最后阶段,有关联合军事行动的协议已完全达成。目前,三国政府的军事人员正在共同制定具体方案。
>
> 关于建立持久和平之问题也已展开讨论。这些讨论将涵盖占领和控制德国的联合计划、被解放欧洲的政治和经济问题以及有关尽

早建立一个常设国际组织以维持和平的提案。

会议结束时将发表一份公报。

在我与艾登和莫洛托夫的会谈中,我指出,在就分割德国这一问题达成协议前,有必要进行大量的调查与研究。然而,我确实希望,我们可以就其中涉及的普遍原则达成一致。我建议修订在欧洲咨询委员会达成的投降条款,即在其中加上"分割"这一字眼。我也强烈要求大家考虑将这一议题提交给位于伦敦的欧洲咨询委员会。

莫洛托夫立刻同意了将"分割"加入到条款中的建议。他提议条款以此开头:"为保障欧洲的和平与安全,他们将采取措施以分割德国。"

艾登反对称,在对这一问题进行深入研究前,加入这一字眼会使三大国背负太过沉重的承诺。当莫洛托夫继续强调苏联草案的时候,艾登称,除了在条款中加入"分割"一词外,英国不会再有进一步的动作。

尽管我仍然更喜欢我的第一个建议,但是我提出了一个可能的替代方案,大意是:"加入'分割'一词,且以达到维护和平与安全所必需的程度为限……"

莫洛托夫倾向于赞成我的第二个建议,但艾登强烈反对在我的第一个建议之外再提出什么新的建议。最后,大家决定以如下方式结束了讨论:声明所有三位外交部长均同意增加"分割"一词,且声明艾登先生将与丘吉尔先生协商,以决定是否接受我的第二个建议。

鉴于午餐时间将近,我们同意推迟对是否将分割问题提交给欧洲咨询委员会的讨论。然而,莫洛托夫建议,考虑到此事的特殊性,最好建立一个特别委员会来处理它。

里瓦几亚宫的阳光房宽敞宜人,我在这里为外交部长们举行了午宴。阳光房有一个凸窗,从那里可以俯瞰下方远处的黑海。这是一次非正式的、气氛友好的午宴。由于莫洛托夫不得不在2点半离开与斯大林举行紧急会议，我们才只好结束午宴，到 4 点举行全体会议时再会面。

午宴后，我立即与希斯和富特会面，以仔细检查我为下午三国领导人会议准备的笔记。那天早上，总统与我再次研究了我们关于安理会投票机制的方案。他再次告诉我，这份方案是令人满意的，并让我在那天下午的全体会议上介绍这一方案。

这对我而言，是一个极为重要的时刻。自从离开租借事务管理办公室进入国务院，我已经为筹建世界组织的问题日夜奋战了很多天。若我们现在能说服俄国人接受我们的投票提案，接下来就能够举行联合国家会议，而我们建立一个旨在维护和平与安全的世界组织的计划，也将离成为现实更近一步。

"三巨头"的会议于下午 4 点在里瓦几亚宫大厅中举行，厅中有科林斯式建筑风格的圆柱，大厅另一端的大壁炉里燃烧着柴火。我坐在总统的右侧，霍普金斯、马修斯和希斯坐在总统身后。

斯大林穿着朴素的卡其色高领制服，衣服上只有一个装饰物。我注意到他今天抽的是苏联产的香烟，而且他比素日里更加频繁地在纸上乱涂乱画。

丘吉尔身穿了一件上校制服。像往常一样，他面色红润。当他说话的时候，他的角质框眼镜不停地滑落到鼻尖。时不时地，他就会从这副眼镜上方投来威严的目光。

总统让我首先汇报一下当天上午的外长会议情况，以此开启此次会议。我解释道，外交部长们就在德国无条件投降条款后加上"分割"一词达成一致意见，但我又指出，莫洛托夫先生还想补充一些话。然而，莫洛托夫插话说，他现在撤回他所提出的修正建议。这显然是他与斯大林午餐后会谈的结果。

首相称，他没有时间就加入"分割"一词征得战时内阁的同意，但他个人代表英国政府表示，乐于接受就此达成的决议。①

我接着说道，外交部长们希望，在向三国领导人报告有关赔款和法国与管制委员会的关系等问题之前，能得到更多的时间。

至于法国占领区的问题，首相说道，由于总统前一天对美国军队可能在欧洲停留的时间进行了限制，他认为未来法国的重要性已经大大增强。他补充说道，英国自身还没有强大到足以保卫好英吉利海峡西部沿岸。

总统立刻指出，他下面的发言只是单纯基于目前的情势。总统认为，美国公众舆论会愿意支持在敦巴顿橡树园会议所提路线的基础上建立一个国际组织。当然，这可能会改变美国公众对于欧洲驻军问题的态度。

总统随后提议他们继续考虑美国关于安理会投票问题的方案。总统说，全世界人民都有着一个共同的心愿，那就是至少要有五十年的时间不发生战争。他补充说，对于达成永久的和平这一点，他并不持有十分乐观的态度，但是他确实相信，只要建立起一个世界组织，五十年的和平是可能实现的。随后总统转向我，让我代表他阐明美国在安理会投票事宜上的立场。

于是我进行了如下陈述：

关于此问题现状的回顾

在敦巴顿橡树园会议上各方达成协议，将某些事宜留在未来解决。其中，主要的一项是安全理事会应遵循的表决程序。

在敦巴顿橡树园会议中，三国的代表团透彻地考察了整个问

---

① 最终协议的表述随后由外交部长们拟定如下："联合王国、美利坚合众国和苏维埃社会主义共和国联盟对德国拥有最高权力。在行使这种权力时，他们将采取他们认为未来和平与安全所必需的步骤，包括彻底解除武装、非军事化和分割德国。"

题。且从那以后,三国政府都分别对这一事宜进行了持续而深入的研究。

1944年12月5日,总统向斯大林元帅和丘吉尔首相发送了一份提案,提议将敦巴顿橡树园提案的第六章C节改成如下内容以解决这一问题:

"C. 投票

1. 安全理事会每一理事国应有一个投票权。

2. 安全理事会关于程序事项之决议,应以七理事国之可决票表决之。

3. 安全理事会对于其他一切事项之决议,应以七理事国之可决票包括全体常任理事国之同意票表决之;但对于第八章A节及第八章C节第一条第二项内各事项之决议,争端当事国不得投票。"①

斯大林询问道,该提议是否有新内容没有被包含在12月5日总统的信中。我回答说,只有一处很小的修改。

译员们对于如何解释这处修改感到十分困惑,俄国人认为我们是在设法向他们掩盖什么内容,这使得气氛一度不太愉快。此时,葛罗米柯帮助我们向斯大林和莫洛托夫捋清了这一事项。根据我的指示,在雅尔塔会议召开前,国务卿特别助理帕斯沃尔斯基与葛罗米柯在华盛顿进行了数次协商,帕斯沃尔斯基向葛罗米柯解释了美国提出这般投票方案的理由。1月20日,我曾写报告给总统:"大使就投票事宜问了许多问题,他似乎正在试图理解您即将提交给斯大林先生的方案当中我们的理由……了解这一情况非常有意义,至少大使个人似乎对于这一话题有着

---

① 此内容变成了《联合国宪章》的第27条,只有动词时态上的细微变化;敦巴顿橡树园会议建议的第八章变成了《联合国宪章》的第六章;第八章C节变成了《联合国宪章》第八章的第52条。

极大的兴趣……"多亏了在华盛顿的会面，在雅尔塔会议上，葛罗米柯在向斯大林和莫洛托夫解释美方的立场一事中发挥了相当大的作用。

向斯大林和莫洛托夫解释清楚他们对草案中修改部分产生的误会之后，我继续就美方的提案做了如下分析：

（1）我们认为，我方的提案完全符合大国在维护世界和平方面的特殊责任。在此方面，我方的提案要求安理会常任理事国在有关维护和平的所有重大决定上，包括所有经济和军事强制措施上，适用无条件一致原则。

（2）与此同时，我方提案承认常任理事国的合理主张，坦率地指出任何可能出现争议之和平解决都关乎全世界利益，任何牵涉其中的主权理事国家均应有权提交自己的申诉。

我方认为，除非允许这种讨论的自由在理事会中存在，否则世界组织的建立会遭到破坏，而我们为了将世界从另一场战争的悲剧中拯救出来，对它赋予了热切期盼。若理事会中不存在充分和自由的讨论，那么这一世界组织即使可以被建立起来，也会与我们所预期的模样大相径庭。

我们在呈交给其他两个代表团的文件中，列明了我宣读过的各项规定的条款，详细列出了根据我方建议需要得到无条件一致通过的安理会决定，并且分别列出了在讨论与和平解决争端中，涉事任意一方不得参与投票的事项。

在做这番介绍时，我每说完一句话或一个段落都要停顿一下，以让译员翻译我所说的内容。结果，我花费了极长的时间才做完整个报告。在阐述完这一提案并分析完其重要性后，我继续解释美国采取自身立场的理由：

从美国政府的观点来看，投票程序的问题中存在两个重要因素。

第一，常任理事国必须就维护世界和平达成一致意见。

第二，对美国人民来说尤其重要的是，本组织的所有会员国，不论大小，都享有公平的听证机会。

我们认为，去年12月5日，总统向斯大林元帅和丘吉尔首相提出的建议，提供了合理、公正的解决办法，并圆满地将此两大考虑因素结合于其中。

随后我表示，我希望我们两个伟大的盟友能够接受总统的提议。在首相和元帅开始对美国方案进行一般性讨论之前，总统要求我解释该建议对安全理事会决定的影响。我就此发表以下声明：

根据上述方案，下列决定将需要包括所有常任理事国在内的七个安理会理事国之可决票表决之：

一、向大会提出关于如下内容的建议：

1. 接纳新成员；
2. 暂停成员资格；
3. 开除成员；
4. 选举秘书长。

二、恢复被暂停资格成员的权利和特权。

三、消除对和平的威胁和制止破坏和平的行为，包括下列问题：

1. 争端各方未能以自己选择的方式或按照安全理事会的建议来解决争端，是否在实际上构成对和平的威胁；
2. 任何国家的其他行动是否构成对和平的威胁或破坏；

3. 安理会应采取什么措施以维持或恢复和平以及采取这些措施的方式；

　　4. 是否授权区域机关采取强制措施。

　　四、核准一项或多项提供武装部队和设施的特别协定。

　　五、制订关于军备管制的一般制度体系的计划，并将此计划提交各理事国。

　　六、以维持和平与安全为目的的区域机关或办法的性质和活动，是否符合国际组织的宗旨和原则。

在进行完上述解释之后，我以下列声明作为结尾：

　　以下有关和平解决争端之决策，也需要包括所有常任理事国在内的七个安理会理事国之可决票表决之，除非某理事国为争端一方，不能就有关决议进行投票：

　　一、任一争端或局势是否提请安理会注意，应视其继续存在是否可能对和平造成威胁；

　　二、安理会是否应呼吁各方选择自行解决或调整争端或局势；

　　三、安理会是否应就解决办法和程序向各方提出建议；

　　四、理事会是否应将所涉事项在法律方面的问题提交国际法院以征求意见；

　　五、若存在一个和平解决地方争端的区域机关，是否应要求该组织关注该争端。

　　在我完成冗长的发言后，斯大林和莫洛托夫均明确表示，苏联政府高度重视安理会投票的问题，因此他们希望能研究美国的提案，为下一次在全体会议讨论这个问题做好准备。

首相称，他之所以不同意敦巴顿橡树园会议上提出的最初方案，是因为他担心三大国没能充分考虑到实际情况。但现在，在听过完整的解释后，他不再担心这一点了。他可以代表英联邦、大英帝国，以及，他相信，他也可以代表自治领，宣布美国的提案完全令人满意。

首相补充说，和平最终取决于三大国之间的友谊和合作，但若提案中的规定不能让小国畅所欲言地表达不满之处，英国政府将认为三大国的领导人处事不公。他警告说，若不能做到这一点，看起来就会像是三大国试图统治世界，但他们真正的愿望是不再让世界处于战争的阴霾之下。他认为，三大国应该"自豪地服从于"小国的权利。

他继续说，他是从英国利益的角度来看待整个问题的，他认为美国的提议不会损害英国的利益。例如，他说，若中国提出香港回归的问题，中国和英国都无法参与解决争议的投票，但归根结底，通过国务卿分析报告中第三款（消除对和平的威胁和制止对和平的破坏）所规定的否决权，英国将得到保护而免受任何对其不利之决定的影响。

斯大林打断了他，问道，若埃及提出归还苏伊士运河的问题要如何应对。首相请元帅让他先完成自己的说明。根据第三款，英国将有权以其否决权停止安理会对其采取的一切行动。因此，不能要求英国归还香港，除非英国自己同意这么做。然而，中国将享有且应当享有发言权，而在苏伊士运河问题上，埃及也将享有同样的权利。他认为，若阿根廷对美国提出申诉，也适用同样的思路。

就这一点，总统回顾了他们在《德黑兰宣言》中所说的话："我们完全认识到我们和所有联合国家所承担的最高责任，即建立一个能博得世界上绝大多数人民善意的和平……"总统补充说，他认为这一声明与他们目前的讨论最为相关，并有助于解释美国的立场。

首相强调说，既然他认为没有理由害怕美国的提案，他很乐意让英国政府也参与其中。他补充说，由于三大国的强大力量仍然受到否决权的保护，我们应当允许其他国家有表达意见的权利。

斯大林说，他想要研究一下这份文件，因为从口头陈述中不可能了解到所有的含义。他认为，敦巴顿橡树园会议的提案已经为所有成员国提供了在联合国大会进行讨论的权利，他不认为有哪个国家会满足于仅仅表达其意见。比如说，若丘吉尔先生认为，中国会因为能够对香港问题表达看法就得到满足，那他就错了。中国希望的是获得一个对其有利的决定，埃及在苏伊士运河的问题上也是如此。

元帅坚持说，这不是一个国家或三个国家想要成为世界主人的问题，因为敦巴顿橡树园会议的提案已经阻止了这一想法的实现。元帅随后要求首相进一步说明，在提到统治世界的愿望时，他意指哪一国。斯大林说，他确信英国没有这样的想法，美国也没有，他评论说，那就只剩下苏联了。

丘吉尔解释说，他指的是三大国的集体，这个集体可以把自己置于其他国家之上，以至于世界上其他国家都会说这三个国家想要统治世界。

而后斯大林以讽刺的口吻回应道，看起来有两个大国已经接受了一份可以避免遭到任何此类指控的文件，但第三个大国还没有同意。元帅继续说，有一个比投票程序或统治世界更严重的问题。他说，他们都知道，只要他们三人还活着，他们都不会让自己的国家卷入侵略行动。但是，十年后就未可知了，毕竟他们可能都不在任了。不了解战争之恐怖的新一代人将会诞生。因此，他们有义务为这一代人建立一个能在至少五十年里真正确保和平的组织。

元帅补充说，主要任务是防止三个大国之间的斗争，并保证它们在未来的团结。这个新的世界组织的宪章应该将此作为其主要目标。他认为，最大的危险是与会的三大国之间发生冲突。然而，若能够保持团结，德国再次发动侵略的危险性就会很小。因此，必须制定一项盟约，以防止三个大国之间的冲突。

斯大林接着为没有机会详细研究敦巴顿橡树园提案而道歉。根据他对我解释的理解,这里存在着两类争议:

(1) 需要施以经济、政治或军事制裁的冲突。

(2) 可以通过和平手段解决的冲突。

关于第一类问题,安全理事会的常任理事国即使身为争端当事方时也有投票权。但是,争端方却不能就第二类问题投票。在我看来,从对我们的建议的简要分析中,斯大林显然对这个问题进行了相当仔细的研究,所以不可如某些书中所述那样,假定他和他的下属对一个世界性组织不感兴趣。① 我与葛罗米柯和苏联代表团的其他成员在敦巴顿橡树园的许多谈话让我确信,那时苏联领导人对世界组织非常感兴趣。当然,我们知道,与此同时,苏联正在利用其所掌握的一切权力来建立自己的势力范围。

斯大林在此次全体会议上补充说,各方指责苏联在投票问题上花费了太多时间,他也承认确实如此。因为安全理事会的所有决议都要通过表决作出,所以他们非常重视这一事项,而且让苏联感兴趣的是最终达成的决议,而不是讨论的过程。他还警告说,若中国或埃及对英国提起申诉,这两个国家在联合国大会上将会得到其友邦或保护国的支持。

在这一点上,首相和我都坚持认为,根据美国的提案,这个世界组织的权力不能针对任何一个常任理事国。然而,斯大林对此的态度似乎并不确定,他说,他担心世界组织中可能会存在破坏三大国团结的冲突或争端。

首相承认这一观点的重要性,但他回答说,他不认为此世界组织会

---

① 详见《坦率直言》(*Speaking Frankly*),第 37 页,詹姆斯·F. 伯恩斯著,纽约,哈珀兄弟出版社,1947 年出版。

根除三个大国之间的争端。他相信，这些争端的解决仍将依靠外交工作。

斯大林称，他在莫斯科的同事不会忘记，在1939年苏芬战争期间，英国和法国煽动将苏联逐出国际联盟，他们还发动了针对苏联的世界性舆论讨伐，甚至将其形容成"十字军东征"。

首相回答说，当时英国和法国对苏联"非常非常愤怒"。但无论如何，根据敦巴顿橡树园会议的提案，这样的行动是不可能再发生的。

元帅回答说，他现在在意的不是将苏联驱逐出国际联盟一事，他在意的是一个国家动员舆论反对另一个国家这件事。丘吉尔回答说，这种情况可能发生在任何一个国家身上，但他很怀疑罗斯福总统或斯大林元帅是否会领导对英国发动一场野蛮攻击，他觉得这个问题也可以用在罗斯福总统和他处理同苏联的关系上。

然后，罗斯福总统在结束整个讨论时说，他认为三个大国的团结是最重要的目标之一，美国的提案将促进而不是损害这一目标的实现。他说，无论采用何种投票程序，世界都会知道大国之间存在分歧。但无论如何，没有什么方法可以阻止在大会上就分歧进行讨论。此外，他认为，在安理会进行充分和自由的讨论决不会加剧不和，而是恰恰相反，这会显示出大国之间的相互信任以及对自身政策之正当性的自信。

在总统的这番声明后，苏联方要求进行短暂休息，于是我把丘吉尔和艾登带到了我的住处。丘吉尔称，我对投票方案所做的介绍让他现在第一次真正理解了它，而且他认为斯大林也是如此。艾登和丘吉尔都认为我们已经取得了进展，现在他们对于我们最终会迎来一个世界性的组织这一点，抱有很高的期望。

第八章 "她自己灵魂的主人"

2月6日

罗斯福总统以大会主席的身份宣布第三次全体会议再次召开,接下来讨论的主题是波兰局势。总统说道,与其他两个国家相比,美国距离波兰甚是遥远,而有些时候,在某些问题上,站得远才能看得清。

总统回忆起,他在德黑兰会议上说过,他相信美国人民倾向于接受将"寇松线"作为波兰东部的边境线,但若苏联考虑将利沃夫和其中的油田留给波兰,这对美国的公众舆论会产生有益的影响。总统指出,然而,他仅仅是在建议苏联考虑这一点,而非坚持让苏联这样做。

在波兰政府的问题上,总统希望看到一个获得所有大国支持的代议制政府得以创建起来。总统指出,有人提议了一种可能的举措:创立一个由波兰领导人组成的总统委员会,再由这个委员会组建一个政府,成员来自五个政党的领袖。总统强调说,需要明确的一点是,波兰应当与苏联保持最为友好和合作的关系。

斯大林插话说,波兰不只应当与苏联保持友好关系,也要与其他盟国保持友好关系。

总统补充说,若三大国能够就复杂的波兰问题找到解决方案,那将会帮助到所有人。总统说,他个人并不认识伦敦政府或卢布林政府中的任何现任成员,但米科瓦伊奇克先生去年夏天在华盛顿度过了相当长的时间，他的真诚与诚实给总统留下了深刻的印象。

首相称，他一直在议会和其他地方表示英国政府支持"寇松线"作为波兰东部边境的提议，包括将利沃夫留给苏联的提议。他和艾登先生都因此受到了批评，但是他认为，就苏联在战争中所承受的负担来看，将"寇松线"作为波兰东部边境并不是一个在强权之下做出的决定，而是考虑到苏联的权利所做出的决定。首相提到，当然，若拥有强大权力的苏联能做出类似于将利沃夫让渡给一个更弱小国家的举动，如此的慷慨之举将会得到全世界的称赞。

首相补充道，相较于边境线的问题，波兰的主权和独立才是他更为关心的。他渴望看到波兰人民拥有自己的家园，在那里，他们能以他们自己认为合适的方式生活。首相说，他曾听说斯大林元帅坚定地表明了这一目标，而他也对元帅的这一说法报以信任。首相重申，他不认为波兰边境的问题比波兰的独立更为重要。

首相继续说，我们不能忘记，英国于1939年加入了保卫波兰免受德国入侵的战斗，而这一举动几乎搭上了英国在世间的自由。因此，虽然波兰问题不涉及英国实质性的利益，但是波兰问题关乎英国的荣誉，他的政府绝不会同意一个不能将波兰建设成自由独立国家的解决方案。

首相坚称，然而，让波兰获得自由并不意味着针对苏联产生敌对意图或阴谋，他确信与会各位也不会允许此事发生。首相认为，英国政府热切的期望是波兰能自己当家做主，成为"她自己灵魂的主人"。

首相继续说，英国政府已经承认了目前位于伦敦的波兰政府，但是并没有与其建立紧密的关系。首相认为米科瓦伊奇克先生、格拉布斯基[1]先

---

[1] 斯坦尼斯瓦夫·格拉布斯基（Stanisław Grabski, 1871—1949），波兰经济学家、政治家。苏军解放波兰后，1945年回国任政务委员会副主席，曾向斯大林提出波兰与乌克兰的边界和解方案，并亲自前往利沃夫劝说波兰人撤离，被斯大林称为"最大的现实主义者"。——译者

生和罗默①先生都是可靠、诚实的人。首相询问道，若三位领导人没有在雅尔塔会议上就波兰政府问题达成一致意见，这些人又该如何安排呢。如果能够达成一致意见，三大国随后就能将这一波兰政府认定为临时政府，直到波兰人民自己通过自由选举选出他们的政府。丘吉尔以下面这句话结束了他的发言：他对于总统在这一点上的建议最感兴趣。

斯大林建议大家中场休息十分钟，而后，元帅表明了他对于波兰问题的观点。他的开场白是，他能理解丘吉尔先生所说的波兰问题涉及英国的荣誉，但对于苏联来说，波兰问题既涉及荣誉，又涉及安全。他指出，波兰问题关乎苏联的荣誉是因为，苏联对于波兰怀有许多委屈和不满，苏联希望消除这些情绪。而波兰问题关乎战略安全不仅是因为波兰与苏联毗邻，也因为就波兰的整个历史来看，它一直是苏联遭受进攻的走廊地带。斯大林带着强调的口吻和显示其坚定态度的手势说道，在过去三十年中，德国正是通过这个走廊地带推进到苏联的领土之上。

斯大林说，苏联渴望看到一个强大、独立和民主的波兰，以此来帮助保护苏联，因为仅凭苏联军队难以抵御外界进入这个走廊地带。斯大林再次说道，对于苏联人来说，建立一个独立、强大和民主的波兰不只关乎荣誉，它是苏联必须要解决的问题之一。斯大林补充说，正是出于这一原因，苏联政府极大地改变了19世纪以来压迫和同化波兰的沙皇式政策。

斯大林元帅说道，关于"寇松线"和丘吉尔先生在利沃夫问题上提到的宽宏大量之举，有必要提醒与会各位，在一战结束时，这样一条边境线不是由苏联人制定的，而是由寇松勋爵和克列孟梭制定的。苏联在

---

① 塔德乌什·罗默（Tadeusz Romer，1894—1978），波兰外交家、政治家。1919年加入波兰外交部。1937至1941年先后任驻意大利、葡萄牙、日本大使。1942至1943年任驻苏联大使。1943至1944年任波兰流亡政府外交部长。——译者

第一次世界大战后没有受到邀请去参与这些讨论，而且这条线是违背苏联的意愿制定的。比如列宁就曾反对将比亚韦斯托克①给予波兰，但是按照"寇松线"的划分，比亚韦斯托克还是落在波兰境内。"我们因此，"斯大林元帅称，"放弃了列宁的立场。"他补充说道，更进一步说，在波兰边境问题上，与寇松勋爵和克列孟梭所舍弃的相比，大会不能期待他舍弃更多苏联的利益。我记得他说，"等我们回到了莫斯科，无法面对人民对我们说：'在保卫苏联的利益这一点上，斯大林和莫洛托夫还不如寇松和克列孟梭坚定。'"

斯大林称，因此，苏联不可能同意对于"寇松线"所作的修改。他补充说，为了从德国手中夺回土地以补偿波兰，他宁愿让战争继续下去，而不在乎这会让苏联付出多少鲜血。当米科瓦伊奇克先生还在莫斯科时，他听说波兰的西部边境会延伸到西尼斯河，这让他很高兴。斯大林说，苏联支持将波兰的边境设定在西尼斯河，因此他要求总统和首相也支持这一提议。

关于波兰政府的问题，斯大林认为，丘吉尔所提出的在雅尔塔会议上创立波兰政府的建议应该是一时口误，因为在没有波兰人民参与的情况下是不可能建立波兰政府的。斯大林评论道，虽然别人称自己为独裁者而非民主主义者，但他所了解的民主观念也足以让他拒绝在不与波兰人民商议的情况下创立波兰政府的建议。

斯大林指出，去年秋天，在莫斯科，当米科瓦伊奇克和格拉布斯基与卢布林政府的波兰人会见时，他们达成了几份协议。但当米科瓦伊奇克回到伦敦后，他却被伦敦政府的波兰人革去了职务。斯大林元帅预言道，要将这两个政府合并在一起，是很困难的一件事，因为伦敦政府的

---

① 比亚韦斯托克（波兰语：Białystok），波兰东北部最大城市，波德拉谢省首府。——译者

阿西谢夫斯基①将卢布林政府成员刻画成强盗和罪犯,而卢布林政府成员自然也是这样看待他的。华沙政府的贝鲁特②和奥布卡-莫拉夫斯基③甚至对讨论与伦敦政府的融合一事都持反对态度,斯大林元帅强调说,这两位领导人告诉他,他们拒绝听取任何让米科瓦伊奇克成为总理的提议。

斯大林元帅称,他准备支持一切为达成能带来成功希望的解决方案所做的尝试。他建议邀请一些华沙政府的成员来雅尔塔会议或者也许去莫斯科。斯大林说,华沙政府的民主基础至少与戴高乐政府相当。

斯大林元帅随后补充说,作为一个军事人员,他向一个被红军解放的国家提出的要求是,后方不能发生内战。"我们要求秩序,我们不希望在后方受到攻击。"他说。华沙政府或卢布林政府已经满足了这一要求,但是,斯大林谴责道,伦敦政府的代理人却在杀戮红军士兵,攻击苏联的补给基地。当他在比较伦敦政府代表们的行为和卢布林政府的行为时,他只能认为卢布林政府是善意的,而伦敦政府是恶意的。"我们要求后方的安宁。"他重复道。作为一个军事人员,除了支持能向红军保证满足这些要求的政府,他别无选择。

首相立刻称,英国和苏联政府在波兰有着不同的信息源,如此一来,他们接收的有关观点就不同。虽然他们的有些信息也许是不准确

---

① 托马斯·阿西谢夫斯基(Tomasz Arciszewski, 1877—1955),波兰政治家。1944 年 7 月 26 日,阿西谢夫斯基从波兰撤离,辗转抵达伦敦;根据 1935 年 4 月的宪法,8 月 7 日他被波兰流亡政府总统瓦迪斯瓦夫·拉赤基耶维奇(Władysław Raczkiewicz)任命为继任者。1944 年 11 月阿西谢夫斯基接任流亡政府第三任总理,直到 1947 年 7 月,在任期间其政府失去了西方国家的承认。——译者
② 波莱斯瓦夫·贝鲁特(Bolesław Bierut),1947 年 2 月至 1952 年 11 月任波兰总统。1952 年波兰人民共和国成立后任总理。1948 至 1956 年任波兰工人党第一书记。——译者
③ 爱德华·奥布卡-莫拉夫斯基(Edward Osóbka-Morawski, 1909—1997),波兰政治家。二战之前是波兰社会党成员。苏联解放波兰后任卢布林民族解放委员会主席。1944 年 10 月任外交和农业部长。1945 年 6 月至 1947 年 2 月任民族团结临时政府总理。——译者

的，但是丘吉尔不相信卢布林政府能代表超过三分之一的波兰人民。英国之所以急切地寻求波兰问题的解决方案，首相说，就是为了阻止波兰的地下抵抗组织与卢布林政府火并。他补充说道，他同意斯大林的看法，认为任何攻击红军的人都应该受到惩罚，但是他直截了当地重申，英国政府不同意将卢布林政府认定为波兰政府。

在首相做完这番陈词后，当夜时间已经非常晚了，会议暂时休会。总统在当晚休息前向斯大林发送了由国务院和霍普金斯准备的如下信件：

我亲爱的斯大林元帅：

关于今天下午的会面，我思考良多，我想要以最为坦诚的态度告诉你我的想法。

在波兰政府的问题上，三大国之间没有就波兰的政治重建达成相同看法，这一点深深困扰着我。在我看来，你方承认一个政府，而我方和英国人承认在伦敦的另一个政府，这似乎让我们所有人都处于不利的境地。我确信，这样的事态不应该再延续下去，而且若其继续延续下去，只会让我们的人民认为我们几国之间存在裂痕，而事实并非如此。我坚定地认为，我们与苏联之间不应当存在嫌隙。当然，这里肯定有办法来协调我们的分歧。

你今日说的有些内容给我留下了深刻印象，特别是你的这一决定：你们的军队向柏林进发时，你们的后方必须得到保卫。你不能——我们也不允许——自己忍受给你方军队带来任何此类麻烦的临时政府。我希望你知道，我也时刻留意着这一点。

你一定要相信我，我认为我们国内的人民会以批判的眼光看待我们在战争关键时刻出现的分歧。实际上，他们会说，若此刻我们面对着共同的敌人都不能达成共识，我们又如何能在未来更重要的事情上达成共识呢?

　　我必须向你们说明,我们不能承认如今的卢布林政府,而若我们在这个问题上出现公开和明显的分歧,全世界人民都会认为我们在这里的工作是失败的。

　　你今日说到,你将准备好支持任何可能成功解决这个问题的建议,你还提到了将卢布林政府的一些成员带到这里的可能性。

　　我意识到,我们都对解决此事怀有相同的忧思,所以我想要对你方的提案稍加修改,我方提议,我们应立刻邀请卢布林政府的贝鲁特先生和奥布卡-莫拉夫斯基先生来雅尔塔,同时也从下面的波兰人名单中邀请两到三位。根据我们得到的信息,这份名单是可取的,因为它所列出的,是一个能被我们三国承认和支持的新临时政府中波兰人民其他组成部分的代表:克拉科夫大主教萨皮阿①、文森特·维托斯②、祖洛夫斯基先生、布雅克教授和库茨巴赫教授。若这些波兰领导人出席,我们就能与他们就以下这一点达成一致意见:在波兰成立临时政府,这一临时政府无疑应该包括一些来自外的波兰领导人,比如米科瓦伊奇克先生、格拉布斯基先生和罗默先生。之后美国政府,我确信英国政府也会一起,与你方共同研究,在什么条件下让这些人自己脱离伦敦政府,并转而承认新的临时政府。

---

① 亚当·斯特凡·萨皮阿(Adam Stefan Sapieha, 1867—1951),波兰红衣主教。二战波兰战败后,萨皮阿是德占区内波兰教会的实际负责人,是国家的主要领导人之一,参与创建国家福利委员会,以独立活动家的身份与波兰流亡政府合作;将神学院学生设法转移到自己克拉科夫的主教院,以保护他们免遭纳粹杀害,其中包括未来的教皇约翰保罗二世(1978—2005)。——译者

② 文森特·维托斯(Wincenty Witos, 1874—1945),波兰人民党政治家。1920年起曾三度担任波兰总理。1933年后流亡捷克斯洛伐克。1939年回到波兰,但再次遭到入侵德军的关押。苏军解放波兰后,尽管维托斯健康状况恶化,但仍然被任命为政务委员会副主席,1945年10月31日去世。——译者

我希望，我不必向你保证美国永远不会以任何方式支持任何不利于你方利益的波兰临时政府。

毫无疑问的是，作为我们与波兰人共同召开会议协商的结果，无论成立何种形式的临时政府，都将承诺尽早在波兰举行自由选举。我知道这完全符合你的愿望——希望在战争的废墟中，看到一个自由、民主的新波兰诞生。

你最真诚的，
富兰克林·D. 罗斯福

第九章　向前一步

2月7日

在2月7日吃早餐时,我收到了来自华盛顿国务院的一份电报,通知我们苏联驻墨西哥大使康斯坦丁·A. 奥曼斯基死于一起飞机失事。我们立即准备了一份慰问的照会,请总统签署给斯大林元帅,对这起不幸表示同情,并提供一架美国陆军的飞机,将奥曼斯基的骨灰送回苏联。这个提议很快就被接受了,这是俄国人似乎深表感激的一种姿态。

早餐后,哈里·霍普金斯和詹姆斯·伯恩斯会见了国务院工作人员,他们说,他们认为安全理事会的投票问题在当时比任何其他问题都重要。他们敦促我,在中午与艾登和莫洛托夫举行的会议上,把所有其他问题都放在次要位置,直到另外两位外长彻底理解我们的提议。

外交部长们当天在苏联总部会晤。这是一座别墅,有漂亮的庭院、大水池和雕像。别墅上方的山上长满了松树、冷杉、橡树和类似加州红杉的树木。这个地区的许多植物和树木都是多年前从世界各地运来的。

我告诉另外两位外长,我很乐意回答我昨天在三国领导人会议上讨论的有关表决程序的任何问题。莫洛托夫说,全体会议尚未将影响世界安全组织的事项转交给外交部长。尽管他确实有几个问题要提,但他没有准备在这次会议上讨论这个事项。

我们转向分割德国的问题。我们同意任命一个由维辛斯基、卡多根和马修斯组成的小组委员会,重新起草投降条款,以便包括"分割"一词。莫洛托夫建议,在伦敦成立一个由艾登、怀南特和古谢夫组成的委员会,研究分割德国的程序。

我说,设立这个委员会是一个非常重要的问题,但如果不把这个问题提交给自莫斯科会议以来就在运作的欧洲咨询委员会,其威望将大打折扣。鉴于欧洲咨询委员会的成立正是为了处理这些问题,我指出,再成立一个单独的委员会将严重威胁到欧洲咨询委员会的威望和影响力。

艾登说,如果这件事被提交给欧洲咨询委员会,法国将参与这项工作,尽管会议当时还没有决定法国是否参与对德国的管制。

莫洛托夫说,讨论的主题是研究分割德国的程序,而不是实际的分割。因此,可以将其指派给一个特别委员会,稍后,或许再将其移交给欧洲咨询委员会。

艾登接着提出了研究这个问题的机构的职权范围问题。他建议,这个机构应当研究什么时候进行分割,以及新创建国家的边界应该是怎样的。还应当研究如何保证这些国家的正常运作和生存。此外,他还指出,同时应当探讨这些国家与外国的关系。艾登对法国的缺席表示了担忧,不知道他和怀南特、古谢夫能否单独解决这个问题。

莫洛托夫建议,关于法国是否参与讨论分割德国的问题,由艾登、怀南特和古谢夫随后在伦敦决定,艾登和我对这一建议均表示同意。

然后我们转向吸纳法国参加对德管制委员会的问题。莫洛托夫不再坚持苏联反对设立法国占领区的立场,但是建议法国要在管制委员会的总体指导下对其占领区进行管制。

不过,艾登认为,法国本身应该参与到管制委员会当中来。他宣称,他已经能够预见到,如果不让法国参与管制委员会可能带来的种种困难。他认为,如果在管制机制上没有其他三个占领国那样的权力,戴高乐将军可能会拒绝接受占领区。艾登解释说,戴高乐会不理解,为什么法国加入管制委员会比加入欧洲咨询委员会还要难。艾登宣称,丘吉尔首相已经明确表示过了,让法国参加管制委员会,并不意味着法国将参加"三巨头"的会议。

我建议,将法国参加管制委员会的问题转交给欧洲咨询委员会进行研究。

最后决定,就该问题,我们三人向下午召开的全体会议提交如下报告:

(a) 已商定给予法国占领区。

(b) 关于法国参加管制委员会的问题,莫洛托夫先生和斯特蒂纽斯先生认为,应当将该问题提交欧洲咨询委员会审议;艾登先生则认为,应当在目前的会议上研究这一问题,并为法国分配一个管制委员会的席位。

艾登说,他认为,如果法国被接纳为管制委员会成员,三位外交部长应当同意不再授予其他国家占领区了。然而,莫洛托夫说,本次会议没有足够的时间讨论这一建议。

我们接着讨论了德国的赔偿问题,莫洛托夫提交了一份声明,建议三国在莫斯科成立一个赔偿委员会,根据三国在克里米亚会议上通过的原则,制订一个详细的赔偿计划。赔偿委员会的活动将严格保密,三大国将决定何时以及在多大范围邀请其他同盟国参加委员会的工作。

莫洛托夫随后提交了以下关于"向德国索取赔偿的基本原则"的文件:

1. 首先赔偿那些承担了战争的主要负担、在对敌作战赢得胜利中发挥了组织作用的国家。

所有其他国家都将得到第二次重新分配。

2. 暂且不考虑以赔偿的方式使用德国劳工的问题，这个问题将在以后审议，以下面两种形式向德国要求实物赔偿：

（a）在战争结束时，一次性从德国境内和境外的国家财产（设备、机床、船舶、机车车辆、德国在国外的投资、在德国的工业运输、航运和其他企业的股份等）中拆除，这些拆除主要是为了削弱德国的军事和经济实力。

这些拆除工作将在战争结束后两年内完成。

（b）战争结束后十年内每年通过商品补偿。

3. 包括剥夺其国家财产形式以及每年交付商品形式的德国战后赔偿总额，应当为200亿美元。

该金额应分配如下：

（a）苏联——100亿美元。

（b）联合王国和美国——80亿美元。

（c）所有其他国家——20亿美元。

应莫洛托夫的请求，作为苏联赔偿问题专家出席本次讨论的麦斯基说，苏联当局要求的赔偿总额为200亿美元。价值100亿美元的财产将立即转移，其余100亿美元将在未来十年内以实物支付。麦斯基宣称，德国在战争初期的国民财富达1 250亿美元。苏联估计，在战争期间，这一国家财富将减少40%，从而使德国的国家财富还剩下750亿美元。麦斯基说，他们对工业化程度较高国家的国家财富所进行的分析表明，可以转移到国外的流动财富约占30%，在德国则为220亿至230亿美元。

因此，麦斯基说，苏联在战争结束时提议撤走100亿美元的流动财富。剩下的留给德国，将意味着其生活水平与中欧相当。他说，尽管中欧的生活水平比德国低，但这仍然是一个体面的标准。

至于十年内每年要支付的赔款，麦斯基宣称，苏联估计，战前德国的国民收入每年达 300 亿美元。战争将使这一收入减少到大约 180 亿到 200 亿。因此，苏联提议在十年期间每年提取 10 亿美元。他说，这不是一笔大数目，德国人可以承受得起。

艾登说，他希望在苏联关于"向德国索取赔偿的基本原则"的文件第 1 项中，能够提到盟国所付出的牺牲。艾登回忆说，全体会议上曾说过，对赔偿的考虑，不仅要看一个国家在战争中的表现，还要看一个国家在敌人手中所遭受的苦难。艾登评论说，不管是哪种情况，苏联都会很好地被考虑到。他还补充说，他原则上同意苏联文件中的第 2 项，但希望在继续讨论前对该文件进行彻底研究。

莫洛托夫回答说，不反对在第 1 项中增加英国外交大臣建议的措辞。

我说，我和艾登先生一样，也想对苏联文件进行彻底的研究。罗斯福先生曾指示我要明确表示，美国不希望进行赔偿，除非涉及德国的海外投资，也许还有原材料。我建议我们向当天下午的全体会议报告，我们已商定在莫斯科设立一个赔偿委员会，对整个问题进行初步研究。

莫洛托夫说，只要英国和美国代表准备好了，他就准备继续讨论。当然，他说，美国和英国希望得到多少赔偿，完全是这些国家的关切。然而，鉴于他们的损失，苏联政府认为只需在赔偿声明中提及对美国和英国的赔偿。他说，他同意我的建议，即各国外长向全体会议报告，他们已商定在莫斯科设立一个赔偿委员会，该委员会将立即开始工作。

鉴于美国对劳动形式的赔偿有很大疑虑，我问苏联是否打算在克里米亚会议上提出使用德国人力的问题。莫洛托夫回答说，他们需要进一步研究这个问题，不准备在会议上讨论。他同意应由莫斯科赔偿委员会讨论这一问题。

艾登问，莫斯科赔偿委员会是否也应被授权研究与未来安全和管制有关的德国工业问题。然而，莫洛托夫坚持认为，委员会只应在与赔偿相关的方面处理德国工业问题。委员会应该意识到安全问题，但这不是委员会的基本任务。

我建议，对德管制委员会负责为安全目的管制德国工业。不过，赔偿委员会应将其工作与管制委员会的政策协调起来。莫洛托夫表示同意我的建议，然后我们在全体会议就要召开前宣布外长会议休会。

罗斯福总统在当天下午的会议开幕时说，他想再次强调，他对划波兰边境线不如他对波兰政府的问题感兴趣。他说，他不看重任何现有波兰政府的连续性或合法性，因为他认为，事实上，数年以来就没有波兰政府。然而，在继续讨论波兰问题之前，他建议他们听一下外长会议的报告。

如前所述，我们遵循轮流担任外长会议主席的惯例，莫洛托夫作为当天的会议主席，提交了以下报告：

莫洛托夫、斯特蒂纽斯和艾登三位外交部长会议通过的决定
1945年2月7日

1. 关于分割德国

(a) 鉴于"德国无条件投降书"第12条案文中需要插入"分割"一词，委托 A. Y. 维辛斯基、卡多根和马修斯先生拟写第12条的最后草案。

(b) 关于分割德国程序问题的研究，移交由艾登、怀南特和 F. T. 古谢夫先生组成的委员会。

2. 关于法国对德占领区

(a) 已商定向法国分配一个由法国占领军占领的德国地区。

(b) 关于法国参加管制委员会的问题，V. M. 莫洛托夫和斯特蒂纽斯先生认为最好将该问题移交欧洲咨询委员会。艾登先生则认

为现在有必要讨论这个问题,并为法国分配一个管制委员会的席位。

3. 关于向德国政府要求赔偿的问题

(a) 会议一致认为,应在苏联建议的第 1 段中提及所付出的牺牲。

(b) 会议决定赔偿委员会的办公地应设在莫斯科。与会者一致认为,委员会应在要求赔偿的原则获得通过后立即开始工作。

(c) 决定在克里米亚会议上继续讨论 V. M. 莫洛托夫提交的关于赔偿问题的两份文件,第一份是关于要求德国赔偿的基本原则,第二份是关于组织盟国赔偿委员会的问题。

罗斯福和丘吉尔对我们卓有成效的工作表示感谢。然而,丘吉尔说,他希望研究莫洛托夫报告的英文译本,不过,除了有一点之外,他认为他会同意的。

首相说,英国政府不相信这样的观点,即不让法国参加管制委员会同时还能给它一个占领区。他警告说,如果遵循这样一个程序,法国人将会造成无尽的麻烦,并补充说,法国参加管制委员会是必要的,以确保这些占领区的统一。他再次表示,法国参加管制委员会,不等于他们就有权利参加像本次会议这样的会议。很明显,他补充说,他认为他们是对的,法国人不会接受占领区,除非他们是管制委员会的成员。

首相宣称,把这个问题移交给欧洲咨询委员会是没有用的,因为委员会肯定会陷入僵局,一边是英国和法国,另一边是苏联和美国。这件事应该在雅尔塔解决,尽管还需要进一步研究。

当总统问是否把问题推迟两到三个星期比较好时,丘吉尔回答说,在他们都离开克里米亚之后,再想解决这个问题是很困难的。

斯大林说,三国政府通过通信已经解决了许多问题。此外,如果把问题交给欧洲咨询委员会来处理，作为委员会成员的法国人还可以表达法国的立场。

首相回答说，他相信他能预料到法国的态度。他重申，至少在一段时间内，他不希望法国被纳入目前的"专属俱乐部"。但另一方面，他认为，允许法国加入管制委员会将使法国人暂时感到满意。

总统宣称，他同意法国目前不应加入"三巨头"，但他说，他怀疑仅仅加入管制委员会是否能让他们满意。总统随后建议他们回到波兰问题上来。

斯大林说，他收到了总统的信，信中建议他们邀请波兰人到雅尔塔，然后他们试图给卢布林政府的波兰人打电话，以了解他们对这个问题的看法，但至今还没有联系到他们。莫洛托夫正在打印给总统信的答复，元帅补充说，在那之前，他建议他们先转向安全理事会的表决问题。

斯大林说，苏联代表团仔细考虑了投票方案，由于前一天做出了明确的解释，苏联现在乐于接受美国的整个提议，因为他们现在确信，这充分保证了大国的团结①。苏联的声明并没有完全出乎我们的意料。就在当天下午全体会议召开之前，首相走过来，坐在总统和我之间的椅子边上，对总统说："乔大叔接受了敦巴顿橡树园会议的意见。"

莫洛托夫随后提出了苏联的苏维埃加盟共和国作为会员国参加世界组织大会的问题。莫洛托夫宣称，苏联政府不会再按照敦巴顿橡树园会议上的要求，提出所有十六个共和国都得加入。这是苏联第一次宣布不再继续要求在联合国大会上获得 16 票。因为我们已经非常清楚地表明，美国决不会参加一个有这样一项规定的世界组织。

---

① 美国代表团的其他成员记录了莫洛托夫作的这一发言，但我的笔记清楚地记下是元帅作的发言。这提供了一个很好的例子，说明不同人的记录中可能出现差异，因为我们没有得到所有代表团批准的正式会议记录。

莫洛托夫还首次宣布，苏联将满足于接纳三个或至少两个苏维埃共和国为会员国。这三个国家是乌克兰、白俄罗斯和立陶宛。莫洛托夫解释说，苏联的立场是建立在1944年2月宪法修改的基础上的，据此，他说，苏维埃共和国已经控制了自己的外交政策。此外，这三个共和国不仅人口众多，而且，他说，他们在战争中做出了最大的牺牲，特别是乌克兰。他希望丘吉尔先生和罗斯福先生接受苏联的提议。

当总统问莫洛托夫先生，是否意味着这些共和国将成为联合国大会的会员国时，莫洛托夫先生回答说："是的。"他宣称，英国的各个自治领已逐渐在国际事务中取得了重要地位，他认为，应该让三个或至少两个苏维埃共和国在联合国大会成员中占有一席之地，只有这样才是正确的。

总统对苏联就投票程序达成一致表示高兴，并说他认为全世界人民都会欢迎这一点，认为这是"向前迈出的一步"。他认为，下一步是计划召开一次会议来组建世界组织，他建议3月下旬或更早时候召开会议。

至于苏联对苏维埃共和国的要求，三大国的结构和传统各不相同。英国的体系包括像加拿大和澳大利亚这样的大国。另一方面，美国却只有一种语言和一位外交部长，而苏联在国家结构上也不一样。他说，必须根据这样一种可能性来研究莫洛托夫的提议，即如果给予较大国家一个以上的表决权，可能会有损于每个成员国一票的理论。

因此，罗斯福建议三国外长研究苏联的提议，同时建议召开组建世界组织会议的日期和地点。他说，三位部长还应该决定要邀请哪些国家。

丘吉尔随后表示，衷心感谢斯大林元帅和莫洛托夫先生迈出的伟大一步，这将给世界各国人民带来满足和宽慰。他指出，关于苏维埃共和国的成员资格问题，是第一次出现在三巨头面前。他同意总统的看法，即美国和英国在国家组织架构上有很大的不同。英联邦的自治领现在已经在世界事务中占据了自己的位置，已经在为促进和平与民主进程而努力。1939 年他们都是自愿参战的，尽管他们很清楚大不列颠在那个时候已经是危如累卵。

当然，大不列颠不可能同意任何降低自治领地位或排除其充分参与的组织。首相补充说，他对苏联的要求深表同情。他宣称，他的心是和强大的俄罗斯走在一起的，虽然她还在击败暴君的道路上流血。他能清楚地理解苏联的观点。毕竟，与英联邦相比，苏联只有一票的代表权，而英联邦如果不算上印度，人口比苏联还少。他很高兴总统愿意考虑苏联提出的增加投票权的建议。不过，他本人不能越权，希望与外交大臣讨论这一提议，并可能与战时内阁沟通，然后再给出确切答复。

总统说，他所提议的只是让三国外长研究这个问题，还有会议的时间和地点以及应邀请的国家。

首相说，他并不反对这一建议，但他认为外长们已经做了大量的工作。他补充说，如果总统推动会议在 3 月举行，他预见到会有很大的困难。战争将达到高潮，英国的国内问题也迫在眉睫，就英国而言，战时内阁，包括艾登在内，都被拴在议会脱不开身。欧洲和世界还处在动荡之中，也可能使许多国家的外交部长难以集中注意力在这样一场早开的会议上。

总统说，他只想到召开一次会议，先达成这个组织宪章的基本原则。至于这个世界性组织本身，在此后的三到六个月内可能还无法实现成立。

首相回应说，到了春天，有一些国家仍处在德国的魔爪之下，因此只能由流亡政府代表，但流亡政府的权威往往受到质疑。其他一些国家，比如荷兰，还在挨饿受苦。还有其他在战争中没有遭受任何损失的国家也会出席。他想知道，像这样一次聚会，如何能够有效承担起创建一个保护世界和平与安全的未来组织的艰巨任务。

总统直截了当地再次重复了他的建议，即外交部长们应考虑苏联关于会员国的提议，还有会议的日期和地点以及应邀请哪些国家参加。在雅尔塔的这次讨论中以及早些时候都能清楚地看到，正是总统决心早日建立世界组织，才使得在战争结束前召开了一次会议。如果三国等到战争结束后才起草宪章，由于美苏和英苏关系的迅速恶化，联合国是否还能成立都很难说。

丘吉尔最后说，他不反对外长们讨论这个问题，但他强调这不是一个技术问题，而是一个重大的政治决定。

斯大林说，外交部长们不用做出决定，只要向领导人汇报他们的建议。

在短暂的休会之后，首相建议外交部长们也应该考虑伊朗问题和其他次要问题。总统和元帅都同意了。

在这个时候，哈里·霍普金斯手写了一张纸条递给罗斯福：

总统先生：

您打算什么时候抛出您欧洲版的"田纳西河谷管理局"①？

哈里

总统接着开玩笑地说，他本来希望林业也能成为考虑的议题之一，因为他在去年访问德黑兰期间就没有看到过一棵树。他补充说道，伊朗是一个很好的例子，说明了如果我们要扩大世界贸易和货物交换，世界可能面临的经济问题。他说，伊朗没有购买外国商品的购买力，如果要

---

① 田纳西河谷管理局（Tennessee Valley Authority）。成立于1933年5月，是大萧条时期罗斯福总统规划专责解决田纳西河谷一切问题的机构，位于美国田纳西州诺克斯维尔，整体规划水土保持、粮食生产、水库、发电、交通等，是秉持"地理导向"的一个整体解决方案机构，获得巨大成功，经营至今。——译者

扩大世界贸易，就必须考虑采取措施帮助像伊朗这样的国家。他说，在土耳其人到来之前，伊朗有大量的木材和水，她的人民曾经相当富裕。然而，到了目前这个时候，他从未见过比伊朗更穷的国家。因此，他非常希望新的世界组织能进行一次世界范围的调查，以便向没有足够购买力的国家和地区提供帮助。

总统有这种远见，我们这些有志于改善不幸国家命运的人能和他一起共事真是莫大的荣幸。总统坚信必须援助这些欠发达国家，这与我们国务院一些人的想法是一致的，这促使我们在长达数月的规划工作中坚持认为，应该在联合国组织内设立一个"经济和社会理事会"。早在1944年1月12日，总统就给赫尔发出了下面的备忘录：

> 伊朗绝对是一个非常非常落后的国家。它实际上是由一系列部落组成的，99%的人口其实是被另1%的人所奴役。99%的人没有自己的土地，不能保有自己的产品或将其转化为货币和财产。
>
> 我对把伊朗作为美国无私政策的样板感到相当激动。我们找不到比伊朗更困难的国家了。不过，我想试一试。真正的困难是要找到一批称职的美国专家，他们要忠于自己的理想，不要相互争斗，在经济上绝对诚实。
>
> 如果我们能启动这项政策，如果在头五年或十年里能够取得我们希望的成功，它就能成为长期政策。顺便说一句，整个实验只需花费美国纳税人很少的钱。[1]

总统随后在全体会议上说，欧洲也有类似情况，某些国家有充足而

---

[1] 摘自《科德尔·赫尔回忆录》（纽约：麦克米伦公司，1948年），第二卷，第1507页。版权，1948年，科德尔·赫尔著。经由麦克米伦出版公司授权使用。

廉价的水电和煤电供应，而50英里（约80公里）以外的其他国家则什么都没有。他认为这种情况是不对的。他指出，在苏联及其各个加盟共和国，包括在美国，有类似"田纳西河谷管理局"这样的机构来考虑整个地区的问题。这一发言很好地说明了总统把握会场气氛的技巧，为缓和紧张局面而提出一个显然无关紧要的话题。当然，这个问题对总统来说也非常重要，但在当时他没能引发进一步的讨论。

全体会议接着转向波兰问题，莫洛托夫代表苏联代表团提出以下建议，这是苏联代表团自己的英文版本：

1. "寇松线"应成为波兰东部的边界线，并在某些地区做出有利于波兰的5到8公里的外移。

2. 根据决定，波兰西部边境应从斯德丁市①（波兰）开始，沿着奥得河向南延伸，再到西尼斯河一线。

3. 应当在波兰临时政府中增加一些来自波兰流亡人士圈子里的民主派领导人。

4. 扩大后的波兰临时政府应当得到盟国政府承认。

5. 如上文第3段所述扩大的波兰临时政府，应尽快召集波兰人民参加一般性投票，组建波兰政府的常设机构。

6. 授权莫洛托夫先生、哈里曼先生和阿奇博尔德·克拉克·克尔爵士讨论扩大波兰临时政府问题，提出建议供三国政府审议。

---

① 什切青（波兰语：Szczecin；德语：Stettin，称"斯德丁"），波兰西波美拉尼亚省的首府，波兰第七大城市、第二大海港和波兰在波罗的海的最大海港。历史上曾先后被波兰、瑞典、丹麦、普鲁士和德国统治。直到1945年被苏联红军占领以前，斯德丁一直属于德国，该市居民几乎全是德国人，并采用德文的市名"斯德丁"。二战以后被划归波兰，留在那里的德国人被驱逐到德国。什切青接受了波兰移民，主要来自波兹南地区。什切青已经成为波兰最具吸引力的城市之一。——译者

莫洛托夫在介绍完这些建议后说，他们仍然无法与波兰境内的波兰人取得电话联系。因此，很明显，时间不允许像总统所建议的那样把波兰人召集到克里米亚来了。他补充说，为了符合总统的意愿，他觉得他的提议已经进步了很多。

当莫洛托夫在阐述苏联的提议时，哈里·霍普金斯草草地写了一张条子递给总统："为什么不请外交部长们详细讨论讨论，明天或后天再作报告呢？"

总统在答复莫洛托夫时说，肯定是有所进展。然而，他不喜欢"流亡人士"这个词。无论如何，他希望有机会与斯特蒂纽斯先生研究这些建议。斯大林表示同意这一要求。

在讨论过程中，我向总统草草写了下面的条子作为提醒，因为我认为事情进展得太快太远了："我们是否有权处理这类边界问题，给予保证？"

当首相开始讲话时，总统草草地回了一句："现在我们要听半个小时的演讲了。"

首相说他和总统一样不喜欢"流亡人士"这个词，这个词起源于法国大革命时期，在英国是指被本国人民赶出国家的人。他宣称，波兰人的情况并非如此，他们是因德国的野蛮入侵而离开了自己的国家。因此，他倾向于用"暂居国外的波兰人"来代替"流亡人士"一词。

至于莫洛托夫先生提案中的第二项，首相继续说，他始终支持波兰边境向西移动，因为他们应该得到补偿。但他坚持认为，他们不应占据超出自己能力范围的领土。他宣称："如果波兰鹅塞了太多的德国食物而消化不良，将会是一种遗憾。"

尽管他本人不会感到震惊，但他知道，如果有人提议迁移大批德国人，在英国有许多人都会被吓到。他认为，如果移民工作仅限于东普鲁士，这个问题是可以解决的，但再增加向西延伸到西尼斯河的地区，将会产生一个巨大的问题。

斯大林说，这些地区的大多数德国人都已经在红军的进攻面前逃跑了。首相回答说，这当然使问题简单化了。事实上，德国已经有600万到700万人伤亡，而且在投降前可能还会有100万人伤亡，这将为被迁移的人在德国提供空间。

首相重申，他并不担心人口迁移的问题，只要人口迁移的数量与波兰人处理这件事的能力和德国人接收人口的能力成比例。整个问题都需要研究，他补充说，不仅仅是在原则上，而且要作为一个实际问题。他还认为，苏联的提案中应该提到波兰国内的其他民主派领导人。斯大林同意在这一点上向首相让步，并在苏联提案第3点的末尾处添加了"以及来自波兰内部"的字样。

首相总结说，他同意总统的意见，对这个问题是要好好考虑一下，明天再讨论。不过，他确实感到已经取得了一些进展。在总统的建议下，这场耗时五个小时、令人颇感疲惫的会议随后休会，至第二天下午才继续开。

全体会议结束后，我与总统共进晚餐。这是收获颇丰的一天，大家都非常高兴，在通往一个世界性国家组织的艰难道路上我们现在又前进了一步。那天晚上，我有机会与总统私下讨论了苏联要求在联合国大会增加两到三个席位、世界安全会议的地点和美国代表团的组成等问题。我建议让参议员康纳利和范登堡以及众议员布鲁姆和伊顿参加美国代表团。我还提到了弗吉尼娅·C.吉尔德斯利夫院长和哈罗德·E.史塔生的名字。我觉得我们应该有一位女性成员，同时也应该有一位来自中西部的自由派共和党人。

总统的第一反应是，参议员沃伦·奥斯汀①应该在代表团中占有一

---

① 沃伦·奥斯汀（Warren Robinson Austin, 1877—1962），美国参议员、外交官。1947年1月至1953年1月任美国驻联合国大使，参与处理了以色列建国、阿以冲突、印巴战争、柏林空运、组建北约等冷战初期的一系列重大国际事件。——译者

席之地，他从一开始就是政府外交政策的坚定支持者。我当然同意，但同时也指出了让参议院外交关系委员会中来自两党的高级成员参加的重要性。此外，从参议院最终批准世界组织宪章的角度来看，从一开始就得到范登堡参议员的充分理解和支持是极其重要的。

那天晚上在雅尔塔，在回顾苏联增加席位的整个问题时，总统对我说，斯大林感到他在乌克兰的地位是困难和不安全的。元帅宣称，为乌克兰要求投票权对于苏维埃的团结至关重要。没有人能够确定斯大林在乌克兰遇到了多大的麻烦，但我们在华盛顿确实听到了乌克兰可能离开苏联的说法。元帅还认为，他需要这3张选票，才能确保他的同僚默许苏联加入世界组织。总统曾对苏联在敦巴顿橡树园会议上主张十六个共和国各有1票的要求感到愤怒。他告诉我，这样的话我们要求有48票也是合乎逻辑的。然而，他现在告诉我，从地理和人口的角度来看，他不认为苏联为乌克兰和白俄罗斯多争取2票有什么荒谬之处。斯大林在全体会议上已经讲过，苏联认为像阿尔巴尼亚这样的小国在联合国大会上和大国一样发声是不合理的。

而且，总统知道，尽管英国人反对给苏联16票，但是不会反对多增加2票。英国人的处境尴尬，从大英帝国构成的角度来看，他们没法反对苏联人的要求。印度还没有实现自治——此前丘吉尔曾经明白无误地讲过他不赞成印度独立——但连印度都会有一票。

当总统在我面前分析这个问题时，他说最重要的是保持三个大国的团结，打败德国，然后让他们围坐在一张桌子上，建立一个世界组织。不管怎样，大会都有约五十个席位，为苏联增加两个席位，代表其广大的人口和领土，对大会的成败又有什么影响呢？其实根本就没有区别。罗斯福说，实际权力将掌握在安理会，安理会中的每个国家，无论大小，都只有1票。

第十章　筹划世界安全会议

2月8日

　　第二天早上，我去了里瓦几亚宫麦金泰尔博士的房间，说如果科德尔·赫尔的健康状况允许的话，我希望他成为美国代表团团长和会议主席。"赫尔先生康复得很顺利，"麦金泰尔将军说，"但如果你把如此负担加在他身上，他会尽最大的努力，这项任务可能会压垮他的。"麦金泰尔接着告诉我，赫尔在六周前曾表示，他希望以美国代表团顾问的身份出席会议。

　　在与麦金泰尔会谈后不久，哈里·霍普金斯和我进行了一次讨论，他建议我们应立即着手起草一份关于即将召开的世界安全会议的公报。他警告说，如果我们不这样做，说不定哪一天首相就会坐在床头上自己操刀完成了。而且，霍普金斯补充说，根据过去的经验他知道，一旦落在纸面上就很难再改变了。我同意他的意见，并在斯蒂芬·厄尔利的建议下，指示我的部下开始起草初稿。

　　早上晚些时候，我开车去了英国总部。这条路铺得很好，有许多拐弯处。它沿着山的边缘，落差很大，通向下面远处的海岸。沿途有许多为沙皇贵族建造的避暑屋和别墅。它们的建筑风格多种多样，有不少都被撤退的德国人烧毁了。

　　位于沃龙佐夫宫的英国总部是摩尔式、哥特式和苏格兰男爵式建筑的奇特结合。它有一个漂亮的温室、围着黄杨木篱笆的正式花园、喷泉，还有一尊一只眼睛半睁一只眼睛闭着的大石狮。

德国人并没有像洗劫里瓦几亚宫那样破坏沃龙佐夫宫。希特勒把它送给了他的一位将军，将军留下了所有的家具，以便在战后自己占有它。德国人从宫殿撤退得如此匆忙，以至于他们来不及摧毁宫殿，甚至都没有带走宫殿里的财物。

今天轮到艾登主持外长会议。他宣布会议开始后，我就向我们伟大的盟友发出了美国政府的正式邀请，邀请他们在美国召开世界组织会议。我说，我希望他们不要对总统提到3月作为会议时间感到震惊。虽然我也非常渴望最晚不迟于4月下旬开会，但我确信时间可以安排得满足艾登和莫洛托夫先生的方便。

我记得，在敦巴顿橡树园会议上，曾对邀请国家范围有相当多的讨论，同盟国家，即那些与轴心国断绝关系但没有宣战的国家以及联合国家，即那些宣战的国家。我说，我现在得出的结论是，美国最满意的做法是将邀请范围限制在那些向共同敌人宣战并签署了《联合国家宣言》的国家。

关于莫洛托夫提出的接纳两个或三个苏维埃共和国的建议，我说，我对如何安排这种成员资格感到困惑，因为敦巴顿橡树园会议的提议规定每个主权国家只有1票表决权。我说我必须再次与总统讨论一下整个问题。不过，根据我前一晚与总统的谈话，我又补充道，总统表示这一问题应该设身处地予以考虑。

莫洛托夫回答说，他在前一天已经表达了自己的观点，希望听听艾登先生的意见。艾登宣称，他将很高兴接受邀请在美国举行这次会议。他只想提出一个建议。怀南特先生、古谢夫先生和他都有点儿嫉妒，在伦敦从来没有举办过任何大型会议。因此，他希望在伦敦早日举行外长会议。莫洛托夫和我都欣然同意了这个请求。

艾登说，他更愿意把会议开幕时间推迟到 4 月下旬。经过一番讨论后，我建议会议于 4 月 25 日星期三在美国开幕，大家都同意了。

艾登接着说，他倾向于支持苏联关于接纳两个或三个苏维埃共和国的提议，并准备在任何被认为合适的时候这样说。

莫洛托夫插嘴说：越快越好。他评论说，尽管敦巴顿橡树园会议提案只为每个政府提供了 1 票，但加拿大和澳大利亚都有单独的 1 票。其实他们都是大英帝国的组成部分，这一事实并不妨碍他们拥有单独的会员国资格。

他补充说，苏联宪法已经修改，以赋予苏维埃共和国处理对外关系的权利，并以其他方式增加了加盟共和国的权利。

他接着说，如果只邀请那些向德国宣战并签署《联合国家宣言》的国家参加会议，自然会产生某些问题。例如，哪个波兰政府会被邀请？此外，根据我们的方案，某些与苏联没有外交关系的国家也将受到邀请。他补充说，他希望有机会审查将被邀请出席会议的确切国家名单。

然后我递给他一份《联合国家宣言》签署国名单，我说我认为这些国家应该开会准备宪章，在会议召开之后可以选出新的会员国。[1]

艾登建议，联合国家开会需要一个程序，并拟定一个议程，其中包括接纳两个苏维埃共和国为最初会员国的问题。莫洛托夫建议对艾登的

---

[1] 1942 年 1 月 1 日签署宣言的国家是：美利坚合众国、大不列颠及北爱尔兰联合王国、苏维埃社会主义共和国联盟、中华民国、澳大利亚、比利时、加拿大、哥斯达黎加、古巴、捷克斯洛伐克、多米尼加共和国、萨尔瓦多、希腊、危地马拉、海地、洪都拉斯、印度、卢森堡、荷兰、新西兰、尼加拉瓜、挪威、巴拿马、波兰、南非、南斯拉夫。后来签署宣言的国家以及签署日期：墨西哥（1942 年 6 月 5 日）、菲律宾（1942 年 6 月 10 日）、埃塞俄比亚（1942 年 7 月 28 日）、伊拉克（1943 年 1 月 16 日）、巴西（1943 年 2 月 8 日）、玻利维亚（1943 年 4 月 27 日）、伊朗（1943 年 9 月 10 日）、哥伦比亚（1943 年 12 月 22 日）、利比里亚（1944 年 2 月 26 日）、法国（1944 年 12 月 26 日）、厄瓜多尔（1945 年 2 月 7 日）、秘鲁（1945 年 2 月 11 日）、智利（1945 年 2 月 12 日）、委内瑞拉（1945 年 2 月 16 日）、乌拉圭（1945 年 2 月 23 日）、土耳其（1945 年 2 月 24 日）、埃及（1945 年 2 月 27 日）、沙特阿拉伯（1945 年 3 月 1 日）。——译者

提议进行修正，大意是三位外交部长同意允许两个或三个苏维埃共和国出席大会是合理的。

我回答说，我感觉艾登先生的建议很好，我想向总统提出这个问题。然而，在我这么做之前，我想明确表示，我不能作出任何正式的承诺。不过，我补充说，我希望美国能够在当天结束前给出有利的答复。尽管前一天晚上总统说，他认为苏联的要求"是可以的"，但我希望在外交部长会议上先保留美国的立场，直到我有机会再次与总统核实，以确定他已就此事得出明确结论。在我们决定任命一个小组委员会起草一份关于这一问题以及与世界安全会议有关的其他问题的报告之后，我们转而讨论伊朗问题。

艾登回顾了三大国在《伊朗宣言》中做出的承诺，接着说道，除了在战争期间给予盟国的特权外，伊朗应该是自己家的主人，可以自由地作出自己的决定。他敦促盟国不要干涉伊朗内政。他宣称，阻止苏联在伊朗北部获取石油不属于英国政策的一部分。他补充说，苏联是伊朗石油的天然消费国。然而，他认为，盟国不应在撤军之前就要求石油特许权。因此，他建议他们同意比《伊朗宣言》规定的时间更早撤军。艾登说，如果达成这样的协议，将证明盟国现在已经准备好执行《德黑兰宣言》了。

莫洛托夫宣称，石油特许权问题和撤军问题是两个不同的问题。莫洛托夫说，在那之前，还从来没有向苏联政府提出过撤军的问题，研究这个问题需要一些时间。

关于石油特许权，他补充说，苏联曾询问过伊朗大使，伊朗对特许权请求持什么态度。当得到了有利的答复后，苏联开始了谈判。但在那之后不久，伊朗人就采取了这样的态度：在战争期间，不会有特许权。然而，莫洛托夫指出，他看不出有任何理由不能重新开始谈判。不过当时确实没有进行任何谈判，因此，由于局势并不严峻，他建议这件事就任其自然发展。

1946年1月，当我们到伦敦出席联合国大会第一届会议的时候，就面临着伊朗问题，我心里回想起了这次外交部长的讨论以及莫洛托夫说的形势并不严峻。

我指出，美国石油公司一直在就石油特许权进行谈判，但现在已经停止了努力。我宣称，美国同意把石油特许权问题留到战争结束。

我说，驻扎在伊朗的美军，是为了从波斯湾向苏联运送和守卫租借物资，而不是为了其他原因。我继续说道，我们支持英国关于早日撤出所有国家军队的主张。

艾登和我都同意，我们的政府不妨碍伊朗授予苏联石油特许权，尽管盟国与伊朗签署的条约要求在敌对行动结束后六个月内撤军，但艾登敦促，一旦补给线不再需要就立即撤军。

莫洛托夫回答说，他认为，把伊朗问题限制在交换意见上可能是比较明智的。随后，他提出召集苏联的伊朗问题专家出席雅尔塔会议，就伊朗局势作出报告。艾登说他想仔细考虑一下，并补充说，他可能会在下一次会议上提出一些新的建议。我们此时休会，为当天下午的第五次全体会议作准备。

在斯大林元帅抵达里瓦几亚宫就军事问题进行小范围讨论之前，我只有几分钟时间与总统交谈。我向总统汇报，我在外长会议上保留了美国对苏联额外投票权的立场，想等到我可以再次与他交谈确认，因此，一个由代表三国的格拉德温·杰布①、葛罗米柯和希斯组成的小组委员

---

① 格拉德温·杰布（Gladwyn Jebb, 1st Baron Gladwyn, 1900—1996），第一代格拉德温男爵，英国外交家和政治家。1943年任外交部顾问，出席过德黑兰会议、雅尔塔会议和波茨坦会议。二战结束后，他担任联合国筹备委员会执行秘书。1945年10月24日出任联合国代理秘书长，直到特里格夫·赖伊1946年2月1日当选为首任正式秘书长。杰布是联合国历史上唯一一位来自安理会常任理事国的秘书长，离职后回到伦敦，1946至1947年任外交部次长和有关联合国事务的顾问，此后以大使衔参加布鲁塞尔条约常设委员会。——译者

会正在编写一份报告。我还说，艾登告诉莫洛托夫，英国将支持苏联的要求。总统随即对我说，不管怎样，我们现在只好接受这项建议了。

这时，总统书房的门开了，波伦把斯大林和巴甫洛夫带进了房间。在总统向元帅问好之后，为了结束与总统的讨论，我在退出他们会议之前继续汇报说，外长们已经成功地举行了会议，并就以下事项达成了协议……不过，总统打断了我，对元帅说："外交部长们已经开了会，就今天的议程达成了一致意见。"元帅问他们是否同意为苏联多增加几票，总统回答说："是的。"

全体会议在这之后不久召开声明。我们的小组委员会代表希斯告诉我，在会议即将开始时，他刚刚向艾登要了一份小组委员会起草的报告，是英国代表打印的这份报告①。当艾登有点儿不情愿地递给他一份副本时，希斯注意到它表达了美国对额外投票权的支持，而他作为小组委员会美国代表所通过的草案中并没有同意额外投票权。为此他向艾登抗议说美国没有批准额外的投票权，但艾登回答说："你还不知道发生了什么。"从艾登的话中可以明显看出，在小组委员会休会之后，在全体会议召开之前，总统与英国人进行了私下会谈。

在当天下午斯大林和罗斯福有关军事问题的讨论中，总统要求允许美国空军使用布达佩斯附近的某些机场对德国人进行轰炸作战。他指出，目前驻扎在意大利的美国飞机，必须在阿尔卑斯山上空进行漫长而危险的飞行，才能抵达德国。总统还要求，允许一组美国专家对轰炸的效果进行调查，类似调查已经在红军最近解放的普洛耶什蒂②地区展开

---

① 正是在小组委员会中，英国和苏联代表同意为苏联增加 2 票而不是 3 票。
② 普洛耶什蒂（Ploiesti），罗马尼亚南部城市，普拉霍瓦县首府。位于首都布加勒斯特以北 56 公里，全国第九大城市。1857 年建立第一座炼油厂，后随着普拉霍瓦油田的开发，逐步成为全国石油工业中心。在第二次世界大战中曾遭受盟军猛烈空袭。——译者

雅尔塔内幕

了。斯大林立即同意了这两项要求，并表示将立即发出必要的命令。

全体会议请艾登报告外长会议的情况。他报告说，我们同意建议于 4 月 25 日星期三在美国召开世界组织会议，并建议仅把克里米亚会议结束时存在的联合国家作为受邀参加会议的范围。

他指出，世界组织会议本身将决定谁应该是这个世界组织的最初成员。在这一点上，英国和美国代表将支持苏联提出的接纳两个苏维埃共和国为原始会员国的请求。后来，在雅尔塔会议之后，当葛罗米柯大使回到华盛顿，提出让两个苏维埃共和国应邀参加会议开幕式，顿时引起轩然大波，我感到非常惊讶，因为我们只是同意支持苏联的请求。在这件事上我和葛罗米柯有过严重的争执。然而，正如在雅尔塔会议上商定的那样，美国和英国的立场仍然是，我们将支持苏联人的请求，但接纳两个苏维埃共和国为原始会员国的整个问题，将由会议自己决定。

艾登在结束他的报告时说，英国代表团认为，现在其他国家仅仅为了参加会议而加入联合国家是不合适的，但他从与国务卿的磋商中了解到，美国驻联合国代表团有其他看法。他补充说，一个小组委员会正在审议这个问题。

斯大林说，在签署《联合国家宣言》的国家名单中，有十个与苏联没有建立外交关系的国家也将参加会议。他说，让苏联政府与那些不希望与他们保持外交关系的国家共图建立未来的世界安全，这多少有点儿牵强，他问对于这种情况可以做些什么。

总统回答说，他知道这些国家中的大多数都想同苏联建立外交关系，只是还没有来得及去做。也有几个国家的天主教会影响很强，因此他们没有同苏联建立外交关系。不过另一方面，总统指出，苏联不是已经在建立世界银行和国际货币基金组织的布雷顿森林会议以及联合国救济和重建会议等会议上，与这些国家一同坐下来了吗？

斯大林回答说，话虽如此，但即将召开的会议将研究建立世界安全这一非常重要的问题。

总统随后回忆说，三年前，美国国务院曾通知其他一些美洲的共和国，没有必要向德国宣战，只需要中断外交关系。这些国家听从了美国的建议，他们觉得自己站在了正确的立场上。总统说，其中一些国家在战争中提供了巨大的援助。

坦率地说，总统补充说道，我们给拉丁美洲国家的建议是一个错误。就在一个月前，斯特蒂纽斯先生向他提出了整个问题，因此，总统说，他已经致函六个拉丁美洲国家的总统，敦促他们宣战。厄瓜多尔就在前一天2月7日这样做了，他有理由相信其他国家很快也会这样做。

斯大林随后向罗斯福询问阿根廷的问题，总统回答说，我们谈论的是一个联合国家和同盟国家的会议，他们在战争中提供了帮助。

当然，阿根廷既不是一个联合国家，也不是一个同盟国家。在整个战争期间，我们一直担心轴心国在阿根廷的活动。1944年7月，国务院通知其他美洲共和国，我们决心不承认不久前通过革命上台的法雷尔政权，直到有确凿的行动和迹象表明阿根廷对联合国家的政策发生了根本性变化。赫尔国务卿用了一些他最强烈的语言，对阿根廷坚持公开和无耻地向轴心国提供援助进行了抨击。然而，由于英国对阿根廷肉类的依赖以及在那里的大量投资，英国一直不愿与美国一道对阿根廷采取强硬行动。

斯大林告诉总统，他并不喜欢阿根廷。他补充说，他觉得在整个接纳什么样国家的问题上存在着逻辑上的矛盾。他想知道接纳的标准是什么，并提出了土耳其的问题。他说，有些国家确实参加了战争，遭受了苦难，但也有一些国家是摇摆不定，投机押宝在胜利的一边。

总统答复说，他的想法是，只有那些宣战的同盟国家才应被邀请参加会议。他建议，宣战的时限为1945年3月1日。这是一个决定性的时刻。罗斯福总统坦率地向首相和元帅呼吁，帮助他摆脱因国务院向拉丁美洲同盟国所提建议而造成的困难局面，说服俩人接受3月1日为他们宣战的最后期限。那天晚上，我给格鲁发了一封电报，请他让助理国务卿纳尔逊·洛克菲勒①建议这些国家立即采取必要措施宣战。最终秘鲁、智利、巴拉圭、委内瑞拉和乌拉圭都在2月28日之前宣战了。

在丘吉尔和斯大林同意了3月1日的截止日期后，首相表示他同意斯大林元帅的说法，即许多国家在战争中发挥的作用少得可怜。不过，他觉得，让一个全新的国家集团宣战，对德国士气的心理影响是有好处的。

总统指出，除了南美洲国家外，还有冰岛，它也是一个同盟国。

首相说，还有埃及的情况，该国曾两次希望宣战，但被英国政府建议不要宣战。首相接着说，英国人认为，为了使开罗免遭一系列的轰炸，让埃及保持不选边站将更为有用。然而，埃及在维持秩序和守卫桥梁等方面提供了宝贵的服务，如果埃及现在想宣战，应该给它这个机会。冰岛也提供了可贵的帮助，他指出，允许英国和美国军队进驻，这个国家也应该有宣战的机会。

斯大林说，参加会议的机会不应适用于前敌国（我猜他指的是意大利等国），这些国家最近也对德国宣战。首相和总统都由衷地赞同这条意见。

首相说，他当然没有把爱尔兰列入会议的可能候选国之列，因为该

---

① 纳尔逊·洛克菲勒（Nelson Aldrich Rockefeller, 1908—1979），美国慈善家、商人、政治家，共和党温和派领袖。美孚石油公司创始人约翰·洛克菲勒之孙。1940年进入政界，任国务院美洲事务调解人。1944年任主管美洲事务的助理国务卿。1950年任杜鲁门政府国际开发咨询委员会主席。1952年任艾森豪威尔政府总统顾问委员会主席，卫生、教育和福利部副部长。1959至1973年连任四届纽约州州长，1974至1977年任第41届副总统。——译者

国至今仍有德国和日本使团在那里。他知道，土耳其也不会得到普遍认可①。然而，土耳其在困难时刻与英国结盟，其态度总体上是友好和有益的。

当斯大林表示，如果土耳其在 2 月底前宣战，他将同意邀请土耳其参加，丘吉尔对苏联的态度表示高兴。后来土耳其和埃及在 3 月 1 日前都签署了《联合国家宣言》，因此被邀请派代表团出席会议。②

总统接着提到丹麦，自从德国入侵以来，丹麦国王实际上就是一个囚徒。斯大林认为丹麦应该再等等，罗斯福和丘吉尔都同意了，但是他们说一旦丹麦获得解放，就应该邀请丹麦人加入这个组织。

莫洛托夫问，如果乌克兰共和国和白俄罗斯共和国在 3 月 1 日之前签署《联合国家宣言》，是否有利于接纳他们成为大会成员。丘吉尔说道，在他看来，让那些贡献很少的小国以宣战的权宜之计参加会议，而把两个苏维埃共和国排除在外，是不太正确的。

斯大林元帅也认为这是不合逻辑的，并质疑，尽管三个大国已同意推荐乌克兰和白俄罗斯为大会成员，但他们在 3 月 1 日之前没有签署《联合国家宣言》这一事实，好像不能成为将他们排除在会议之外的借口。总统和首相再次向斯大林保证，他们将支持苏联代表团在会议上提出的要求。

---

① 1938 年 11 月，土耳其总统穆斯塔法·凯末尔逝世，总理穆斯塔法·伊斯麦特·伊诺努（Mustafa İsmet İnönü, 1884—1973）当选为总统。当时第二次世界大战即将爆发，伊诺努分析了土耳其的艰难处境，认为弱小的土耳其没有实力也没有必要参加这场战争，土耳其只有在各大集团中保持中立才符合自己的利益。1939 年他和英法签订了互助条约；当法国战败后，他又与德国签订了互不侵犯条约。在德国横扫巴尔干时置身事外。美国参战后，丘吉尔醉心于地中海战略，1943 年安排他和富兰克林·罗斯福会谈，让他出兵 50 万反德，他还是认为条件不成熟。直到德国败局已定，1945 年 2 月土耳其才对德国宣战。——译者
② 沙特阿拉伯直到 4 月 12 日才签署，但在 3 月 1 日对德国宣战，因此也被邀请参加会议。

雅尔塔内幕　　159

首相再次强调，他更愿意将出席会议范围限制在目前已有的联合国家，但如果要增加其他国家，他认为也应该增加两个苏维埃共和国。斯大林宣称，他不想在这一点上让总统难堪。如果总统能解释他的困难，元帅补充说，他会看看能做些什么。

总统回答说，这是一个技术问题，但很重要。到那时为止，他们一直在讨论向不同国家发出邀请的问题，但现在这不仅仅是某一个国家的问题，而是在大会上给予一个大国 3 票而不是 1 票的问题。他说，这是一个应该提交会议审议的问题。"我们已经同意，"他补充说，"在会议上支持这一要求。"国务院没有就这一特定问题向总统作过简报。在这一问题的判断取舍中，他的头脑思路清晰、简洁明了，充分证明了他是机警的，完全驾驭得住自己的能力。

斯大林随后再次询问，乌克兰和白俄罗斯在《联合国家宣言》上签字是否可取。总统回答说这是不明智的，元帅便撤回了他的建议。

在这次讨论之后，世界安全组织的问题和即将召开的会议基本上就没有再在克里米亚会议上提起。不过，我还是想介绍一下旧金山是如何在雅尔塔被选为会议地点的。

几个月来，国务院调查了可能的开会地点，并讨论了许多城市的优缺点。所需的城市要能够接待 4 000 至 5 000 名代表、顾问、秘书处工作人员和记者，要有足够的大礼堂和会议室，并配有无线电、有线通讯、铁路和机场设施。我们讨论了大西洋城、纽约、费城、芝加哥、辛辛那提、迈阿密、弗伦奇利克、温泉城（弗吉尼亚）、皮恩赫斯特等中心城市的可能性。

由于各种原因，或者是因为季节时令，或者是酒店设施和礼堂的缺乏，或者交通拥堵，又或者出于安全问题，这些地方没有一个能让罗斯福满意。那天我和他就这个问题进行了最后一次商量，他躺在里瓦几亚宫房间的床上，说："回去工作吧，埃德，想想是否还有更好的建议，就当我们还没有商量过这个问题。"那天晚上我上床睡觉的时候还在琢磨。

凌晨3点左右，我突然醒来，脑海中清晰地浮现出旧金山主办联合国大会的情景。我的脑子里顿时充满了热情和新鲜感。我仿佛看到诺布山、歌剧院、退伍军人大厦、太平洋联盟俱乐部、马克·霍普金斯、费尔蒙特和圣弗朗西斯酒店，每一个都能满足它的需求。我躺在克里米亚的黑海岸边，仿佛看到了那金色的阳光，几乎能感受到太平洋上吹来的清新空气。

我又睡着了，早上起来时觉得已经找到了解决这个大难题的办法。我的头脑很清楚，美国太平洋沿岸是召开这次历史性会议的地方，而旧金山就是这座城市；拉丁美洲国家和菲律宾、中国、新西兰、澳大利亚以及太平洋其他国家都可以通过飞机和水路直达；这里对世界将是一个有力的提醒，虽然纳粹很快就要倒台了，但日本仍然尚未征服；重点将放在这样一个事实，那就是击溃纳粹德国，对抗侵略也只完成了一半。

我还认为，从整个联合国概念的角度来看，让世界各国的代表在美国旅行，亲眼目睹美国的辉煌、伟大和力量，将是有益的。例如，我现在想起莫洛托夫在穿过旧金山湾参观造船厂后所说的话，他终于开始了解美国的伟大。

当我想到在加利福尼亚召开会议才是明智之举时，我知道，罗斯福总是认为大会应该不时地在不同的国家召开，这样就可以在比如十五年的时间里，让所有的代表都能看到世界的大部分地方。

那天一早，我去见马歇尔将军，告诉他我准备提议把旧金山作为会议地点。在这样做之前，我希望得到他的意见，因为陆军和海军在旧金山地区的行动在那个特定的时间非常重要。马歇尔讨论了这件事，他说他觉得，虽然旧金山非常拥挤，但美国没有一个地方不拥挤，从设施的角度来看，这将是一个极好的选择。我和金海军上将也进行了类似的沟通,他保证海军将全力合作。

我试着在脑海中找出为什么旧金山在那天半夜里如此清晰地跳出来的原因。我回想起莫洛托夫、艾登和我前一天的一次会议,当时大家讨论了不同的地点,我对美国不同地区举行会议也进行了分析。艾登私下对我说,他还从未看到过加利福尼亚,我的思绪就这样转向了西海岸。

在得到马歇尔和金的保证之后,我等候机会私下里给总统汇报。我很快在里瓦几亚宫的卧室里看到了他,我从酒店、礼堂和交通的角度简要地汇报了开会的需求。我告诉他,我已经和马歇尔和金讨论过了,他说,"这听起来很有趣,埃德,但我们已经取消了所有不必要的人员流动、会议等等。如何让这些人多跑那不必要的二三千英里路呢?①"

他让我和吉米·伯恩斯讨论一下这个问题,他是战争动员办公室的主任,负责发布所有的运输指令。伯恩斯告诉我,这次历史性的会晤是目前世界性的重要会议之一,无论在哪里举行,都会涉及人员流动,他觉得会议在旧金山举行将会得到理解,不会引起批评。我向罗斯福汇报了这件事,罗斯福立即说:"好吧,这是令人鼓舞的。我现在清楚你的想法了。"

第二天晚上,2月10日,斯大林、莫洛托夫、罗斯福和我在英国总部与丘吉尔共进晚餐。出于某种原因,莫洛托夫一直没忘记会议地点的事。在晚宴开始前,我们正在享用伏特加和鱼子酱,莫洛托夫走到我跟前问道:"我们已经约定好了日期。你能告诉我们会议在哪里举行吗?"我穿过房间,俯身向罗斯福,他还坐在我们用汽车为他运来的小轮椅上,说:"莫洛托夫正在催促我敲定开会的地点。您准备好说旧金山了吗?"总统说:"去吧,埃德,是旧金山。"

---

① 此处是指美国的大部分与会代表都在东海岸的政府所在地华盛顿,而选择到西海岸开会将多出二三千英里的差旅费用,可能会在经费预算上遇到质疑。——译者

我回到莫洛托夫那里，告诉他罗斯福总统刚刚批准了选旧金山。莫洛托夫招手请艾登过来，我们站在敞开的壁炉前面，当着罗斯福、丘吉尔和斯大林的面，在克里米亚用伏特加预祝正好于十一周之后、4月25日开幕的旧金山会议取得成功。

2月12日，雅尔塔会议结束后，我到莫斯科进行了为期两天的访问，就给我的老朋友、旧金山市长罗杰·拉帕姆发了电报："加利福尼亚。我们来了。"

第十一章　光明的未来向我们招手

2月8日

在2月8日全体会议上讨论完了即将组建的安全理事会的各方面问题，之后"三巨头"再一次把精力转向了波兰这个麻烦的问题。当天上午罗斯福给斯大林和丘吉尔发去了如下建议：

……1945年2月8日美国代表团向苏联和英国代表团提出的方案

莫洛托夫先生在回复1945年2月6日总统写给斯大林元帅的信中提出的有关波兰问题的建议，已经进行了认真研究。

关于边界的问题，不反对苏联的第一点建议，即，"寇松线"应成为波兰东部的边界线，并在某些地区做出有利于波兰的5到8公里的外移。

关于第二点，同意以德国领土为代价给予波兰补偿，包括哥尼斯堡以南的东普鲁士，上西里西亚，直至奥得河一线，但将波兰西部边界延伸到西尼斯河似乎没有什么正当理由。

对于苏联政府有关波兰未来政府的建议，我们建议莫洛托夫先生、哈里曼先生和阿奇博尔德·克拉克·克尔爵士分别代表三国政府，将贝鲁特先生、奥布卡-莫拉夫斯基先生、萨皮阿大主教、文森特·维托斯先生、米科瓦伊奇克先生和格拉布斯基先生邀请到莫斯科，按照以下程序组成波兰民族团结政府：

1. 届时将成立一个由三人组成的总统委员会，可能由贝鲁特先生、格拉布斯基先生和萨皮阿大主教组成，代表波兰共和国总统的职能。

2. 这个总统委员会将负责组建一个由有代表性的领导人组成的政府，这些领导人来自华沙的波兰临时政府、波兰国内的其他民主人士以及国外的波兰民主领袖。

3. 这一过渡政府成立后，将保证在条件允许的情况下尽早在波兰举行自由选举，组成议会制定新的波兰宪法，在此基础上将选举出永久政府。

4. 波兰民族团结政府成立后，三国政府将承认其为波兰临时政府。

莫洛托夫问，总统的最后一点建议是不是意味着，承认了民族团结政府后，伦敦流亡政府就不存在了。丘吉尔回答，当英国认可新政府的时候，会撤回对伦敦政府的承认。

这个时候斯大林问，在新政府得到承认后，伦敦政府的财产和资源怎么办，总统回答说他相信财产将归新政府所有。

在短暂的休会后，首相提交了一份英国对波兰的提案。它包括以下内容：

（1）"寇松线"稍作调整，将成为波兰的东部边界。

（2）西部的波兰将包括但泽、哥尼斯堡以西和以南的东普鲁士地区、西里西亚的奥佩伦区和奥得河以东波兰所希望得到的土地。所有在这些地区的德国人都必须被遣返德国，而德国的波兰人，如果他们愿意的话，也会被遣返到波兰。

(3) 一个具有广泛代表性的波兰临时政府，应当建立在所有波兰民主和反法西斯力量的基础上，包括来自其他国家的民主人士。

(4) 波兰有代表性的领导人应就这一临时政府的组成进行共同协商；V. M. 莫洛托夫先生、哈里曼先生和阿奇博尔德·克拉克·克尔爵士（后来的因弗查佩尔勋爵，英国驻华盛顿大使）应与这些领导人进行会谈，并将他们的建议提交给三方政府审议。

(5) 由此建立的波兰临时政府，将尽快在普选和无记名投票的基础上举行自由和不受限制的选举。所有的民主党派都应该有参与和竞选的权利。

首相补充说，尽管需要进行一些小的修改，他还是愿意接受总统的建议。

莫洛托夫坚持认为，不可能像这两个建议那样忽视波兰现政府的存在。因此，苏联人认为，他们应该讨论通过增加波兰国内外的其他民主人士来扩大现政府。

他断言，卢布林政府在波兰享有极大的声望和支持度。波兰人自己决不会同意任何造成临时政府重大变化的事情。卢布林政府的领导人与波兰解放有着密切的联系，而米科瓦伊奇克先生、格拉布斯基先生和维托斯先生则没有。他坚持说，如果我们想达成一个务实的结果，唯一的办法就是扩大现有政府。莫洛托夫指出，我们三个国家都同意举行自由选举。关于波兰的边界，莫洛托夫对东部边界完全达成一致表示高兴。不过他说，他知道波兰临时政府想要苏联提议中所述的西部边界。

莫洛托夫同意，波兰人最好与哈里曼、克尔还有他自己在莫斯科进行一次会面。他说，他认为比较好的做法是，邀请三名卢布林政府成员和罗斯福总统昨天所提出名单上的两名成员共同组成一个过渡政府，而不是设立一个总统委员会。然而，他不是很确定是否要邀请米科瓦伊奇克。他和哈里曼、克尔可以与波兰人商量扩大临时政府的问题，到时候商议的结果将提交他们各自的政府。

在莫洛托夫讲话的时候，我写了个条子给总统："总统先生：不是扩大卢布林政府，而是组建某种形式的新政府。"还在"扩大"和"新"两个字下面划线予以强调。

首相宣称，我们现在已经到了这次伟大会议的关键时刻。如果我们仍然在承认不同的波兰政府上各执一词，全世界都会发现我们之间的问题。这将被解释为英美一方与另一方苏联之间出现了裂痕，会给未来带来可悲的后果。

据英国方面掌握的消息，丘吉尔指出，卢布林政府并没有得到绝大多数波兰人民的支持。此外，如果英国政府简单地将伦敦波兰人扫地出门，那么英国人民肯定会群情激愤。丘吉尔提醒与会者，当时还有15万波兰人在意大利战场上奋勇杀敌。如果英国政府转而支持卢布林政府，会被这支部队视为背叛波兰的行为。

首相补充说道，无论如何，可以说英国政府在边界问题上向苏联作了完全的让步。在这种情况下，还要与战争中这些年始终得到承认的波兰合法政府彻底决裂，将会在国内招致最严厉的批评。世人会指责大不列颠抛弃了波兰，将引发议会的辩论，他警告说，这对盟国之间的长久团结是非常麻烦和极其危险的。

丘吉尔宣称，如果他们要放弃伦敦的流亡政府，那么双方必须在平等的条件下已经有了新的开始。在他陛下的政府变换承认之前，丘吉尔必须确信，一个代表波兰人民的新政府已经成立，并承诺将进行无记名投票和普选的选举，所有民主党派都有权提名他们的候选人。当这样的选举展开时，英国将放弃伦敦流亡政府并承认新政府。丘吉尔总结道，这是至关重要的,在克里米亚会议闭幕之前,三国政府的代表必须就波兰问题达成一致意见。

总统说,既然出席会议的三个国家都赞成自由选举的必要性,那问题就变成了从现在起到举行选举之前波兰将如何进行统治。

斯大林说道,丘吉尔抱怨说他完全不掌握来自波兰国内的消息。斯大林说可以向会议保证,临时政府的领导人非常受欢迎。这些领导人并没有逃离波兰,而是留了下来坚持从事地下抵抗斗争。元帅强调,人民同情的是留下来的领导人,而不是那些逃跑的人。他宣称,波兰人民对伦敦波兰人没有参与庆祝波兰解放感到惊讶。

需要记住的第二点是,他说道,波兰是被红军解放的。过去,波兰人痛恨俄国人,那是有原因的,因为沙皇参与瓜分波兰。然而,随着红军的推进,曾经的怨恨正在消失,对俄国人的好感正在显现。斯大林补充道,丘吉尔先生担心我们会在没有达成协议的情况下结束会议。由于他们对波兰掌握的信息不同,他建议他们召集不同派别的波兰人,进行面对面地会谈。

他再次强调,他看不出戴高乐的临时政府和波兰的临时政府有什么不同。两个都没有经过选举,然而三大国都承认了戴高乐。为什么我们不能承认扩大后的波兰政府?斯大林问道。他坚持认为,扩大临时政府比试图建立一个新政府要好得多。他补充说,如果能立即举行自由选举,那当然更好,但眼下的战争不允许这样做。

总统接着问元帅,波兰要多久才能举行选举。斯大林回答说,只要战局不发生逆转,一个月内就有可能实现。总统随后提议,同意将整个波兰问题转交给外交部长做进一步研究。

首相接下来提议外交部长应该每三个月开一次会。经过简短的讨论,三位领导人不仅通过了这项提议,还同意了丘吉尔希望第一次会议在伦敦举行的想法。艾登之前曾非正式地向我提出过这一点,并表示他将在会议上促成它。艾登的这条建议就是"外长会议"① 的起源。

这个时候斯大林说，他想请教一下是什么妨碍了组建统一的南斯拉夫政府。同样他也想了解希腊的情况。他不是在批评英国人在希腊的做法，他宣称，只是想了解一下情况。

就在雅尔塔会议之前，英国人和俄国人把流亡伦敦的南斯拉夫人和铁托元帅的游击队召集在一起，组成了一个临时政府。在新的政权里，铁托将担任总理，伦敦流亡政府的伊万·苏巴斯基博士将出任外交部长。铁托和苏巴斯基签署的协议②还规定要举行自由和不受限制的选举，并建立一个真正代表人民的政府。铁托愿意让一位摄政王代替彼得国王③，但坚持国王不能任命摄政王。在雅尔塔会议前几周，我们从怀南特大使发来的一封电报中得知，丘吉尔曾对彼得国王说："三大国不会动用一根手指头，也不会牺牲一个人，来让任何一个国王重新登上欧洲的王位。"鉴于丘吉尔对意大利和希腊君主政体的好感，这是一个令人吃惊的声明。

首相在回答斯大林关于南斯拉夫的问题时说，彼得国王已经被说

---

① 外长会议（Council of Foreign Ministers），国际反法西斯联盟的若干主要盟国为处理战后问题而组成的非常设国际协商机构。——译者摘自《欧洲历史大辞典》，上海辞书出版社

② 《铁托-苏巴斯基协议》（Tito-Šubašić Agreements），是二战时期西方盟国为促成南斯拉夫王室流亡政府与南斯拉夫共产党政权达成合作的协议。第一次谈判是在克罗地亚达尔马提亚群岛的维斯岛，1944 年 6 月 6 日，南斯拉夫共产党、民族解放军领导人铁托与南斯拉夫流亡政府总理、战前南斯拉夫王国克罗地亚总督伊万·苏巴斯基签署协议，故又称《维斯协议》，同意联合组建临时政府。同年 11 月 1 日，双方第二次签署协议，完成临时政府组建，在人民能够进行民主选举前行使政府职权。苏巴斯基担任外交部长，接受铁托领导，临时政府的实际权力掌握在南斯拉夫反法西斯人民解放委员会手上。协议还规定，战后南斯拉夫要建成民主联邦制国家，这正是协议主要推动者丘吉尔希望达成的目的，但事实上却让铁托政府完全合法化并得到国际认可。——译者

③ 彼得二世（Peter II, 1923—1970），南斯拉夫国王（1934—1945）。1944 年 6 月任命苏巴斯基为首相，与铁托多次谈判，12 月 7 日签署协议，将权力交与摄政委员会。1945 年底被废黜，二战后迁居美国。——译者

服,甚至是被迫同意摄政。苏巴斯基博士很快就要离开伦敦了,如果他还没有离开的话,他将前往南斯拉夫任命摄政王并组建政府。丘吉尔说艾登告诉过他,对苏巴斯基博士和铁托元帅达成的协议将有两处小小的修改,对此艾登先生将会和莫洛托夫先生进行讨论。关于这两处修正,丘吉尔说,如果斯大林元帅给铁托元帅打个招呼,事情就会得到解决。

斯大林回答说,铁托是一个自傲的人,现在他是一个政权颇受爱戴的首脑,可能会对这个建议感到反感。首相回答说,他觉得斯大林元帅可以冒险试一下,斯大林说,他不怕向铁托提出建议。

总理接着转向希腊的话题,说他希望和平会到来。然而,由于各方彼此仇恨太深,能否建立一个由各方组成的政府令人怀疑。斯大林说,希腊人还没有学会坐下来讨论问题,而是习惯于互相捅刀子。

首相在结束关于希腊的讲话时说,五位英国工会领导人最近访问了希腊,遇到了不少困难。他们非常感谢斯大林元帅,首相说,因为他对希腊没有太大兴趣。斯大林重申,他无意批评英国在希腊的行动,也无意干涉希腊事务。

斯大林讲完,全体会议就休会了,前往苏联人的总部科列伊兹别墅,在那里,苏联人为会议举行了正式晚宴。在晚宴上,一共有二十道菜,四十五次敬酒,一直持续到午夜以后。出席人员有:

美国:总统,斯特蒂纽斯先生,莱希海军上将,伯恩斯法官,哈里曼先生,弗林先生,伯蒂格夫人,凯瑟琳·哈里曼小姐,波伦先生。

大不列颠:首相,艾登先生,陆军元帅艾伦·布鲁克爵士,皇家空军上将查尔斯·波特尔爵士,皇家海军元帅 A. B. 坎宁安爵士,亚历山大·卡多根爵士,陆军元帅亚历山大,阿奇博尔德·克拉克·克尔爵士,陆军上将黑斯廷斯·伊斯梅爵士,奥利弗夫人。

苏联：斯大林元帅，莫洛托夫先生，维辛斯基先生，贝利亚[①]先生，海军上将库兹涅佐夫，陆军上将安东诺夫，空军元帅库迪亚科夫，葛罗米柯大使，古谢夫大使，麦斯基先生，巴甫洛夫先生。

把美国人的代表团和另外两个作比较会发现，像马歇尔将军和金海军上将这样的军方大佬被排除在宴会之外，而其他两个代表团则包括了与他们职务相对应的将领。我对白宫那些准备宴会邀请名单的工作人员非常生气，他们竟然没有把马歇尔和金放进去。不过，无论他们是什么感想，都从来没有给任何人提起过。

晚宴的气氛非常友好，是会议期间最重要的一次宴会。斯大林非常幽默，兴致高昂。他为首相的健康干杯。他把他描绘成世界上最勇敢的政府领导人。大不列颠，他宣称，正是由于丘吉尔先生的勇气和坚定，在欧洲其他国家都在希特勒面前一败涂地的时候，独力击败了希特勒的德国。元帅最后说，据他所知，历史上很少有哪一个人的勇气对世界历史发挥过如此重要的作用。

首相也向斯大林元帅回敬，称他是一个强大国家的强大领袖，这个国家抗住了德国战争机器的全面打击，现在已经摔断了它的脊梁骨，把残暴的敌人赶出了自己的国土。丘吉尔还说，他知道和平时期的困难不亚于战争时期，斯大林元帅将继续领导他的人民从成功走向成功。

斯大林接下来提议为美国总统的健康干杯。元帅宣称，他和丘吉尔先生在战争中做出的决定都相对简单。他们一直都在为自己的生存而战。然而，这里还有第三个人，他的国家没有受到侵略的严重威胁，但

[①] 拉夫连季·帕夫洛维奇·贝利亚（Lavrenty Pavlovich Beria，1899—1953），苏联内务人民委员（1938—1953；1946年起为内务部长）、人民委员会副主席（1941—1953；1946年起为部长会议副主席）。——译者摘自《第二次世界大战百科词典》，上海辞书出版社

他也许对国家利益有着更宽广的认识，尽管他的国家没有受到直接威胁，他却是动员全世界团结起来反对希特勒的主导者。斯大林特别强调，《租借法案》是总统在组建反希特勒同盟过程中最突出和最重要的成就之一。

总统在回敬祝酒词时说，这场晚宴的气氛有如家庭聚会，他喜欢用这种方式来描述三个国家之间的关系。他指出，在过去的三年里，世界发生了巨大的变化，未来还会有更大的变化。五十年前，世界上有许多地区的人们几乎没有什么机会。总统说，尽管仍有许多地区的人民所拥有的希望和机会依然渺茫，但在克里米亚这里，他们的目标是让地球上的男女老幼都能获得安全和福祉。

斯大林后来在为三国同盟干杯时说，在战争时期保持团结并不难，因为有一个大家都清楚的共同目标，就是战胜共同的敌人。他警告说，真正的考验将出现在战后，届时不同的利益将导致盟国的分裂。不过，他相信，目前的同盟将会经受住这一考验，"三大国"在和平时期的关系会像战时一样牢固。

斯大林有一次取笑古谢夫一向神情阴郁，十分严肃，从来不笑。斯大林的玩笑几乎到了极尽嘲弄的地步。当元帅在消遣古谢夫的时候，在雅尔塔我第一次有机会观察 L. P. 贝利亚，负责国家安全的人民委员。作为秘密警察（当时是 NKVD，即内务人民委员部）的负责人，他来雅尔塔是出于安全原因。我听说他是政治局的强人之一。那天晚上，他给我的印象是强硬有力、极其机警。

那天晚上有许许多多的祝酒词，几乎所有在场的人都在敬酒。给我留下了深刻印象的是，当丘吉尔在讲话时，他对世界未来的态度改变了。在马耳他的时候，他是那样的沮丧和痛苦，但在雅尔塔晚宴的祝酒词中，他表现出了真正的希望，那就是可以有一个幸福、和平和安全的世界。

在首相用他那无人能比的语言致祝酒词后不久，宴会就结束了。我们大家都站在大山之巅，他说，光明的未来展现在我们面前。他宣称，在现代世界，领导的作用就是带领人们走出森林，进入阳光普照的和平与幸福的平原。他接着说，这个奖赏比历史上任何时候都离我们更近，如果我们因为怠惰或疏失而让这个奖赏从我们的手中溜走，那将是一场悲剧，历史永远不会原谅我们。

第十二章　会议第六天

2月9日

在2月9日的外交部长会议上,作为当天的主持人,我在开始讨论时说,当天上午我与总统已经举行了一次非公开会议。我告诉莫洛托夫和艾登,总统指示我要在外长会议上解释清楚,关于波兰问题有一个极其重要的方面还没有得到充分讨论。

我指出,美国国内已经就是否参加世界和平与安全组织的问题展开了一场大辩论。我宣称,波兰问题正在对美国舆论产生巨大影响,除非波兰问题得到令人满意的解决,否则,我警告说,这可能会危及美国对世界组织的参与。因此,从影响美国参与世界组织的角度来看,波兰问题在克里米亚会议上得到解决是非常重要的。

然后我说道:

"经过进一步考虑,我同意莫洛托夫先生的看法,不再讨论设立总统委员会的问题,因此我准备撤回我们在这一点上的建议。"

"我认为,随着这一调整,我们三个国家在组建波兰政府实质性问题上的立场就相去不远了。莫洛托夫先生曾经谈到重组波兰政府,英国的方案建议建立一个具有充分代表性的'波兰临时政府',和我们说的建立一个'民族团结政府',其实我们三个国家都同意,只有波兰人民自己才能决定这一点。三个国家也都同意,这个政府应由波兰现有临时政府成员、波兰国内其他民主人士的代表以及一些来自国外的波兰民主领袖组成。"

"因此可以考虑以下方案,"我继续说道,

"波兰现有临时政府将改组为一个具有完全代表性的政府,以波兰国内所有民主力量为基础,并吸纳波兰国外民主领袖,可称之为"民族团结临时政府";授权莫洛托夫先生、哈里曼先生和阿奇博尔德·克拉克·克尔爵士,在莫斯科与现有临时政府成员和波兰国内外其他民主领袖进行磋商,以便按照上述方针改组现有政府。这个民族团结政府将保证,一旦条件允许,将在普选和无记名投票的基础上尽快举行自由和不受限制的选举,各民主党派将有权参加并提出候选人。"

"当'波兰民族团结政府'圆满成立时,我们三个国家的政府将给予承认。三大国驻华沙大使在新政府获得承认后,将负责观察并向各自政府报告自由和不受限制选举承诺的履行情况。"

莫洛托夫说,他希望得到一份声明的俄文副本,他不准备对一份口头声明作出回应。

艾登说,他必须坦率地告诉莫洛托夫先生和我,他在波兰问题上遇到的困难。由于英国准备接受"寇松线"作为边境线,许多人认为波兰人遭到了无情的抛弃。他还说,他自己也受此困扰有一段时间了,担心波兰可能会成为苏联政府和英国之间的一个麻烦根源。

他宣称,也可能是他错了,但他认为在英国几乎没有人相信卢布林政府是波兰的代表。他还认为,在欧洲其他国家和美国也大多是这种看法。正是由于这个原因,他昨天提出的文件才尽量避免提及"扩充"卢布林政府,而是强调必须有一个"新的开端"。

如果在雅尔塔达成协议,他说,就意味着将对伦敦流亡政府的承认转移给新政府。如果让英国政府转而支持一个新政府而不是现有的卢布林政府,那么放弃对伦敦流亡政府的承认就容易多了。艾登还指出,英国人希望妥善安置好15万波兰军队。如果在政府组建的问题上有一个新的开始，这项任务就容易多了。

艾登说，据说在卢布林政府中对米科瓦伊奇克有相当多的反对意见。虽然他不相信这一点，不管怎么说，米科瓦伊奇克加入波兰政府，将比任何事情都更有助于增加该政府的权威，并让英国人民相信其代表性。

莫洛托夫告诉艾登，一旦美国方案翻译好，他就会给出意见。尽管他不能超出昨天斯大林元帅的讲话，他回忆说，总统曾经说过，波兰的局势是暂时的。在苏联人看来，最重要的问题是在条件允许的情况下尽快在波兰举行大选。这些选举将建立一个永久政府，盟国目前所面临的组建一个过渡政府的困难也就迎刃而解了。

他说，斯大林元帅提到了过渡期可能持续一个月，首相也提出来可能两个月。但是，在现在，虽然间隔时间很短，但这不仅是波兰的问题，也是红军后方的问题。因此，莫洛托夫坚持认为，即使是在很短的时间内，三大国也必须牢记当前的军事形势。如果红军的后方发生了问题，就会出现不可预测的局面。这就是为什么他昨天建议，波兰政府的改组应以卢布林现有政府为基础，再增加国内和国外的民主人士。

莫洛托夫补充说，米科瓦伊奇克不被接受的说法可能是个错误。这必须让波兰人自己决定。如果不与波兰人协商，无论是米科瓦伊奇克的问题，还是波兰政府重组的问题，在克里米亚都无法得到解决。由美英两国大使及其本人组成的莫斯科委员会，将不得不与波兰人讨论这一问题，并向他们阐明在克里米亚达成的原则。

艾登马上同意莫洛托夫关于波兰选举重要性的看法。不过，英国人民会感到，如果选举是由卢布林政府控制的，就不会是真正代表波兰人民意愿的自由选举。我说在这方面我完全赞成艾登先生的观点。

这个时候大家稍作停顿，让莫洛托夫读完美国提案的译文，他说，在与斯大林元帅商量之前，他无法对这一提案作出最终答复。不过，他可以给出一些初步意见。

关于组建波兰政府，无论什么样的方案，在和波兰人商量之前，加上这么多的强调事项都是不明智的。他宣称，他仍然相信，波兰新政府应该建立在卢布林政府的基础之上。此外，最好不要提及盟国驻华沙大使观察和报告选举的最后一点，因为这一提法暗示着波兰人受到外国外交代表的控制，这可能会冒犯波兰人。而且，大使们本来就可以观察和报告，这是他们作为大使的职责。

艾登说，三个同盟国政府都认识到，波兰已经被红军完全解放，这将创造一个新的局面。他指出，这一局面将要求建立一个具有充分代表性的波兰临时政府，可能比波兰被解放前具有更广泛的代表性。他宣称，该政府应当由卢布林政府成员和波兰国内外其他民主领袖组成。他认为这个政府应该被称为"民族团结临时政府"。

然而，莫洛托夫继续主张在卢布林政府的基础上组建新政府。它当然也包括来自波兰国内外的其他代表。

我也坚持认为，最好能从一个全新的政府开始，并指出，除非外交部长们能够摆脱"现有波兰政府"的字眼，否则就无法达成协议。我建议莫洛托夫先生考虑这样一个方案，即波兰政府应该建立在旧政府的基础上，同时也应该建立在将被纳入其中的民主领袖的基础上。

莫洛托夫坚持说，与波兰人打交道极为困难，如果有一段时期波兰没有政府，就会出现严峻的局势。他认为，如果英国或美国的提议被采纳，就会出现这样的不稳定时期。我打断了他的话，讲明现有波兰政府将继续运作，直到新政府成立。我说，罗斯福总统那天上午在我们的私人谈话中强调了这一点。

不过，莫洛托夫回答说，波兰人会知道有关政府更迭的谈判正在进行中，这可能会给红军带来麻烦。我说艾登先生的建议会避免这种情况。接着我又说,在这种情况下,最好向全体会议报告,我们在美方备忘录的基础上讨论了波兰问题,虽然我们还没有达成协议,但我们决定以后会继续进行讨论。

哈里曼建议莫洛托夫先生考虑重新起草一份美国方案,其中将包含"基于旧政府以及波兰国内外其他民主人士"的字样。然而,莫洛托夫对这一建议反应消极。他显然更喜欢这样的措辞,"以旧政府为基础,并考虑来自……的代表。"

我们接着谈了德国赔偿的问题,我说我想对维辛斯基先生和麦斯基先生准备的文件提出一些反建议。这些建议在那天早上我已经和罗斯福总统讨论过了。具体如下:

1. 首先赔偿那些承担了战争的主要负担、遭受最严重损失、在对敌作战赢得胜利中发挥了组织作用的国家。

2. 暂且不考虑以赔偿的方式使用德国劳工的问题,这个问题将在以后审议,以下面两种形式向德国要求实物赔偿:

(a) 在战争结束时,一次性从德国境内和境外的国家财产(设备、机床、船舶、机车车辆、德国在国外的投资、在德国的工业运输、航运和其他企业的股份等)中拆除,这些拆除主要是为了削弱德国的军事和经济实力。

这些拆除工作将在战争结束后两年内完成。

(b) 战争结束后十年内每年通过商品补偿。

3. 莫斯科委员会应首先研究德国在战争结束后的赔偿总额,包括剥夺其国家财产的形式以及每年交付商品的形式。在研究过程中,委员会要从完全拆解德国工业的角度,考虑为消除或减少各种重要工业产出而应采取的所有共同步骤。委员会在开始研究时应考虑苏联政府关于所有形式赔偿总额为 200 亿美元的建议。

麦斯基宣称，该提案的第1和第2款可以接受。然而，第3款必须讲得更清楚。他建议莫斯科委员会以200亿美元作为其研究的"基础"，委员会最终得出的数字可能比这个数字多一点或少一点。

艾登说，首相强烈反对在一份关于赔偿的原则性文件中设定一个数字，哪怕是作为讨论的基础也不行。我敦促把确定数字的工作留给委员会，尽管我个人认为麦斯基的数字是合情合理的。罗斯福总统坚信，任何数字都只能作为"讨论的基础"。他认为，在盟国查明德国历经战争破坏还能够留下来的东西之前，讨论赔偿金额问题都是不明智的。他对我说，必须进行一次规模庞大的排摸调查，以确定赔偿多少是可行的。他强调，现在所有关于某一个数额的讨论都纯粹是学术性的。

莫洛托夫问，只提付给苏联的赔偿金为100亿美元是否合适。我提出反建议，将所收赔偿金总额的50%归苏联所有，但不规定具体数额。莫洛托夫没再反对这一建议，但他仍然认为在声明中列入一个数额很重要。

艾登说，他的政府非常理解苏联在战争中遭受的苦难和苏联政府的需要，因此在向苏联分配赔偿金时是不会吝啬的。不过他认为，赔偿委员会首先应当进行调查研究，以确定赔偿总额。

莫洛托夫回应说，苏联不打算取代赔偿委员会的工作，而只是给它提供指导。我问道，苏联想以什么价格水平作为衡量赔偿数额的标准。莫洛托夫回答说，赔偿应以1938年的价格为基础，因为破坏程度是以战前的价值来衡量的。关于我的另一个问题，他回答说，苏联很可能会在1938年价格的基础上增加15%或20%。

然后我问，苏联在提出他们的赔偿方案时，有没有将分割德国对偿付能力的影响考虑进去。麦斯基说他们考虑到了。他说，等到战争结束时，无论德国境内还是境外的机器设备都会被拆走，分割德国不会对此造成影响。不过，他也承认，这可能会对为期十年的每年赔偿造成影响。

在进一步讨论之后，苏联和美国代表团一致认为，美国提案中第三点的措辞应改为：赔偿委员会应考虑苏联的建议，基于美国提案前一段中（a）和（b）两点的赔偿总额为200亿美元，其中50%应该给苏联，以此"作为讨论的基础"（这个说法是我的）。艾登明确表示，他必须等待其政府对此事的指示。

然后我们简短讨论了旧金山会议的邀请形式。我说，我的理解是，在向其他国家发出邀请之前，美国将与中国和法国协商，将这两个国家作为发起国列入邀请。莫洛托夫和艾登都认为我的理解是正确的。

虽然我们同意不在邀请中列入任何托管领土，但我们确实决定，安全理事会五个常任理事国应在会议之前就此事进行磋商，并为在旧金山讨论这一问题拟订建议。

我解释说，美国没有考虑对置于国际托管之下的特定岛屿或领土进行详细讨论，但我们的确希望确立世界组织处理这一问题的权利，并为托管制度建立一些机制。莫洛托夫和艾登均表示同意这一建议。

外交部长们接着开始讨论南斯拉夫，这个问题是全体会议转给我们的。莫洛托夫说南斯拉夫的局势很不稳定。因此，他不明白为什么英国人在前一天表示希望补充《铁托—苏巴斯基协议》，而当时连原始协议都还没有付诸实施呢。所以，他提议在讨论任何后续问题之前，先执行原协议。

不过，艾登坚持认为，英国政府提出的修正案在本质上是合理的，它规定了一个更加民主的南斯拉夫。因此，他看不出它们的应用有什么坏处。这些修正案建议，将"反法西斯民族解放大会"扩大到包括上一届南斯拉夫立法机构的成员，只要他们没有与敌人合作过。这样组成的机构将被称为临时议会。"反法西斯民族解放大会"通过的法案随后还须经过制宪会议批准。

我建议莫洛托夫和艾登各自选派代表,共同起草一份关于南斯拉夫局势的声明。他们都同意这一做法,莫洛托夫补充说,最好声明克里米亚会议已经商定,《铁托-苏巴斯基协议》应得到全面执行。

讨论结束后,我们休会。当天下午,在第六次全体会议上,我代表各国外长作了报告。我提到,我们讨论了美国代表团提交的关于波兰问题的备忘录。这份备忘录,我说,已经放弃了我们早先提出的成立总统委员会的建议。我还报告说,莫洛托夫表示,他希望向斯大林元帅介绍美国关于波兰政府问题备忘录中的某些新考虑。因此,我说我们在这个问题上没有达成一致意见。

莫洛托夫宣称,苏联代表团非常急切地希望达成协议,他认为,只要对斯特蒂纽斯先生那天早上提交的建议方案进行某些修正,就可以达成协议。

他建议,将美国提案中的第一句改为:"波兰现临时政府应在更广泛的民主基础上改组,包括波兰本国和海外的民主领导人,由此这个政府将被称为'波兰全国临时政府'。"

他还建议,在第一段最后一句"民主党派"前加上"非法西斯和反法西斯"的字样。然后又说,他觉得应该取消要求驻华沙的三国大使观察和报道自由选举的提议,因为这会冒犯波兰人。他重申,这个声明是没有必要的,因为观察和报告无论什么时候都是大使们的首要职责。

首相说,他很高兴看到外长会议取得了进展。不过,他接着说,在一种大家普遍希望达成协议的氛围中,我们不应该急于拍屁股走人。匆忙回答这个问题是大错特错。他敦促说,与其冒险把船开进港口,不如再多花几天时间。在这些问题上仓促做出决定将铸成大错,他觉得他在发表任何意见之前都必须先研究波兰的建议。

总统随后提议我把会议报告讲完,然后休会半小时,研究莫洛托夫先生对美国备忘录的修正案。首相和元帅都同意这一建议,丘吉尔重申,在波兰问题上达成一致事关重大,不能因为急于求成而坏了事。他补充说,他绝对不想在没有就波兰问题达成协议的情况下离开雅尔塔,他认为这是此次会议最重要的问题。

我接着报告说,在我们有关赔偿问题的讨论中,美国代表团提交了一份要求德国赔偿的基本原则的提案,供莫斯科赔偿委员会研究和提出建议。我告诉三位领导人,关于美国建议的前两点,即应该得到赔偿的国家和德国应该支付的实物赔偿的类型,我们已经达成了一致意见。就美国提案第三点和最后一点的措辞,我说,苏联和美国代表团也达成了一致意见,大意是赔偿委员会应在其初步研究中考虑苏联政府的建议,即基于美国提案前一段(a)和(b)两点的赔偿总额应为200亿美元,其中50%应该给苏联。我解释说,艾登先生保留了意见,以等待自己政府的指示。

我说,苏联代表团曾表示,赔偿金将以1938年的价格为基础,并有可能在交付物品价格的基础上提升15%至20%。

我接着报告说,外交部长们同意,在安全理事会拥有常任理事国席位的五国政府,应在旧金山会议之前进行磋商,以便在世界组织的宪章中明确处理托管领土和附属领地问题的机制。

这个时候首相爆发了。他咬牙切齿地说,我报告中关于托管的内容,他一个字都不同意。

总统插话说:"温斯顿,你让爱德华把话讲完。"

然而,首相继续喋喋不休,他说到目前为止还没有人征求过他的意见,也没有听说过有这个议题。他颇为激动地说,在任何情况下,他都不会同意其他四五十个国家染指大英帝国。他宣称,只要他还是首相,他就永远不会放弃英国的一丁点儿遗产。

卡多根在马耳他告诉我们,他同意应在联合国会议上讨论附属领地和托管领土问题,最可取的做法是在会议开始之前,在五个发起国之间先进行初步讨论并原则上达成一致意见。① 我们已经明确表示过，我们的议题只涉及第一次世界大战后建立的国际联盟委任统治领土②、在目前战争中从敌人手中夺取的领土以及可能自愿接受托管的任何领土。不过，艾登先生曾提到他担心首相的反应。

我相信，罗斯福对丘吉尔猛烈抨击托管议题并不感到惊讶。首相在1942年11月10日的时候就曾经说过："我可不想成为第一个主持大英帝国清算的首相。"

1944年3月17日，当我和总统谈论关于派遣代表团到伦敦讨论战后问题时，总统敦促我提出托管问题。那天晚上我在日记里写道：

> 总统指出，他在开罗同蒋介石委员长讨论了法属印度支那的托管问题。总统说这个国家的情况比一百年前更糟。白人统治没有什么值得骄傲的。总统说，托管是唯一可行的解决办法。总统问蒋介石委员长怎么看，蒋介石委员长回答说，中国对法属印度支那没有图谋，中国人不希望这个国家和他们的国家联合起来，因为它的人民和国家整体上完全不同于他们自己的国家。他认为托管是一种理想的安排。
>
> 当总统告诉丘吉尔中国不想要印度支那时，丘吉尔回答说："胡说。"总统对他说："温斯顿，这是你无法理解的。你的血液中流淌着四百年本能的贪婪，你只是不明白，如果一个国家能够获得

---

① 见1945年2月1日"天狼星号"巡洋舰上的会议记录，马耳他。
② 委任统治制度（Mandate System），指第一次世界大战后帝国主义战胜国通过国际联盟对原属战败国的殖民地进行瓜分和统治的一种形式。其具体内容和方式被规定在《国联盟约》之中。根据《国联盟约》第22条规定，第一次世界大战爆发以前德国在非洲和太平洋地区的殖民地及属地以及奥斯曼土耳其帝国在近东地区的部分领土，由国际联盟委任特定的国家进行统治。——译者摘编自《第二次世界大战大词典》，华夏出版社；《法学大辞典》，中国政法大学出版社

土地，他们怎么可能不想去占有它呢。世界历史已经开启了一个新的时期，你必须调整自己去适应它。"总统接着说，英国人是不会放过世界上任何一块土地的，哪怕那里只有岩石和沙洲。

为了确定中国人的立场，罗斯福总统在开罗的时候又问了一次蒋介石委员长，他们是否对印度支那有所打算。然后在德黑兰，总统又问了约瑟夫·斯大林同样的问题，斯大林说印度支那应当独立，但是可能还没有做好自我管理的准备。他说托管是个相当不错的主意。当丘吉尔表示反对的时候，总统说："你看吧，温斯顿，三比一，投票你输了。"

"但在这个问题上，我们还是会与英国人搞上一阵子。"总统说。

在全体会议上，首相为了托管声明大大发作了一通。话讲完之后还不停地喃喃自语："不行，不行，不行。"我马上解释说，我们不是针对大英帝国，而是指国际联盟委任统治的地区和附属领土，比如太平洋上日本人的岛屿，都要从敌人的手中夺走。

首相稍稍平静下来，但只是部分接受了我的解释。他宣称，最好说明清楚该声明指的不是大英帝国。他补充说，大不列颠不希望谋求任何领土扩张，也不会反对考虑将敌国领土予以托管。

然后，他有意地转向斯大林，问如果有人建议把克里米亚作为避暑胜地而加以国际化，他会有什么感受。元帅回答说，他很乐意把克里米亚作为"三巨头"开会的地方。

还好，这个时候有一次会间休息。我让希斯快速写了一份国务院关于托管问题备忘录的摘要。伯恩斯和我一起拿着它去找首相谈，当我把希斯刚刚写的摘要报给他的时候，我感觉他是满意的。等会议再次开始的时候，首相已经同意了我们的议程安排，尽管我们也不知道下次遇到这个问题，他还会不会再次发作。

现在全体会议的话题转向了南斯拉夫。我报告说，莫洛托夫和艾登将选派代表就此问题起草一份声明。首相问，苏联政府是否同意了艾登提出的对《铁托-苏巴斯基协议》增加两处修改。

莫洛托夫宣称，修改协议意味着延迟组建南斯拉夫政府，他认为最好先让协议生效，然后再与铁托元帅和苏巴斯基博士讨论修改事宜。总理尖锐地问道，要求临时当局的立法必须经过民主程序确认是否过分（这正是修正案中的一条要求的）。斯大林宣称，拖延是不希望被看到的，并警告说，如果英国提出两项修正案，苏联政府可能也会提出一些自己的。

就铁托是不是一位独裁者，首相和斯大林进行了简短的交流。之后，艾登说，这不是在协定生效之前增加修正案的问题，而是克里米亚会议要求通过这两项修正案的问题。

这个时候元帅说，他会同意英国的这两条修正案，但是他想首先组建政府，然后他再赞成提出修正案。斯大林和丘吉尔最后同意，敦促铁托和苏巴斯基将他们的协议立即生效，一等到新政府成立，就接受这两条修正案。

在休会半小时之后，开始研究莫洛托夫关于波兰问题的建议，总统宣布这些建议接近达成一致，现在只是起草的问题。然而，对于那些仍然承认伦敦波兰人的政府来说，"临时政府"一词的使用有些困难，他认为莫洛托夫修正案的第一句话或许应该表述为"目前在波兰运作的政府"。

这是极为重要的，总统宣称，最终协议中要在一定程度上承认波兰裔美国人对自由选举的渴望。鉴于这种情况，他补充说，最后一句话——即各国大使关于自由选举的报告，是最重要的。总统最后建议三国外长当晚会晤，并拟定声明的细节。

雅尔塔内幕　　185

首相说他想强调两点。首先应该提到的是，红军解放波兰所造成的新局面，要求建立一个比现在基础更为广泛的政府。丘吉尔说，这也许是一种装饰，但却是一种重要的装饰。第二点，也是更重要的一点，与美国草案的最后一句有关，也就是"三大国驻华沙大使在新政府获得承认后，将负责观察并向各自政府报告自由和不受限制选举承诺的履行情况"。

接着他告诉斯大林，其中一个很大的困难是缺少关于波兰的准确信息。结果就是不得不在信息不充分的基础上做出重大决定。他补充说，我们知道，波兰人之间有一些恩怨情仇。他了解到，卢布林政府已宣布打算以叛徒身份审判波兰本土军和地下军的成员。他宣称，这些报道在英国引起了极大的焦虑和困扰。他补充说，他希望斯大林元帅能以他一贯的耐心和善意来考虑这两点。

首相接着说，他本人将欢迎这三个大国的观察员，只要他们需要的话。因此，美国草案的最后一句话是最重要的。他说，据他了解，在南斯拉夫举行选举时铁托不会反对外国观察员，在希腊和意大利举行选举时，英国将欢迎美国和苏联的观察员。

丘吉尔宣称，这些要求并非无理取闹。例如在埃及，不管举行什么选举政府都会获胜。丘吉尔回忆说，正是这个原因，法鲁克国王才拒绝允许纳哈斯帕夏在后者担任总理期间举行选举。

斯大林说，他听说在埃及选举中，最重要的政治家们把时间都花在互相收买上。他认为，埃及无法与波兰相比，因为波兰的受教育水平很高。

总理说，他无意将波兰与埃及作比较，但关键是他必须向下议院保证，波兰将举行自由选举。例如米科瓦伊奇克，他问，允许他参加选举吗？斯大林先生回答说，米科瓦伊奇克是农民党成员，因为它不是法西斯党派，他当然可以参加选举。

正如总统所建议的那样，当首相建议外交部长们在当天晚上讨论波兰选举时,元帅说这是一个应该让波兰人在场时讨论的问题。不过首相还是坚持,这个问题必须在本次会议上完成,他必须向下议院保证,波兰将举行自由选举。

总统说,在外长们当晚开会之前,他还有一句话要补充。选举是波兰问题的关键,他想向美国600万波兰人保证选举将自由举行。如果有这种保证,克里米亚会议所达成协议之诚意就不会有任何疑问。

全体会议随后将注意力转向《关于被解放的欧洲宣言》。总统决定向首相和斯大林提交国务院关于这一问题的草案,但如前一章所述,他没有提出国务院关于成立一个"欧洲高级委员会"的建议,而该委员会本来预计是负责执行这份宣言的。

总统建议会议通过以下文案:

> 苏维埃社会主义共和国联盟总理、联合王国首相和美利坚合众国总统,为了各自国家人民和已解放欧洲人民的共同利益进行了磋商。他们共同宣布,他们一致同意在解放后的欧洲暂时不稳定时期协调他们三个政府的政策,协助从纳粹德国统治下解放出来的人民和欧洲前轴心集团卫星国的人民,以民主手段解决其紧迫的政治和经济问题。
>
> 欧洲秩序的建立和国家经济生活的重建必须通过以下进程来实现,这些进程将使被解放的人民能够摧毁纳粹主义和法西斯主义的最后残余,并建立自己选择的民主体制。这是《大西洋宪章》的一项原则,即所有人民都有权选择他们赖以生存的政府形式——向那些人民归还被侵略国强行剥夺的主权和自治。
>
> 为了促进被解放人民行使这些权利的条件,三国政府将共同协助任何欧洲被解放国家或欧洲前轴心集团卫星国的人民,只要他们认为条件需要,(a)建立内部和平;(b)采取紧急措施,救济受

苦人民；(c)组成过渡政府当局，广泛代表人民中的所有民主分子，并保证根据人民的意愿，通过自由选举，尽早建立政府；(d)在必要时为举行选举提供便利。

三国政府在审议与它们直接相关的事项时，将与其他联合国家和欧洲的临时当局或其他政府协商。

当三国政府认为，任何欧洲被解放国家或欧洲任何前轴心集团卫星国的情况需要采取这些行动时，他们将立即就履行本宣言所规定之共同责任的必要措施进行协商。

通过这一宣言，我们重申我们对于《大西洋宪章》各项原则的信念，重申我们在《联合国家宣言》中的承诺，重申我们决心与其他爱好和平的国家合作，建立一个法治的世界秩序，致力于全人类的和平、安全、自由和普遍福祉。

斯大林建议在《宣言》第四段增加一句话："在这方面，将支持那些积极参加反抗德国侵略者斗争的国家的政治领导人。"

斯大林调皮地说，首相不必担心拟议的俄罗斯修正案会适用于希腊。首相回答说，他并不担心希腊的问题，他欢迎一位苏联观察员去那里。元帅接着说，他认为，如果首相允许英国以外的任何军队进入希腊，那将是极其危险的。斯大林补充说，他对英国在希腊的政策完全有信心。首相对这一声明表示高兴。

总统指出，《宣言》不仅适用于波兰，而且适用于任何需要的地区或国家。

首相宣称，只要清楚地认识到《大西洋宪章》的提法不适用于大英帝国，他就不反对总统提出的宣言。他说他已经在下议院讲清楚了，就大英帝国而言，《大西洋宪章》的原则已经适用过了。在起草《大西洋宪章》不久之后，首相曾对下议院说："在大西洋会议上，我们首先想到的是恢复现在处于纳粹枷锁之下的欧洲各国和民族的主权、自治和国家生活，以及管辖在领土边界上可能必须作出调整的原则。因此，这与效忠英国王室的地区和人民的自治机构逐步演变是完全不同的问题。"

总统随后指出，法国本来已被列入《宣言》的早期草案，但现在由于法国没有代表出席雅尔塔会议而又被划掉了。斯大林说，三个国家比四个国家好，但首相建议，也许可以要求法国加入宣言。总统建议外交部长当晚商议这个问题。

全体会议接着讨论战犯问题。首相说，在莫斯科会议上发表的关于德国暴行的宣言是他亲自起草的，涉及那些罪无可恕的主要罪犯。首相评论说，这可是他自己下的蛋，他认为应该在雅尔塔拟定一份主要战犯的名单。他补充说，他认为一旦他们的身份确定，就应该枪毙他们。

斯大林问及鲁道夫·赫斯①的情况，他曾在1941年驾机飞往英国，引起了全世界的关注。丘吉尔回答说，对赫斯也一样，他觉得应该对战犯进行司法审判。接着，他改变了在雅尔塔起草战犯名单的想法，并补充说，他们在本次会议上应该做的就是就这个问题交换一下意见。

第六次全体会议在讨论了西线的军事形势之后就结束了。当斯大林询问预期的西线攻势是否已经开始时，首相报告说，就在前一天早上，有10万英军士兵在西线发起了攻击。他说，第二波攻势包括美国第9集团军，将于明天开始，进攻将继续，强度将不断加大。

1月20日，法国第1集团军在科玛②地区对德军发动了攻击。在这

---

① 鲁道夫·沃尔特·理查德·赫斯（Rudolf Walter Richard Hess, 1894—1987），德国纳粹党副领袖。二战后在纽伦堡审判中被判无期徒刑，在西柏林军事监狱关押了四十一年。赫斯是关押时间最长，也是级别最高的纳粹战犯。——译者摘编自《第二次世界大战百科词典》

② 科玛（Colmar），位于法国东北部，与德国接壤。始建于公元9世纪，二战期间被德国吞并。16世纪起就是阿尔萨斯的葡萄酒贸易中心，为了方便运载葡萄酒而开挖了许多运河，被誉为"小威尼斯"。德法的交相统治丰富了建筑风格，因此又被称作葡萄产业驱动的世界级旅游小镇。——译者

雅尔塔内幕　　189

次攻势中,艾森豪威尔将军加派了美国陆军一个军的兵力,科玛于2月3日被拿下。到2月9日,该地区的德国人已经被赶过了莱茵河。2月4日,霍奇斯①将军的第1集团军对鲁尔河上的大坝发动了进攻,并在六天内攻占了它们。与此同时,加拿大军队在2月8日发起了进攻。然而,辛普森②将军的第9集团军被鲁尔河的洪水耽搁了。他们于2月23日发动了攻击,在不到一周的时间里就拿下了门兴格拉德巴赫③。接下来的几周即将看到盟军跨过莱茵河,德国也走向崩溃。然而,在雅尔塔会议召开之时,盟军的进攻才刚刚开始,会议闭幕几周后就传来了越来越多胜利的消息。

2月9日晚餐后,我会见了艾登和莫洛托夫,再次讨论波兰问题。艾登宣称,他刚刚收到了来自战时内阁的一份措辞强硬的电报,除非他们同意他在前一天2月8日提交的方案,否则无论什么有关波兰的提案,英国政府批准的可能性似乎都很小。随后,他提交了一份"英国修订方案"。这一建议指出,波兰被红军彻底解放,由此开创了一个新局面。因此,有必要建立一个具有充分代表性的波兰临时政府,其基础比最近波兰西部被解放前更为广泛。这个政府,将被称为"波兰民族团结临时政府",应以目前在波兰运作的临时政府和波兰国内外的其他民主派波兰领导人为基础。

---

① 考特尼·希克斯·霍奇斯(Courtney Hicks Hodges,1887—1966),美国陆军上将,在美国陆军中是知名"野马"军官("mustang" officer),也就是从最基层的士兵打拼上来的将领。——译者

② 威廉·胡德·辛普森(William Hood Simpson,1888—1980),美国陆军上将,1909年毕业于西点军校,与巴顿、德弗斯都是同班同学。1944年5月任第9集团军司令,领军参加了反攻欧洲的作战,其中包括布雷斯特战役、突破齐格菲防线、阿登战役等一系列重大战役。——译者

③ 门兴格拉德巴赫(德语:Mönchengladbach),位于德国北莱茵-威斯特法伦州杜塞尔多夫以西的一座非县辖城市,靠近荷兰边境。二战中是盟军主要空袭目标之一。——译者

莫洛托夫、哈里曼和克尔被授权在莫斯科首先与现任临时政府成员以及波兰国内外的其他民主派领导人进行磋商，以便按照更具代表性的路线重组现任政府。这个"民族团结临时政府"将保证在普选和无记名投票的基础上尽快举行自由和不受限制的选举。在这些选举中，所有民主党派都有权参加和提出候选人。

最终的英国提案要求，当波兰民族团结临时政府成立后，三大国政府可以视其为波兰人民的充分代表，三大国政府将给予承认。三大国驻华沙大使在其获得承认后，将负责观察并向各自政府报告自由和不受限制选举承诺的履行情况。

在对"英国修订方案"进行了漫长而艰苦的讨论之后，我们均同意了以下案文：

> 红军彻底解放波兰，开创了新的局面。这就要求建立一个比最近波兰西部解放前基础更广泛的波兰临时政府，目前在波兰运作的临时政府应该在更广泛的民主基础上进行改组，包括来自波兰本身和居住在国外的民主派领导人。新政府将被称为"波兰民族团结临时政府"。莫洛托夫先生、哈里曼先生和阿奇博尔德·克拉克·克尔爵士获得授权，在莫斯科首先与现任政府成员以及波兰国内外其他民主派领导人进行磋商，以便按照上述方针改组现任政府。该"波兰民族团结临时政府"将保证在普选和无记名投票的基础上尽快举行自由和不受限制的选举。在这些选举中，所有民主和反纳粹政党都有权参加并提出候选人。
>
> 当"波兰民族团结临时政府"按照上述规定妥善成立时，三大国政府将给予承认。

不过，我们未能就添加下面这样一句话达成一致：

三大国驻华沙大使在其获得承认后,将负责观察并向各自政府报告自由和不受限制选举承诺的履行情况。

艾登和我均强调了包含类似语句的重要性。然而莫洛托夫坚持这应该由三大国的委员会去莫斯科与波兰人商议。这个问题最后被留给了首相、元帅和总统在他们第二天的会议上处理。

我们讨论的第二点涉及全体会议上斯大林建议在《关于被解放的欧洲宣言》中增加的内容。苏联人的建议是:"在这方面,应该支持那些积极参加反对德国侵略者斗争的国家的政治领导人。"

根据我在本次会议之前与总统的谈话,我说我不能接受这一补充,这对《宣言》来说并不妥当。我说,这似乎对被解放国家事务有过多的干涉,涉及决定什么人与敌人有过合作,什么人与敌人没有过合作,我们认为这应该留给这些国家的人民自己去做决定。艾登同意我的观点,并决定将这个问题也提交下一次全体会议审议。

第十三章　同盟国团结的高潮

2月10日

在雅尔塔会议的倒数第二天，总统和我上午举行了一次会议，总统同意致函科德尔·赫尔，邀请他担任旧金山会议上美国代表团的高级代表和高级顾问。

总统非常关心波兰的问题。我再次报告了美国在波兰政府问题上的立场。那天我们急于与另外两个政府达成协议。我们完全同意，这样一项协议必须保证改组波兰政府，并承诺举行自由和不受限制的选举。另一方面，我们也不希望因为我们坚持自己方案的最后一句话，而阻碍了波兰问题的解决，这句话就是："三大国驻华沙大使在其获得承认后，将负责观察并向各自政府报告自由和不受限制选举承诺的履行情况。"

罗斯福总统说："如果我们同意撤回这句话，我们必须清楚地表明，我们还是非常希望我们的大使观察并报告选举情况。如果协议中这段文字让俄国人不高兴，我们可以放弃这一句话，但他们必须明白我们的坚定决心，无论如何大使们都将会观察和报告选举情况。"

根据总统的这些指示，我在外长会议上宣布，总统准备撤回美国有关波兰方案中的最后一句话。但必须讲清楚的是，我说，总统可以就美国大使将调查并向他报告波兰选举情况这一点，发表他认为必要的任何声明。

艾登说他不同意总统撤销这句话，我回应说，我们更希望在文件中有这句话，但总统急于达成协议，为了推动事态发展，他愿意作出这一让步。

莫洛托夫接着建议，波兰协定最后一段的最后一部分改为："美利坚合众国和大不列颠政府将与波兰政府建立外交关系，就像苏联所做的那样。"我立即拒绝接受这个提议，艾登也支持我。我们指出，方案中提到的波兰政府是一个新政府，而不是现在的卢布林政府。我说，坚持组建一个波兰新政府的原则至关重要。

我们接着谈到总统的《关于被解放的欧洲宣言》，我报告说，总统不能接受前一天苏联提出的修正案，该修正案要求"三巨头"支持积极参加反抗德国侵略者的被占领国政治领导人。莫洛托夫随即撤回了他的修改意见。

不过，他马上又提出了另一条修改意见，建议将"他们将立即建立适当的机制来履行本宣言中规定的共同责任"改为"他们将立即采取措施进行相互协商"。艾登和我均同意这一修改。

艾登随后提议，三大国表示希望法兰西共和国临时政府和他们一样也支持这份《宣言》。我立即同意这一提议，但莫洛托夫建议，该提议留待当天下午的全体会议讨论。

关于德国的赔偿问题，艾登宣布，他赞成尽快建立已经商定的赔偿委员会。他还同意美国赔偿提案中关于立即从德国撤出财产和每年付款的原则。不过，他建议重新起草美国的提案。他更希望看到按照以下思路重新起草的方案：

（1）发布一项声明，说明分配给索赔国的赔偿比例，应根据它们对赢得战争的贡献和它们所遭受的物质损失程度来确定。

(2) 应通过三种方式向德国要求赔偿:

(a) 在德国投降后两年内,从其领土内外的德国国家财富中拆除。这些拆除主要是为了摧毁德国的战争潜力。然而,德国的工业能力不会降低到危及该国经济基础的程度,也不会降低到危及其履行义务的程度。

(b) 考虑按照当前生产量每年交付一段时期。

(c) 使用德国劳工和运输服务。

(3) 在确定赔偿数额时,应考虑到为分割德国而作出的安排、占领军的需求,还有德国需要不时从其出口贸易中获得足够的外汇,以支付其目前的进口和战前联合国家对德国的索赔。

艾登补充说,苏联人似乎有两个难以调和的目标。他宣称,他们既想大幅削减德国的制造能力,但同时还想要确保德国在日后有能力支付大笔款项。

他说,英国人最担心的是避免出现这样一种情况,即由于赔偿,他们将不得不资助和养活德国。此外,英国希望法国从一开始就加入赔偿委员会。英国人还认为,使用劳工的问题应当由赔偿委员会讨论,而且在委员会开始运作之前,提出任何赔偿数字都是不明智的。

麦斯基先生说,艾登的发言令人失望。他指责这番话的意思是尽可能少地从德国拆走东西。艾登打断了他的话,说不是这个意思。然而,艾登宣称,首相确实相信,苏联人将无法得到他们希望得到的赔偿。

麦斯基说,赔偿计划将根据分割协议进行调整。不过,在有计划地从德国撤走财产之后,每年支付一定数额的赔偿仍是颇为可能的。他坚持认为,英国应该接受美国和苏联前一天提出的方案作为讨论的基础,并在赔偿委员会提出英国的建议,以供进一步讨论。关于劳工的使用,肯定会由赔偿委员会讨论。麦斯基补充说,美国和苏联的方案,"没有要求盟国给出确切数字",也就是先前提案中提到的。

然而,艾登说,英国人更倾向于五年的赔偿期,而不是十年。我指出,十年只是作为讨论的基础。我又补充说道,不管是美国还是苏联政府,都没有保证把支付十年或200亿美元作为赔偿总额。

艾登接着问,为什么十年的期限一定要写在方案里。麦斯基回答说,希望以此作为讨论的基础。艾登说,他将在当天下午的全体会议上另外提交一份备选方案供讨论。

我们接着转向发布会议公报的问题,我说美国代表团已经在起草一份草稿,供外长会议讨论。

接下来,艾登提交了一份关于即将在旧金山召开的世界安全会议的报告。他建议,指示美国代表所有三个大国,向法国和中国通报关于拟议的国际组织和计划开会的决定。他还介绍了向所有参加会议国家发出的邀请书的草稿,莫洛托夫和我均同意艾登的两个建议,邀请书的文本后来也被纳入了会议协定的附件。

艾登随后提交了一份关于奥地利-南斯拉夫边界的文件和一份关于南斯拉夫-意大利边界的文件,供雅尔塔会议之后进行讨论。

他请莫洛托夫同我们一起重新考虑一下南斯拉夫和保加利亚之间正在进行的关于友好同盟条约的谈判。莫洛托夫回答说,苏联政府批准了这项条约。这两个国家正在联合对抗德国,因此,不应反对缔结条约。

艾登说,这项条约引出了一个重要的原则性问题。英国人认为,应防止前敌对国家在其仍处于占领控制之下时,与其他国家缔结条约关系,并坚决认为,未经所有盟国同意,它们不应缔结条约。英国人还担心这项条约对希腊从保加利亚获得赔偿的影响。

莫洛托夫回答说,他收到英国外交部的照会,反对前敌对国家在停战制度下与其他敌对国家建立条约关系。然而,在这种情况下,这是一个前敌对国家和一个友好国家的问题。他宣称，英国人曾经声明过他们不反对前敌对国家和友好国家之间的条约。

艾登对这一说法提出质疑。他重申，他不认为应允许在停战制度下管理的国家，在未经其他盟国同意的情况下缔结和平条约。他补充说，英国同样不赞成组建巴尔干联邦，直到停战期结束。我说我同意艾登先生在这一问题上的观点。

艾登问，南斯拉夫和保加利亚在他们的条约上再等一段时间是否可取。莫洛托夫回答说他不能代表这些国家说话，艾登提醒他，保加利亚与苏联已经签署了停战协定，并不是按照自己的意愿行事。我建议莫洛托夫先生、哈里曼大使和阿奇博尔德·克拉克·克尔爵士在莫斯科尽早讨论这个问题。

莫洛托夫回答，这个问题等到第二天再讨论并努力达成一份协议可能会更好。这时我说，总统当天上午敦促我尽一切可能加快结束会议。总统向我解释说，他在华盛顿有急迫的问题需要处理，他已经离开太久了；此外，他还希望在回去的路上会见伊本·沙特、海尔·塞拉西和法鲁克国王。但是，如果会议无休止地继续下去，他就无法安排这些会见了。

由于我从艾登和莫洛托夫之间刚刚进行的交流中可以看出，这一复杂问题无法在雅尔塔得到解决，所以我再次敦促我们驻莫斯科的大使与莫洛托夫先生探讨解决这一问题。

我们以在伊朗问题上的分歧结束了外长会议。艾登和我赞成发表一份关于伊朗的文件，莫洛托夫反对。虽然我们都解释说我们非常重视伊朗问题，但他说，他目前不可能进一步探讨这个问题。这让艾登和我都很失望。

在那个星期六下午的全体会议上，总统被推到他在大圆桌旁的惯常位置，背对着壁炉里烧得噼啪作响的熊熊篝火。丘吉尔和斯大林这次全

雅尔塔内幕　　197

体会议都迟到了。当首相抵达时，他直接向总统道歉，并对他说："我相信我已经成功地挽回了局面。"当斯大林在首相之后五分钟抵达时，他也来到总统面前，为自己的迟到道歉。

丘吉尔和斯大林都有充分的理由迟到。外交部长会议结束后，一个小组委员会就外交承认波兰新政府和遵守选举承诺的问题拟定了一个口径，首相在访问苏联总部的时候说服斯大林接受了这个说法。

全体会议一开始，总统就让艾登汇报外长会议的情况。艾登读了如下的波兰方案，当中被莫洛托夫纠正了一次：

> 红军彻底解放波兰，开创了新的局面。这就要求建立一个比最近波兰西部解放前基础更广泛的波兰临时政府，目前在波兰运作的临时政府应该在更广泛的民主基础上进行改组，包括来自波兰本身和居住在国外的民主派领导人。新政府将被称为"波兰民族团结临时政府"。
>
> 莫洛托夫先生、哈里曼先生和阿奇博尔德·克拉克·克尔爵士获得授权，在莫斯科首先与现任政府成员以及波兰国内外其他民主派领导人进行磋商，以便按照上述方针改组现任政府。该"波兰民族团结临时政府"将保证在普选和无记名投票的基础上尽快举行自由和不受限制的选举。在这些选举中，所有民主和反纳粹政党都有权参加并提出候选人。
>
> "波兰民族团结临时政府"按照上述要求妥善成立后，与波兰现临时政府保持外交关系的苏联政府和联合王国政府、美国政府将与新成立的"波兰民族团结临时政府"建立外交关系，并将互派大使，通过大使的报告向各国政府通报波兰局势。

首相指出，该文件没有提及波兰边界。他说："我们在东部边境问题上已经达成了一致",他表示,相信波兰应该在西部边境上得到补偿。然而,他不相信英国战时内阁会接受西尼斯河作为西部边境线。① 虽然会有一些批评,但他认为在波兰问题的声明中应该有一些关于领土划分的表述。

在丘吉尔讲话时,我草草写了一张纸条给总统,告诉他艾登告诉我,他刚收到一封来自战时内阁的"糟糕"电报,告诉英国代表团,他们在波兰问题上走得太远了。与此同时,哈里·霍普金斯也给罗斯福写了以下便条:

总统先生:

我认为您应该向斯大林表明,您支持东部边界,但只是在公报中发表一般性声明,说我们正在考虑进行必要的边界调整。最好把确切的声明交给外交部长。

哈里

---

① 奥得河-尼斯河线边界问题:关于最终确定德波边界的一个国际政治问题。雅尔塔会议未获完全解决。会后苏联将德国占领区中的奥得河-尼斯河一带领土交波兰政府管辖。在波茨坦会议上,苏联坚持波兰的西部边界以奥得河-西尼斯河线为界,而美、英则主张以奥得河-东尼斯河为界,最后双方经过协商,决定"自斯温曼德(今波兰希维诺乌伊希切市)以西之波罗的海沿奥得河至与尼斯河西段汇流处,再由尼斯河西段至捷克斯洛伐克边境,包括经本会议决定不归苏联管辖之一部分东普鲁士和以前之但泽自由区域,均由波兰政府管辖"。但同时又决定,波兰西部边界的最后确定应由战后和约解决。德意志民主共和国成立后,于1950年7月在波兰的兹戈热列茨同波兰政府签订协定,双方承认奥得河-(西)尼斯河为两国边界。但对此联邦德国政府拒不予以承认。所以,在第二次世界大战后相当长的一段历史时期内,奥得河-尼斯河线边界问题一直是东西方,特别是联邦德国和波兰两国争执的一个问题。1969年10月,联邦德国勃兰特政府上台后推行"新东方政策",并于1970年12月在华沙签订了《德意志联邦共和国和波兰关系正常化条约》。其中联邦德国承认奥得河-尼斯河线为波兰西部边界线。于是,历史上曾经是波兰王国和普鲁士王国之间天然边界线的奥得河-尼斯河线,终于得到了有关各方的正式确认。两德统一之后,德波两国对该边界再一次进行了确认。——译者摘自《第二次世界大战大词典》,华夏出版社

接着总统就告诉全体会议，在任何有关西部边界的声明发表前，都应当听取波兰政府的意见。

元帅说，他赞同首相的意见，应该就东部边界问题发表一些声明。莫洛托夫建议由外交部长起草关于东部边界的声明。他补充说，对于西部边界，没有必要像东部边界那样表述得那么具体。

首相说，他已经公开表示过，波兰将在北部和西部获得一块很好的领土，但新的波兰民族团结政府的意见应该得到证实。总统说，他原则上不反对这样一份声明，但他认为应该由首相起草这份声明。莫洛托夫建议将其作为波兰协议的最后一句话。

艾登继续汇报外长会议的情况，说苏联代表团希望在《关于被解放的欧洲宣言》中增加一段，大意是三国政府应立即采取步骤进行相互协商。艾登还建议，当各国发表《宣言》时，他们应表示希望法国政府能赞同该协议。这两项建议都被接受了。

总统随后宣布，他改变了关于法国参与对德管制委员会的想法。他现在同意首相的观点，即除非法国是管制委员会的成员，否则不可能给它一个占领区。总统的改变主意并没有引起太大反响。弗里曼·马修斯坚信法国人应该是管制委员会的一部分，他用自己的观点尽力说服了总统和我，马修斯曾在莱希大使手下担任美国驻维希大使馆的参赞，他比国务院任何官员都更了解法国人民和法国的现状。

元帅只用了两个字回应总统的声明："同意。"总统从来没有告诉过我，他是如何和何时说服斯大林对刚刚这一突然宣布做出重大让步的。在此之前，每当谈到这个问题，斯大林和莫洛托夫都坚决反对法国加入管制委员会。斯大林同意后，丘吉尔建议给戴高乐将军发一封电报，通知他这些决定。总统和元帅均表示同意。

艾登说，下一个要汇报的是南斯拉夫问题。他读了一份发给铁托元帅和苏巴斯基博士的电报草稿，建议将他们的协议付诸实施，作为组建南斯拉夫统一政府的基础。总统说，他先前不确定是否能加入南斯拉夫的声明，但现在看来电报似乎是令人满意的。

对英国人提出的两项修正案是否应同时出现在电报和雅尔塔会议联合公报上，起初斯大林和首相存在一些分歧，但最后苏联向英国人让步了，同意在电报和公报中都包括以下三点：

(1)《铁托-苏巴斯基协议》应立即生效，

(2) 没有与德国人合作的"斯库普希纳"（最后一届南斯拉夫立法机构）成员可以被纳入"威赤"（反法西斯人民解放委员会），以及

(3) 反法西斯"威赤"① 的行动须经制宪会议确认。

关于德国的赔偿，艾登报告说，英国政府仍然对苏联提案持保留态度。首相插话说，战时内阁的立场是不应提及数字，这个问题应由赔偿委员会自己决定。

总统说，如果提到"赔偿"一词，特别是不管提到什么数字，美国人民就会相信这涉及到实际的金钱。斯大林回答说，所提到的货币金额只是表示实物或劳务赔偿的价值。首相说，他本来就以为不会公布关于赔偿的数字，就算在不公开的协议中他也不同意写明数额。

在关于德国赔偿的问题上，斯大林的讲话非常激动，这与他日常的平静甚至说话方式上都形成了鲜明的对比。他数次站立起来，站在他的椅子后面，就从那个位置讲话，还比划着手势以强调自己的观点。德国

---

① 威赤（Vetch），也被称为"阿夫诺伊"（Avnoj），即"南斯拉夫反法西斯人民解放委员会"（Anti-Fascist Council for the National Liberation of Yugoslavia），1942年11月成立于比哈奇，1943年11月成为全国最高立法机构，取代前南斯拉夫王国立法机构"斯库普希纳"（Skupschina）。

人在苏联造成的可怕破坏，显然令他触动颇深。尽管他没有发火甚至都没有提高声音，但他讲得很强硬。

他宣称，由于苏联与芬兰、罗马尼亚和匈牙利的条约均规定了以实物赔偿的货币价值，因此在赔偿的货币金额方面不应当模糊不清。他说，如果英国人认为苏联不应该得到任何赔偿，那么他们最好现在就表明自己的立场。

然而，元帅建议三位领导人达成两项决定：

（1）原则上同意德国应当给予赔偿；以及

（2）设在莫斯科的赔偿委员会将确定赔偿金额，并应考虑美苏关于赔偿200亿美元的建议，其中50%应支付给苏联。

当罗斯福总统重申他担心"赔偿"一词在美国会被理解为现金时，有人建议用"对德国在战争期间造成损害之赔偿"来取代。

首相继续坚持认为，英国政府不能对任何数字做出承诺。尽管丘吉尔这次发言讲的时间有些长，但我还是在笔记中写道："听他雄辩的讲话总是一件愉快的事。美丽的词句就像奔腾的溪流。"

斯大林回复首相，这不涉及什么承诺。赔偿委员会只是用来作为讨论英美方案的基础。首相随即读了一份来自战时内阁的电报，抗议200亿的数字太过巨大，德国无力支付。

总统先生：

葛罗米柯刚刚告诉我，元帅认为关于赔偿问题您没有支持埃德，说您站在英国人一边，对此埃德感到不安。或许您稍后可以私下告诉他。

哈里

斯大林再次坚持说，在总额上并没有承诺，提到的这个数字只是"用作讨论的基础——莫斯科的委员会可以对其进行减少或者增加。"

当总统和艾登都建议把这整个问题留给莫斯科的委员会处理时，莫洛托夫和麦斯基均回应说，克里米亚会议把这个问题交给一个较小的机构是不合逻辑的。

首相再次坚持称英国人不同意写明数字，斯大林元帅让步了，提出以下建议方案：

(1) 各国政府首脑同意，德国必须赔偿战争给盟国造成的损失，并且

(2) 指示莫斯科委员会研究赔偿数额。

首相表示同意，接着问："那美国呢？"

"答案很简单"，罗斯福总统说。"裁判罗斯福同意，文件即可通过。"

此处应该理解为，在雅尔塔绝对没有承诺赔偿总额应该是 200 亿，50% 应该给苏联。我们清楚地表明，这些数字只是讨论的基础，这就是它在本书附录中收录的方案中出现的表述方式。在全体会议以及外长会议上，罗斯福总统和我均指出，我们愿意以任何数字作为讨论的基础，但在赔偿委员会彻底调查这一问题之前，我们不会同意实际数额。然而，在罗斯福总统去世后，俄国人错误地宣称他在雅尔塔同意了他们的数字。

6 点钟的时候，安排了一次十五分钟的茶歇，茶点和往常一样放在八盎司的银把玻璃杯里。会议的节奏很紧张，到了这个时候总统自然也表现出一些疲态。不过，他还是继续巧妙而清晰地解释美国的立场，当讨论变得激烈时，他也起到了缓和的作用。

当会议重新召开时，斯大林说，他想就《蒙特勒公约》和达达尼尔海峡的问题讲几句话。该《公约》现在已经过时了，他宣称。日本在起草《公约》上发挥的作用比苏联还大，并且这项《公约》是国际联盟的产物，而国际联盟已经死了。

他说，根据《蒙特勒公约》，土耳其不仅可以在战时封锁海峡，而且当他们感到战争威胁时也有权这样做。他还说，他知道条约签署的时候英俄关系不是太好，但他不认为现在英国人还想遏制苏联。

他宣称，他不想对修改条约提前下什么结论，但他认为应该考虑苏联的利益。他说，让土耳其卡苏联人脖子的局面是不可能接受的。然而，他补充说，修订条约的方式不应损害土耳其的合法利益。他最后建议，三国外长在克里米亚会议后的第一次会晤时就考虑这个问题。

总统说，他不喜欢国家之间互设藩篱，并接着说，他想指出，加拿大和美国之间有超过一百年的无武装边境线，绵延3 000英里（约4 828公里）。他告诉与会人员，他希望世界上其他国家的边境线上，最终也都不再有堡垒要塞和武装部队。

罗斯福一直认为，苏联应该可以畅通无阻地使用一个温水港。在德黑兰会议上，当丘吉尔首相说起，他的政府认为苏联人要求拥有一个温水港是合法的，总统建议苏联人可以使用满洲的大连港。

首相回忆说，斯大林元帅去年秋天曾在莫斯科向他提到过海峡的问题。丘吉尔指出，当时他曾表示，英国人赞同修改条约。尽管英国人曾建议苏联政府就此问题发出一份照会，但迄今尚未收到。

丘吉尔说，斯大林提议三国外长讨论此事是明智之举。英国人当然觉得，苏联作为黑海大国，不应该依赖这个狭隘的出口。他补充说，最好通知土耳其人，《蒙特勒公约》的修订将在下次外长会议上讨论。

艾登提醒丘吉尔，这个问题已经数次向土耳其驻伦敦大使提及过。丘吉尔说，既然这样，向土耳其人承诺，其独立和领土完整将得到保证可能是比较明智的。斯大林回应说,对土耳其人保密是不可能的,应该做出这样一个保证。在这一点上,总统同意另两位领导人的意见。

丘吉尔和斯大林在这件事上达成一致意见后,开了不少玩笑。丘吉尔指出,他在第一次世界大战期间为了通过达达尼尔海峡可费了不少劲,俄罗斯政府也准备派出武装部队提供帮助,但他没有成功。①

斯大林说,首相在撤军上太匆忙了一点儿,因为德国人和土耳其人都快要投降了。首相提醒斯大林,那时他已经因为达达尼尔战役而被内阁开除,因此与撤军的决定没有关系。

罗斯福和丘吉尔之间也有这样愉快的交流。丘吉尔在"免于匮乏的自由"② 这句话上开总统的玩笑。他说他一直想问罗斯福先生"want"这个词是什么意思。

"我想,"丘吉尔说,"这意味着贫穷而不是期望。"

全体会议结束时又讨论了波兰问题。总统说,他现在希望对波兰声明中关于边界的段落提出一些小的修正。当天下午早些时候,我和哈里·霍普金斯在讨论波兰边界问题时,都给总统草草写了一些条子。霍普金斯就坐在总统和我后面,经常把写在普通信纸上的便条递给总统。关于波兰问题的那张条子最中肯,也最有帮助。他提醒总统说,他是否拥有宪法赋予的权力让美国遵守建立边界的条约,这一点值得怀疑。便条上写着:

---

① 达达尼尔战役(Dardanelles Campaign),又称加里波利战役,第一次世界大战中发生在土耳其加里波利半岛的一场战役,是当时最大的海上登陆作战,也是首次具有现代意义的登陆作战。——译者

② 免于匮乏的自由,为罗斯福1941年1月6日致国会的年度咨文中所提出的"四大自由"之一,英文为"Freedom from want"。——译者注

总统先生：

您在法定权力上惹麻烦了，参议院会怎么说。

哈里

在那天下午一次会间休息的时候，总统要求我请一位律师来，就波兰边界声明的措辞与他进行磋商。我打电话给阿尔杰·希斯，当我们俩正试图为总统想出一个解决办法时，罗斯福突然抬起头看着我们说："我知道了。"

总统在会议上说，他提议的修正案是由于必须考虑到美国宪法的原因。因此，他建议用"三位政府首脑"来代替"三大国"。在第二个句子中，他建议删去"三大国"这几个字。在最后一句话中，应该用"认为"而不是"同意"。这些变化，将边界声明从政府承诺转变为罗斯福同意的观点表达。

修改意见被接受，并通过了以下内容：

三位政府首脑认为，波兰东部边界应当沿"寇松线"划分，在某些地段作出有利于波兰的5到8公里的外移。承认波兰北部和西部的领土应有实际的增加。他们认为，所增领土的范围，将在必要时征询新的波兰民族团结临时政府的意见，然后，波兰西部边界的最终确定将留待和会解决。

莫洛托夫于是建议在第二句话中加上一句："把自古以来东普鲁士和奥得河上的古老疆域归还波兰。"总统问这些土地多久以前是波兰的，莫洛托夫回答说："很久以前。"

这样的表述，总统说，会让英国人要求把美国也还给大不列颠。斯大林回应说大洋会阻止这样做的。

首相宣称他同意总统的意见，西部边界眼下暂不确定。他还补充说，如果波兰人提出要求，他原则上不反对奥得河一线。因此斯大林撤回了莫洛托夫的修改意见，文稿保持原样未改。

　　接着总统宣布，他不得不在次日下午3点离开雅尔塔了。因此任命了一个起草委员会准备会议公报，并要求当晚报给外交部长和总统、首相、元帅。

　　当公报起草的时候，首相在英国总部设了晚宴。出席人员有：

　　　　总统、斯特蒂纽斯、波伦
　　　　首相、艾登、柏斯少校
　　　　元帅、莫洛托夫、巴甫洛夫

　　这是一个历史性的夜晚，提供的晚餐也相当丰盛。当罗斯福总统和我到达时，温斯顿·丘吉尔以他强烈的表演欲和对军队排场的欣赏，在别墅的台阶上排起了一队卫队。我们被领进一间小接待室，家具很漂亮，壁炉里的火烧得很旺。等斯大林和莫洛托夫也到了，我们先喝了鸡尾酒，然后进去吃饭。

　　那天晚上有许多次祝酒和大量的交谈。有一回斯大林对首相说，他对会议解决赔偿问题的方式感到不满。他说，他害怕不得不回到苏联，告诉苏联人民，因为英国人的反对，他们得不到足够的赔偿。我一直觉得，莫洛托夫和麦斯基在全体会议结束后与元帅进行了私下交谈，并让他相信他在赔偿问题上让步太多了。

　　总统先生：
　　　　我想讨论结束后我们就完事了。

　　　　　　　　　　　　　　　　　　　　　　哈里

首相回答说，恰恰相反，他非常希望苏联人能得到巨额赔偿，但是他想起了上一次大战，当时协约国确定的赔偿数字超出了德国的支付能力。斯大林接着说，他认为在公报中最好提到他们打算让德国为其给盟国造成的损失买单，同时也提一下赔偿委员会。总统和首相均同意在公报中列入这些声明。还同意在议定书中指出，苏联和美国认为赔偿委员会应将200亿美元的赔偿数字作为讨论的基础，其中50%应该给苏联，而大不列颠认为，在赔偿委员会审议之前，不应提及任何数字。

首相随后提议为斯大林元帅的健康干杯。他说，他希望元帅对英国人能有一种比过去更加温暖的感情。丘吉尔还说，他觉得红军取得的伟大胜利，让元帅变得比他在战争困难时期更加温和友好。

丘吉尔接着表示，希望元帅能够认识到，他在出席会议的英美代表中有很多好朋友。"我们都希望，"他补充说，"苏联的未来是光明的"，他说他知道，他并且他相信总统也是一样，将尽他们所能来实现这一点。他说，他认为战争的共同危险已经消除了相互理解的障碍，战争的烈火消除了旧有的仇恨。他最后说，他期望一个已经在战争中赢得辉煌胜利的苏联，在和平时期成为一个幸福快乐的国家。

我对斯大林说，如果我们在战后一起合作，应该很快就能让苏联每个家庭都用上电和自来水。他点点头说："我们已经从美国学到了很多东西。"

然后，我提议为我的前任科德尔·赫尔先生干杯，他是一位伟大的美国人，也是一位伟大的政治家，在他为建立一个和平有序的世界所做的努力中，他激励了我们所有人。大家同意给赫尔发一封信，这让我感到由衷的高兴，等返回里瓦几亚宫，我给他起草了以下电文：

在我们的会议上，大家都很想念你，向你致以亲切的问候，并祝你早日康复，让我们能再次与你共事。

签名：罗斯福，斯大林，丘吉尔，
莫洛托夫，艾登，斯特蒂纽斯

总统说他想起了一件涉及到三K党的旧事，这是一个憎恨天主教徒和犹太人的组织。有一次去访问一个南方小镇，他是当地商会主席的客人。他的一边坐着一位意大利人，另一边坐着一位犹太人，他问商会主席这两个人是否三K党的成员。主席说他们都是，但他们被认为是好的，因为社区里的每个人都认识他们。总统说，这是一个很好的例子，说明如果你真的认识了一个人，就很难再有任何种族、宗教或其他方面的偏见。

斯大林说的确如此。我认为，当晚的整个讨论，以及会议的主要精神，都向世界提供了一个真正的范例，那就是尽管受客观条件所限，具有不同背景和受过不同教育的人还是可以找到相互理解的基础。

总统说，他认为任何一个民族的领导人都必须考虑他们的基本诉求。美国也是这样，他记得，当他第一次当选总统时，由于人民缺乏食物、衣服和住所，都快要闹革命了。为此他实施了救济和经济恢复计划，从那时起，美国就没再出现真正的社会混乱问题。

总统说他现在想提议为首相干杯。他说，他本人踏入美国政坛时已经二十八岁了，但那个时候，丘吉尔先生已经为他的国家服务了很多年了。总统接着说，在很长一段时期里，丘吉尔先生进进出出政府很多次，他在政府内与政府外相比，很难说哪一个为国家做了更多的贡献。总统说，他个人认为，丘吉尔先生在他不在政府的时候也许发挥了更大的作用，因为他逼着人们学会了思考。

这句话促使首相说起他在不久的将来将面临艰难的选举，他不知道左派会怎么做。斯大林说，现在左和右都只是议会用语。比如，在古典政治观念下，达拉第先生是一位激进的社会主义者，他比丘吉尔先生更

偏左；达拉第先生解散了法国的工会，而丘吉尔先生在英国从未骚扰过他们。斯大林问道，那么谁会被认为更偏左呢？

总统回想起 1940 年的时候，法国有 18 个政党，在一个礼拜里面他不得不和三位不同的总理打交道。戴高乐在去年夏天曾告诉他，总统又补充道，他准备改变这样的局面。

首相说斯大林元帅面临的政治任务比其他人轻松得多，因为他只有一个政党要对付。斯大林回答说，经验已经表明，对一个国家的领导人来说，一个政党的确是极大的便利。

首相评论说，如果他能获得所有英国人民的完全支持，肯定会减轻他的任务。但是英国在最近希腊危机中的活动，已经使他失去了一些支持。首相接着重申，他不知道英国选举的结果会是什么，但他知道他和艾登先生将继续支持苏联和美国的合法利益，并与之合作，无论是谁当权。

首相补充说，尽管他与下议院的一位共产党议员威利·加拉赫相处得不太好，但当他在战争中失去两个养子时，他还是给他写了一封慰问信。丘吉尔说，他认为英国人反对共产主义不是基于对私有财产的考虑，而是基于个人与国家关系的老问题。

斯大林元帅说，他不相信工党会在英国组成政府。他接着问总统，从政治意义上来说，美国是否有工党。总统解释说，尽管工会非常强大，但没有专门的工党。

这个时候，首相对总统在次日就返回表示有些不高兴。他的埋怨并不是因为总统打算去会晤国王和皇帝，而是因为他不能再推迟一天的行程①。他要求罗斯福改变计划，并说："但是，富兰克林，你不能走。

---

① 见罗伯特·E·舍伍德，《罗斯福和霍普金斯：一段亲密的历史》（纽约，哈珀兄弟出版公司，1948 年）第 871 页。舍伍德在书中引用了霍普金斯写的一张便条，称罗斯福惹丘吉尔不高兴是因为，他在 2 月 10 日才第一次告诉丘吉尔自己前去会晤埃及、沙特国王和埃塞俄比亚皇帝。事实上，罗斯福 2 月 2 日在马耳他的时候就告诉过丘吉尔了。

我们还要庆祝一下。"总统语气坚定地回答说:"温斯顿,我已经作出了承诺,明天必须按计划离开。"

斯大林接着说,他也认为需要更多时间来完成会议的相关议程,但总统回答说,在近东有三位国王在等着他。总统曾经对我明确说过,他认为有必要施加一些压力,以防止会谈再拖延下去。

当斯大林问总统是否打算向伊本·沙特做出什么让步时,总统回答说,他打算与国王一起讨论整个巴勒斯坦问题。

斯大林指出,犹太人的问题是极其困难的。苏联曾试图对犹太人进行全国性的安置,但他们只呆了两三年就回到了城市。他补充说,犹太人是天生的商人,但通过将小群体犹太人安置在农业区,他们取得了很大的成功。

当斯大林再次表示担心会议可能在第二天下午之前开不完时,总统回答说,如果有必要,他会等到星期一。

第十四章　会议结束

2月11日

在雅尔塔会议的最后一天,罗斯福总统、丘吉尔首相和斯大林元帅签署了《关于苏联加入对日作战条件的协议》。2月11日,星期日上午,他们召开的最后一次会议,主要是审议和批准第二天发表的联合公报。对美国人起草的文件,主要是按照斯蒂芬·厄尔利的要求,由怀尔德·富特拟定的,英国人和苏联人几乎没有提出任何修改。丘吉尔,通常很喜欢亲自起草这样的历史性文件,也只是提出了六七个细微之处的修改意见。其中大部分是为了从文本中删除"joint"①一词。他说,"joint"这个词对他来说意味着星期天全家一起烤羊肉。

在三位领导人批准了公报并结束了他们最后一次会议之后,艾登、莫洛托夫和我又一起对协定书进行了复核。公报和协定书都载于附录中,其中有部分内容表述相同,但协定书中还有一些内容,出于军事考虑或进一步研究的需要,在公报中并未提及或只提及部分。

有关波兰和南斯拉夫的协议,以及《关于被解放的欧洲宣言》,在两份文件中是一样的。不过,三国领导人同意分割德国的情况并没有出现在公报中,因为如果提到这一点,被认为可能将引发敌人更为激烈的抵抗。

公报中提到了德国的赔偿,但没有像协定书中那样详细说明。之所以如此，主要也是出于军事上的考虑，而且这个问题还必须提交给莫斯科的赔偿委员会作进一步研究。安全理事会的投票表决程序没有出现在公报中，因为在宣布之前必须与法国和中国进行讨论。3月5日，这两个国家一批准投票方案，我就在墨西哥城，我是从雅尔塔去那里参加泛美会议的，代表总统宣布了这项协议。该协议同时也在华盛顿予以公布。

英国、苏联、美国、法国和中国将在联合国会议之前，就领土托管问题进行磋商的决定也没有出现在公报中。正如安全理事会的投票方式一样，这项决定也必须得到法国和中国的同意，然后才能公布。

公报中没有提到主要战犯、南斯拉夫－保加利亚关系、保加利亚管制委员会、伊朗、《蒙特勒公约》和土耳其海峡等问题，因为没有作出任何决定，所有这些问题都需要进一步协商。

美国和英国同意在旧金山会议上，支持接纳乌克兰和白俄罗斯为世界组织创始成员国的提议，这一协议也没有出现在公报中。我一直认为，如果我在墨西哥城宣布安理会投票程序的时候，也被授权宣布这项协议的话，对总统来说会好得多，联合国最终也会受益。

然而，这个问题并没有被公开，因为总统希望有机会亲自向国会领袖解释这项协议，同样也给首相一个机会，决定如何应对下议院。这件事被保密还有一个原因，就是在雅尔塔的美国代表团内部对此也存在着分歧。一些代表团成员甚至希望苏联能够被说服撤回其请求。然而，与苏联重新审议此事的机会并没有出现。3月下旬，美国承诺支持苏联在旧金山提出要求的消息被泄露给了新闻界。这笔"交易"，以及总统授权迅速发表声明，确认同意支持苏联要求的做法，招致了广泛的批评。

这些批评，既针对这一协议本身，也针对它为人所知的方式。即这

---

① Joint，联合的，英语中还有大块肉的意思。——译者

项协议是因为疏忽才得以被公之于众的，甚至连那些认为给苏联额外席位无关紧要的报纸也对此予以抨击。由于这一消息是"泄密"出来的，因此有人指责雅尔塔还达成了其他秘密协议。

在总统宣布美国支持苏联的要求时，他还表示，美国本身不会要求增加两个席位。在雅尔塔会议上，曾经提出过额外增加两个席位作为对美国的补偿。自从总统同意支持苏联在旧金山会议上提出额外增加两个大会席位以来，这一决定引起了诸多关切。伯恩斯法官和爱德华·J. 弗林对此尤为感到不安。1919 年，因为英联邦有 6 票对美国的 1 票，国际联盟的反对者成功地挑起反英情绪，尤其是在爱尔兰裔美国人中，可能仍然令他们记忆犹新。他们担心现在会出现类似的反应，反对苏联以 3 票对美国的 1 票，因此敦促通过某种方式让美国获得与苏联相同的票数。事实证明，这些担忧并没有什么根据。当事情被公开之后，美国公众舆论谴责的是，美国为了获得对抗苏联 3 票的自己那 3 票到底有什么"交易"，而对于我们直接给予白俄罗斯和乌克兰额外的席位，却几乎没有人提出反对。在参议院关于批准《联合国宪章》的辩论中，这个问题几乎没有被提到。整个事件就是"马其诺防线"式思维的绝佳例证，为了美国获准加入联合国做好斗争的准备，仿佛我们是身处 1919 年，而不是 1945 年。

在雅尔塔，伯恩斯和弗林说服总统，就此事写信向斯大林和丘吉尔解释，由于美国是"三巨头"中唯一在世界组织大会上只有 1 票的国家，他在国内可能会面临什么样的困境。如果他必须为美国争取更多的投票权，罗斯福先生问道，其他两位领导人会支持这样一个提议吗？

首相在 2 月 11 日答复说，他将尽一切可能协助此事。

……我们的立场是［丘吉尔写道］，我们保有大英帝国和英联邦长期以来的代表权；苏联政府除了其主体，还有乌克兰和白俄罗斯两个共和国的代表；美国理所应当提出一种模式，彰显他们与其他成员国之间无可争议的平等关系。

斯大林元帅的回复是：

亲爱的罗斯福先生：

你2月10日的来信已收悉。

我完全同意你的意见，因为把苏维埃乌克兰和苏维埃白俄罗斯列入大会成员，苏联的投票权增加到了三票，美国的投票权也应该增加。

我认为美国的投票权应该增加到三张，就像苏联和它的两个创始共和国一样。如果有必要，我将会正式支持这项提议。

致以诚挚的敬意（签名）J. 斯大林

罗斯福在去世之前决定，美国将不会要求在联合国拥有三个席位。虽然我认为总统的决定是一个错误，但这些信件是罗斯福、丘吉尔和斯大林之间在当时存在相互谅解的一个证明。

2月11日中午，雅尔塔公报获得通过后，国务院的工作人员和我忙了一整个下午，将雅尔塔最终达成的协议内容以及一些关于各部门日常事务的决定发送给华盛顿。

那天晚上6点钟，莫洛托夫、艾登和我签署了会议协定书。此时，总统已经离开雅尔塔，踏上了回家的第一段旅程。由于总统告诉斯大林，他很想看看塞瓦斯托波尔遭到的严重破坏，因此他乘车去了那座城市，并在美国的通信舰"卡托辛号"上过夜。当协定书文本的最后一个字用无线电发送给华盛顿之后，弗里曼·马修斯说："国务卿先生，我们最后的信息已经发出。我可以切断与船的通信吗？"我回答说："好的。"随着我们和"卡托辛号"之间的通信被切断,整个会议的工作告一段落。

在切断了与华盛顿的联系之后,国务院的工作人员在我的房间里吃了晚饭,然后驱车前往辛菲罗波尔。当我们到达将雅尔塔与克里米亚半岛西部地区分隔开来的山峰顶部时,我们停下车,最后看一眼这次历史性会议的召开地。

当我们于深夜时分抵达辛菲罗波尔时,找不到火车站在哪里。我们的内务部护卫人员走下吉普车,敲了好几扇门,才找到人告诉他怎么去。到达火车站后,我们被带上一列过去罗马尼亚国王和王室的专用列车。我们得知哈里·霍普金斯和他的儿子鲍勃已经在国王车厢里睡着了。他们在我们之前出发,好像在站台上走来走去好几个小时,也没有人来帮助他们,最后终于找到一个会说英语的人,才把他们送上了火车。

第二天早上,哈里穿着睡衣赤脚敲开了我的门,我们边喝咖啡边聊了很久。他说:"如果我在美国的火车站站台上再看到一个外国人的话,我会带他去洗手间,然后给他一杯喝的。"

哈里对自己车站窘境的描述让我们感到好笑,但实际上他病得很重,真不应该再以这种方式消耗体力。在整个会议期间,麦金泰尔尽可能多地让哈里躺在床上休息。比如,不允许他参加任何正式的晚宴,出席全体会议对他来说已经是竭尽全力了。

当天夜里,我们的火车已经从辛菲罗波尔开到了萨基。我们在机场集合等候,直到总统从塞瓦斯托波尔回来,然后和莱希上将、伯蒂格夫人以及白宫团队的其他成员一起登上了专机"圣牛号"。霍普金斯和他们一起前往中东,在那里他们将登上"昆西号"巡洋舰,"昆西号"一直秘密停泊在苏伊士运河附近的大苦湖,等待着总统的到来。在总统启程前往阳光明媚、气候温暖的中东之后,我们一行人立刻集合,开始登上我们的 C-54 运输机,准备飞往大雪覆盖的莫斯科,在整个会议期间,它一直都留在萨基机场待命。

我们对莫斯科的访问虽然短暂,但事实证明,这是在雅尔塔会议之后,对维护美苏关系方面的有益补充。这也使我得以有机会与莫洛托夫、维辛斯基、外贸部长米高扬①等人进行一些有益的私人会谈。

午餐会在苏联外交部的官方招待所举行。期间,我与米高扬进行了交谈,并表达了这样一种观点:和平时期,苏联和美国在经济事务上的合作,可能成为维护世界和平与安全的一个重要因素。

维辛斯基一度提议,希望为了经济建设干杯。"我们这些法律人,"他说,"可能对这个问题的运作机制一无所知,但我们可以欣赏它的艺术。"在战争时期,他看到,不只是那些好吃的东西很重要,任何能吃的都变得很重要。因此,他说,他要向工业和农业,尤其是在这些领域工作和提供指导的人们敬酒。他还强调,要特别为美国的工人、农民以及商业领袖们干杯,他们所创造的巨大财富,不仅为美国造福,也为其他国家所用。他认为苏联正在尽最大努力向美国学习,并且已经掌握了许多美国领先的生产技术。接着他说,他希望苏联最终不仅在生产能力上与美国并驾齐驱,而且能超越美国。他总结说,这是一种正确的竞争方式——和平的经济竞争。

在同一天晚上,我们观看了一场芭蕾舞团的特别演出,优美绝伦。在一次幕间休息期间,我和莫洛托夫讨论了他在雅尔塔提出的一个问题,他刚刚从萨基回来。他曾询问,美国是否有可能向苏联提供一些巡洋舰和驱逐舰。他说,如果能在苏联海军参加对日作战之前提供军舰,将会大大提振苏联将士的士气。

在雅尔塔和莫斯科,我都向莫洛托夫做出承诺,将提请总统关注此

---

① 阿纳斯塔斯·伊万诺维奇·米高扬(Анас-тасИвановичМикоян,1895—1978)。苏联人民委员会(1946年起为部长会议)副主席(1937—1955)。——译者摘自《第二次世界大战百科词典》,上海辞书出版社

事。2月15日,在埃及亚历山大见到总统时,我确实汇报了苏联的要求。谈话结束之后,我从开罗发电报给莫洛托夫:"总统希望给予此事紧急关注,并要求美国驻莫斯科军事代表团对此进行分析研究。因此,我希望您与哈里曼大使进一步探讨此事。"此事最终的结果是,并没有任何舰船被提供给苏联。1943年意大利投降后,苏联就曾要求得到一部分意大利舰船。不过,英美两国领导人对此都持反对意见,因为这些舰船能在地中海的战事中发挥作用。而且,英美联合参谋长委员会对此的观点是,意大利舰船是为地中海水域建造的,因此在北部水域派不上任何用场。在德黑兰会议上,总统和首相同意,借给苏联一艘淘汰的美国巡洋舰"密尔沃基号"、一艘老旧的英国战列舰"皇家君主号"、三艘潜艇和八艘驱逐舰,作为把三分之一意大利舰船交给苏联的替代方案。除了一些小型船只和其他登陆艇作为正常的《租借法案》援助物资之外,上述舰船也被移交给了苏联。然而,后来在与意大利签署的和平条约中,苏联还是分到了意大利海军舰艇的三分之一,作为交换,他们同意归还英国和美国的船只。

2月14日凌晨,我们离开了莫斯科。在漆黑的夜色中,我们从大使馆开车前往机场。到达机场,我们惊讶地看到那里居然是一片灯火辉煌。那天的气温在零摄氏度以下,天空中飘着小雪。莫洛托夫,身着一件黑色外套,戴着黑色皮帽;维辛斯基穿着他的外交制服,还有外交部的其他人员都在那里等候着我们。当我们从车上下来时,乐队奏起了《星条旗永不落》,C-54的铝合金机身在探照灯明亮的灯光下闪闪发光。里奇蒙德少校和全体机组成员列队等候。那一幕景象令人印象深刻。

上了飞机,几分钟后我们就已经在莫斯科上空盘旋了。按照既定路线,我们途经土耳其飞往埃及。马修斯、希斯、富特和我一天的大部分时间都在写文件、起草电报和报告。在开罗,我们停在佩恩机场,那里是美国的空军基地。晚饭后,我拜访了埃塞俄比亚皇帝海尔·塞拉西,出于安全原因，他住在机场的一个客栈里。他的行事风格简单干脆、直截了当，反应迅速。

我告诉他，克里米亚会议将产生一个和平组织，我们希望这个组织将使任何侵略者不可能再像意大利袭击他的国家那样欺负一个小国。当我表示希望埃塞俄比亚派一个正式代表团出席旧金山会议时，皇帝非常高兴。他对美国向埃塞俄比亚提供的援助表示感谢。我回答说，希望美国能够帮助埃塞俄比亚开发自然资源，实现农业、交通和矿业的现代化。

第二天早晨，我飞往亚历山大，与总统会合。在亚历山大的埃及皇家游艇俱乐部等待"昆西号"到来时，我遇到了刚刚从伦敦乘飞机抵达的怀南特大使。怀南特曾经给在雅尔塔的总统发过电报，对未能出席会议表示遗憾，因为此次会议的决定将影响他在欧洲咨询委员会的工作。总统在收到怀南特的电报后表示，驻英大使没有必要出席，但他发电报给怀南特，说他很高兴在亚历山大见到他。

当我们看到"昆西号"进港时，英国皇家海军少将波兰德用他的船送我们前去迎接。上了"昆西号"，我立即被带到了驾驶台甲板，总统正在那里欣赏海港景色。我和他讨论了半个小时的部门事务。除了其他事项之外，我建议伊萨多·卢宾博士担任在莫斯科新成立的赔偿委员会的代表，也获得了批准。

总统告诉我，回到华盛顿后，将会与我全面回顾他与伊本·沙特、海尔·塞拉西和法鲁克国王进行的会谈。其中与伊本·沙特的那次会谈令他尤为难忘。他说，必须与国会领导人召开一次会议，重新全面审视我们对巴勒斯坦的政策。他现在确信，如果顺其自然，阿拉伯人和犹太人之间必将发生流血冲突。最后，他总结说，为了防止这场战争，必须逐步寻求解决之道，虽然现在还没有什么好的方案。

4月5日，他写信给沙特阿拉伯领导人：

雅尔塔内幕　　219

陛下应该记得，我此前曾向您传达过美国政府对于巴勒斯坦的立场，并明确表示，我们希望在没有与阿拉伯人和犹太人充分协商的情况下，不对巴勒斯坦的基本态势做出任何决定。陛下肯定还记得，在我们最近的谈话中，我曾向您保证，不会以政府行政部门首长的身份，采取任何可能对阿拉伯人民怀有敌意的行动。

在亚历山大与总统会面之后，我飞回开罗，我们的 C-54 飞机于当天下午 5 点 20 分从开罗起飞，绕着金字塔转了几圈之后，午夜时分在卡萨布兰卡停留休息，于第二天中午抵达了佛得角南端的达喀尔，这里是非洲大陆的最西端。午餐后，我们飞往利比里亚，在那里我作为贵宾出席了我的朋友威廉·V.S. 塔布曼总统举办的招待会。晚宴上，塔布曼总统的远见卓识给我留下了深刻印象。我也得以有机会与国务卿加布里埃尔·丹尼斯讨论了利比里亚自然资源的未来开发问题。

在亚历山大，我曾向总统报告，马歇尔将军应史汀生部长的要求，委托我到巴西的瓦尔加斯①总统那里执行一项特别任务，在我说明了计划路线之后，总统立即说，我作为国务卿，前往利比里亚进行正式访问，对美国政府是极为重要的。他提醒我，他此前曾经说过，巴西大洋对面的非洲突出部地带，对美国来说至关重要。他还说，他已经下定决心，要尽其所能地帮助利比里亚人民实现他们的伟大梦想，实现基于本国经济基础的经济安全。

2月17日凌晨12时35分，我们离开利比里亚，在黑夜中飞越南大西洋。在里约热内卢，我与瓦尔加斯总统的会谈很成功。在他的提议下，我们讨论了巴西同苏联建立外交关系的问题。会谈中，我强调了美

---

① 格图利奥·多内尔斯·瓦尔加斯（Getúlio Dornelles Vargas，1882—1954），巴西政治家，任期最长的巴西总统。瓦尔加斯支持民族主义、工业化、中央集权和社会福利改革，被称为"穷人之父"。——译者

国政府高度评价巴西为战争所做出的贡献。

2月19日，我离开巴西飞往墨西哥城，参加在查普特佩克举行的泛美会议。在这次会议上，美洲国家代表达成的协议，使美洲关系达到了新的高度①。到3月10日我回到华盛顿时，我已经离开了六个星期，访问了15个不同的国家，旅行了大约26 000英里（约41 842公里）。

与此同时，总统也乘坐"昆西号"返回，与出发时的高昂兴致相比，他从亚历山大到诺फ克的回家之旅有些悲伤。虽然他对自己在克里米亚取得的巨大成就感到振奋，但他挚爱的朋友和多年的伙伴"老爸"沃森在海上不幸去世，令他深感悲痛。

此外，总统的团队也已解散。哈里·霍普金斯飞往北非作短暂休息，然后前往梅奥医学中心，在那里他将一直呆到总统去世。总统原本希望霍普金斯和他一起坐船，帮助他准备向国会发表的讲话，哈里想坐飞机提早离开的想法令他有些恼火。不过，鉴于霍普金斯极度疲劳和痛苦的状态，他想要尽快返回美国的愿望是可以理解的。

伯恩斯、弗林和厄尔利，要么去执行特别任务，要么也都赶在总统之前返回华盛顿。由于随行人员都各自奔忙，总统只好派人去请他多年的得力助手，正在伦敦公干的塞缪尔·I. 罗森曼②法官。罗森曼在阿尔及尔与总统会合，不仅在船上作为陪伴，同时也为总统准备3月1日递交给国会的精彩演讲稿担当主笔。

---

① 《查普特佩克公约》（Act of Chapultepec），是二战末期美洲国家签署的一项区域性多边国际条约。1945年3月6日，在墨西哥城附近的查普特佩克城堡举行的泛美会议正式通过。公约重申了自1890年以来美洲国家间关系的某些基本原则。条约的签署，反映出美洲国家在安排战后美洲国际关系问题上的一些基本倾向，也反映出美国地位的加强。——译者摘自《第二次世界大战大词典》，华夏出版社
② 塞缪尔·欧文·罗森曼（Samuel Irving rosenman, 1896—1973），美国律师、法官、政治活动家，昵称"萨姆"（Sam），罗斯福总统的演讲词撰稿人、密友和高级顾问，自罗斯福担任纽约州州长起就是核心幕僚成员之一，白宫首任官方法律顾问，罗斯福组织实施"新政"的主要推动者，曾参与领导二战后的战争罪行审判。——译者

第三卷　盘点得失

第十五章　绥靖还是现实

这次会议的记录清楚地表明，苏联在雅尔塔对美国和英国做出的让步，比英美对苏联的让步更大。罗斯福总统、丘吉尔首相和斯大林元帅之间达成的协议，总体上是美国和英国的外交胜利。与苏联之间真正的问题出现在雅尔塔之后，当这些协议并未得到遵守的时候。

苏联在雅尔塔做出的主要让步有：

一、世界组织

（a）苏联接受美国提出的安全理事会表决方案。1945年5月26日，约翰·福斯特·杜勒斯在旧金山给美国代表团的报告中提到，"葛罗米柯大使最近曾对他说起，从苏联的角度来看，投票方案代表着一个重大妥协。"

在雅尔塔的讨论中，很明显，斯大林元帅主要是对英国、美国和苏联之间的联盟感兴趣。不过，确保他同意美国提出的投票方案，罗斯福总统能够实现的就不仅仅是一个大国之间的联盟。

仅仅因为苏联的坚持，常任理事国才被授予对大多数问题的否决权，这种说法是绝对不正确的。美国代表团，在敦巴顿橡树园会议和之后的会议中，都赞成大国拥有涉及经济和军事制裁问题的否决权。美国代表团也知晓，经过战争部长、海军部长和参谋长联席会议的同意，作为一项基本军事政策，美国不应加入任何未经其同意就可以使用其部队的世界组织。否决权的问题，也得到了讨论联合国计划的国会议员的支持。

关于安全理事会常任理事国否决权的所有争议，均忽略了一个事实，即阻碍安全理事会有效性的不是否决权本身，而是滥用否决权。

(b) 鉴于美国和英国的坚定立场，苏联撤回了 16 票的请求。苏联也撤回了在雅尔塔要求英美同意邀请乌克兰和白俄罗斯参加旧金山会议的请求。在旧金山会议就此事进行表决时，总统和首相确实承诺支持接纳这两个国家。额外增加的这几票其实并没有那么的重要。无论如何，它们不会对联合国的工作产生重大影响。英美苏三国一直无法达成友好合作，才是影响联合国有效发挥作用的原因，而并非是因为苏联在大会中拥有 3 张投票权。

鉴于苏联对美国在世界组织问题上所做出的诸多退让，给他们额外增加 2 张选票只能算作是个小小的妥协。这么做是更为明智的。罗斯福总统决定在这一点上满足苏联的要求，以此确保它参加联合国会议，否则他们有完全退出这个世界组织的可能。无论某些人喜欢与否，我们都生活在一个相互依存的世界里。虽然实现"寰宇一家"的目标还面临着无数困难，但让苏联加入联合国，无论过去还是现在，都是朝着正确方向迈出的必要一步。

罗斯福总统在 1945 年 3 月 1 日给国会的致辞中表达了如下观点：

"当有关投票权的结果公布之后，我认为，并且也希望你们认为这些决定是合理的——你们将会发现，这是解决这个复杂和困难问题的合理方案——我几乎可以说，这是一个立法问题。它们建立在公平的基础之上，并将大大有助于确保维护和平的国际合作。

这一次，我们没有犯等到战争结束才建立和平机制的错误……

世界和平的缔造，不可能是某个人、某个政党或者某个国家的工作。也不可能仅仅是美国的和平，英国的和平或者苏联、法国或中国的和平。不可能只是大国间的和平或者小国间的和平。它必须是建立在全世界的通力合作之上的和平。"

（c）对于应当被邀请参加旧金山会议的国家，苏联同意美国所作出的定义。由此，那些在1945年3月1日之前宣战的联合国家，得以作为创始成员参加会议。特别是一些拉丁美洲国家，正是因为这一决定才有了参加这次会议的可能。这是斯大林在罗斯福先生的敦促下做出的重大让步。

（d）罗斯福总统坚持在世界组织中要享有进行充分和坦率的讨论的权利。尽管苏联不太喜欢。但总统明确表示，所有国家都有发表意见的权利。因此，联合国得以为一些较小的国家，提供一个向世界发表意见的场所。

二、军事协作

在罗斯福总统的要求下，斯大林元帅同意，这也是战争中的第一次，苏联和西方应该达成真正的军事协作。斯大林还同意了总统的要求，即苏联在布达佩斯附近和其他地方的空军基地，应可供美国空军使用。

苏联也第一次坦率地公布了下一步的进攻计划。

三、法国占领区和法国在对德管制委员会的成员资格

会议初始，苏联就撤回了对总统和首相所提建议的反对意见，即从

英国和美国的占领区中划出一个法国占领区。在会议快结束的时候,罗斯福总统宣布,他现在同意英国人的意见,即法国人也应加入管制委员会。苏联也撤回了对这一提议的强烈反对。德国占领区是由伦敦的欧洲咨询委员会划定的。这些区域在雅尔塔之前就已经划定了。我认为没有证据可以指控,罗斯福总统在雅尔塔同意美国军队不应该在红军之前占领柏林。艾森豪威尔将军也曾写道①,美国军队不应该攻进柏林的决定是在1945年3月做出的,完全是出于军事原因。

四、德国赔偿

这是会议上最具争议的问题之一。英国和美国都同意向德国要求赔偿的原则,但我们都想避免出现第一次世界大战后的灾难性赔偿。英国人不愿认同苏联人提出的 200 亿金额。罗斯福总统希望赔偿委员会在其初步研究中,只是把苏联的数字作为讨论的基础,而不是商定的数额。苏联对此表示接受。

1946 年 7 月,莫洛托夫在外长会议上说,罗斯福总统在雅尔塔同意向苏联提供 100 亿美元的赔偿。这是不正确的。总统同意的,仅仅是将 200 亿美元的数字,其中 50%给苏联,作为赔偿委员会讨论的基础。2月 10 日在雅尔塔举行的外长会议上(莫洛托夫也出席了),麦斯基同意赔偿方案"不向盟国承诺到确切数字",斯大林元帅在当天的全体会议上表示,没有涉及对数字的承诺。他解释说,所述数字将仅仅用作赔偿委员会讨论的基础。

---

① 详见艾森豪威尔将军《远征欧陆》(纽约:双日出版社,1948 年)第 398、400、402 页。

五、苏联接受了英国对《南斯拉夫协定》的两项修正案

六、解放欧洲宣言

美国提出的草案几乎没有遭到反对意见就被通过了。斯大林元帅在意识到罗斯福总统不会接受莫洛托夫提出的两项修正案时,他撤回了修正案。

七、波兰

波兰问题被证明是所有议题中最具争议和难度最大的。罗斯福总统在克里米亚与丘吉尔首相和斯大林元帅会面之时,美国和英国的军队刚刚收复了在突出部战役中失去的阵地,盟军还没有渡过莱茵河。在意大利,我们的攻势在亚平宁山脉陷入困境。而另一方面,苏联军队刚刚几乎横扫了波兰和东普鲁士全境,并抵达了德国奥得河沿岸部分地区。匈牙利大部分地区被解放,捷克斯洛伐克东部被攻占,南斯拉夫游击队于1944年11月夺回了贝尔格莱德。因此,到了1945年2月,波兰和整个东欧,除捷克斯洛伐克大部分地区外,都已经在红军手中。由于这种军事形势,对英美来说,问题已不是允许俄国人在波兰做什么,而是两国能说服苏联接受什么。

(a)罗斯福总统和丘吉尔首相均拒绝接受俄国人提出的将波兰西部边界定为西尼斯河的要求。斯大林元帅最终撤回了这一要求,同意将波兰西部边界留到和平会议上解决。①

---

① 后来,在波茨坦会议上,奥得河-尼斯河一线被定为波兰和苏联在德国占领区之间的边界,但西部边界的最终确定仍有待于德国的和平条约。

(b) 斯大林元帅坚持将"寇松线"作为波兰的东部边界。苏联认为，这条线以东的地区是在第一次世界大战后被用武力从苏联夺走的。在雅尔塔会议之前，丘吉尔已经在下议院宣称支持"寇松线"。

罗斯福总统建议，苏联可以考虑把波兰城市利沃夫和一些油田留给波兰。丘吉尔首相也建议，采取一些这样的姿态可以让世界放心。然而，斯大林坚持说，他不能比首先提出这条边境线的寇松和克列孟梭还要更不像俄国人。不过，他后来确实提出来做 5 到 8 公里有利于波兰的外移。美国在雅尔塔无法改变俄国人在东部边界上的态度。

(c) 雅尔塔会议召开时，苏联已经组建了波兰卢布林临时政府。罗斯福总统和丘吉尔首相都坚决拒绝承认这个政权。在雅尔塔，关于波兰政府的协议被证明是最困难和最耗时的问题。苏联坚持认为，对于卢布林政府应该做的一切就是扩大它。罗斯福总统和英国人坚持认为，必须对其进行改组，以便包括流亡波兰境外的民主派领导人。

斯大林最终同意改组卢布林政府，吸收国内外民主派领导人。他还同意英国和美国的要求，即早日举行自由和不受限制的选举。罗斯福从美国方案中撤回了"三大国驻华沙大使在新政府得到承认后，将负责观察并向各自政府报告自由和不受限制选举承诺的履行情况"这句话。尽管罗斯福总统撤回了这一表述，但他明确表示，大使无论如何仍将履行这一职能。因此，这句话被改写为三大国"……将（与波兰）互派大使，通过大使的报告向各国政府通报波兰局势"。

当然，这个决定确实没有罗斯福总统所希望的那样清晰明确。杜鲁门总统在 1945 年 4 月 21 日与我讨论波兰协议时，对协议不够明确表示遗憾，但他补充说，他意识到罗斯福总统已尽一切努力使协议明白无误。

在这种情况下，对于波兰的协议，就是斯大林元帅对首相和总统的让步。这不完全是我们想要的，但另一方面，也不完全是苏联想要的。这并不是像人们广泛指责的那样，是对民主波兰的"出卖"，而是斯大林做出了承诺,他将允许组建一个新政府,在一个完全由他摆布的国家举行自由选举。问题不是出在雅尔塔协定上,而在于苏联后来未能履行协议的条款。

1945年3月1日,罗斯福总统在国会联席会议上说:"我确信,在这种情况下,这项关于波兰的协议,是为了建设一个自由、独立和繁荣的波兰国家可能达成的最有希望的协议。"①

总统还指出:"我认为,我们这个伟大的国家,再也无法避免对千里之外的政治状况所负的责任……美国现在对和平事业施加了巨大的影响……美国不会总是百分之百地按照自己的意愿前进——同样,苏联和英国也不会。对于复杂的国际问题,我们不可能总是拿出理想的解决办法,尽管我们决心继续朝着这个理想努力。但我相信,根据雅尔塔达成的协议,整个欧洲的政治局势将比以往任何时候都更加稳定……"

凭着红军压倒性的胜利,与过去相比,苏联在东欧又获得了什么呢?英国和美国在雅尔塔获得了承诺,遗憾的是没有兑现,但苏联确实曾经承诺过自由选举和民主政府。

苏联在雅尔塔得到了什么呢?除了千岛群岛以外,即使没有任何协议,她就拿不到了吗?如果没有达成协议,苏联就可能横扫中国华北,美国和中国完全没有办法阻止。大家不要忘记,在克里米亚半岛召开会议之际,罗斯福总统的军事顾问刚刚告诉他,日本可能要到1947年才会投降,有些人甚至预言还要更晚。总统被告知,如果没有俄国人参战,美国征服日本可能会有100万人的伤亡。还有必须记住的是,在雅尔塔会议召开时,原子弹是否能造出来仍然是个未知数,而且,由于突出部之役让我们在欧洲战场遭到挫败,德国到底需要多长时间才能被打

---

① 尽管莫洛托夫推迟了邀请米科瓦伊奇克到莫斯科进行讨论,但哈里·霍普林斯在1945年5月的莫斯科之行中搞清楚了这一点。波兰举行选举后,美国对新当选的政府予以承认。

败还不确定。1944年秋天,盟军在法国全境高歌猛进,人们对战争即将结束抱有极大的乐观情绪。接着就发生了突出部之役,这不仅仅是一场军事上的逆转,还给人们对德国战争即将结束的信心投下了深深的阴影。① 例如,在华盛顿,由于欧洲战争的时间可能比估计的要长,武装部队的采购机构都立即开始下新的军火订单。

从事后看来,大家可以说这种普遍的悲观主义是没有根据的。然而,重要的不是"事后诸葛亮",而是这种想法对克里米亚战略和协议的影响。把苏联纳入统一的行动范围是很重要的。苏联人在对日战争中的合作,与他们在世界组织中的合作以及在欧洲的联合行动是同步进行的。此外,远东协定的批评者往往忽视了这样一个事实,即苏联在协定中承诺,中国将保留"满洲的全部主权",苏联将与中国国民党政府缔结友好条约。据我所知,美国军方领导人认为战争必须尽快结束。人们担心,在日本的重大伤亡或可能无法实现持续的胜利,将对美国人民的心态产生不好的影响。

罗斯福总统非常信任他的陆军和海军参谋,他全心全意地依靠他们。他们一直坚持的建议是,在德国溃败后不久,苏联必须加入远东战争。因此,总统在签署远东协定时,是根据军事顾问的建议采取行动的。他不是出于什么安抚斯大林和苏联的想法而批准这项协定。②

---

① 详见罗伯特·E·梅里亚姆(Robert E. Merriam),《黑暗的十二月:突出部之役的完整记录》(芝加哥齐夫戴维斯出版公司,1947年)。

② 前海军情报局副局长埃利斯·M·扎卡里亚斯(Ellis M. Zacharias)少将曾撰文说,参谋长联席会议说服罗斯福总统作出让步,是为了让苏联参加对日战争,依据的情报报告是完全不准确和具有误导性的。没有任何证据表明,在雅尔塔,除了我们所使用的情报报告之外,还有其他情报报告存在。见扎卡里亚斯,《雅尔塔内幕》,《联合国世界》,1949年1月,第一期,第3卷,第16页。1949年1月21日,中国驻联合国代表给《纽约先驱论坛报》写了一封有趣的信,强调罗斯福总统"消息不灵通"。他写道:"我担心,美国政府对日本忍耐力的过高估计,可能会让中国为苏联的军事援助付出代价……"

一些批评雅尔塔会议的人显然认为，最好不要与苏联达成协议。然而，如果我们没有在雅尔塔达成协议，俄国人仍将会完全占据那些被说成是罗斯福总统给予他们的欧洲领土。如果不能达成一致，将严重打击盟国的士气，而盟国已经饱受五年战争的折磨；这意味着对德国和日本的战争将会延长；还会阻止联合国的建立；而且可能会导致其他无法估量的悲剧后果。

罗斯福总统在雅尔塔并没有"交出"任何他力所能及的重要东西。从另一个角度来说，正是这些协议加速了战争的结束，大大减少了美国人的伤亡。雅尔塔会议也使建立联合国成为可能。尽管雅尔塔会议以来的事件使联合国难以有效运作，但我相信，联合国仍然能够成为建设一个稳定与和平世界的历史上最伟大的成就。

1945年3月15日，我从墨西哥城的查普特佩克会议返回华盛顿后，对一个两党参议员小组说，"雅尔塔的气氛不都是在吵架，斯大林和他的政府显然已经下定决心要在联合国中占据一席之地。在会谈中，俄国人经常在各种政治、经济和安全问题上作出让步。"当参议员汤姆·康纳利讲，有说法称罗斯福总统在几乎所有问题上都向斯大林让步时，我强调说，"在雅尔塔的第一天结束时，我们在克里米亚会议上显然面临着合理的局势"。

2月17日，当我在里约访问巴西总统瓦尔加斯时，我对他也讲了类似的说法。我告诉瓦尔加斯，"我很高兴能够报告罗斯福总统发现斯大林方面有高度的合作"。我还说，"很明显，在最初见面的四十八小时里他们就相处和睦，取得了巨大的成果"。当瓦尔加斯总统问斯大林是否"是一个很难相处的人"时，我回答说"他很坚强，但也很现实"。我向瓦尔加斯总统解释说，"对苏联决定作为一个好公民加入联合国大家庭，总统充满信心"。

第十六章　雅尔塔会议后的关系破裂

克里米亚会议结束后不久，就发生了一系列的事件，破坏了英美联盟与苏联之间的团结。甚至在1945年4月12日罗斯福总统去世之前，合作的热度就已经开始退去。他死后，丘吉尔在7月竞选首相连任失败，以及苏联内部令人看不懂的事态发展，最终形成了一种危险的僵局，这种僵局至今还仍然存在。

三位领导人在雅尔塔达成的高度合作，在雅尔塔会议后不久就开始破裂。国务院一些在会议上担任罗斯福总统顾问的成员认为，当斯大林元帅回到莫斯科之后，在政治局遇到了麻烦，因为他对这两个资本主义国家过于友好，做出了太多让步，在教条的马克思主义者眼睛里，这两个资本主义国家永远不会得到苏联共产党人的真正信任。政治局的某些成员很可能采取了苏联实际上在雅尔塔被彻底出卖了的路线。

哈里曼大使曾于1944年9月19日给国务院打电报，斯大林身边的实力派似乎很不愿意看到，苏联的安全仅仅靠一个未经证实的世界组织来保障。因此，哈里曼推测，苏联可能一边参与世界组织，但同时也建立自己的势力范围。在旧金山会议上，安东尼·艾登告诉我，他确信雅尔塔会议之后在莫斯科发生了什么事，苏联已经开始改变他们在《雅尔塔协定》中所表达的政策。

苏联政治局的工作从来没有被透露过，我也不能假装自己知道雅尔塔会议后莫斯科发生了什么。可能是斯大林的顾问告诉他，东欧的选举将摧毁苏联对该地区国家的控制。根据我的理解，在波茨坦会议上，斯大林大元帅①实际上希望美国在《雅尔塔协定》规定的选举之前承认东欧各国政府。斯大林说，"在这些国家中，任何一个选举的政府都将是反苏的，这是我们不能允许的。"②

　　罗斯福总统的去世，或许加强了苏联政治局中反美集团的势力，这可能也是事实。也有可能是苏联政治局在雅尔塔会议后重新审视了自己的政策，断定美国很快就要从欧洲撤军。美国军事当局对远东战事的重视，可能让俄国人认为，美国在太平洋地区的作战上将会全力以赴，以至于在德国投降后不久，所有美军都将撤出欧洲。罗斯福总统在雅尔塔2月5日全体会议上的讲话中称，美国军队战后留在欧洲的时间不可能超过两年，也可能影响了苏联政治局的这一判断。

　　不管是什么原因，雅尔塔会议结束后不久，苏联就开始回避一些协议。苏联人拖延了某些军事协议的执行；他们阻碍了对德管制委员会的成立；他们在罗马尼亚没有履行《关于被解放的欧洲宣言》；他们还极大地妨碍了波兰协议的执行。

　　苏联在允许空军代表调查布达佩斯附近可能建设的空军基地后，推迟了基地的批准。空军最终放弃了这个问题，因为由于延误，基地不再需要了。在雅尔塔达成了一项军事协议，要求每个国家允许其他国家在自己的战线后方派遣使团，处理被释放的本国战俘。然而，雅尔塔会议后的苏联却不允许美国代表团在苏联战线后方运作。

---

① 斯大林曾于1943年3月6日被授予苏联元帅军衔。1945年6月，苏联最高苏维埃主席团发布命令授予斯大林苏联大元帅军衔。本书对斯大林职务的称呼按照授衔时间进行了区分，1945年2月召开的雅尔塔会议期间称"元帅"，1945年7月召开的波茨坦会议期间改称为"大元帅"。——译者
② 详见菲利普·E. 莫斯利《与俄国人面对面》，《外交政策协会要闻丛刊》（Foreign Policy Association Headline Series）第70卷第23页。

在伦敦，苏联政策的转变对欧洲咨询委员会的美国代表来说是显而易见的。雅尔塔会议一周后，该委员会的苏联成员宣布，代表们将从莫斯科赶来，与英国和美国的代表共同组成对德管制委员会的核心。在宣布这一消息两周后，苏联代表非常尴尬地说，苏联人根本就没有打算派一个小组去伦敦。他的态度使我们的代表相信，苏联的外交政策正在发生变化。

对于罗马尼亚（以及其他被解放的欧洲国家），《关于被解放的欧洲宣言》保证，三国政府将"将共同协助任何欧洲被解放国家或欧洲前轴心集团卫星国的人民……组成过渡政府当局，广泛代表人民中的所有民主分子，并保证根据人民的意愿，通过自由选举，尽早建立政府……当三国政府认为，任何欧洲被解放国家或欧洲任何前轴心集团卫星国的情况需要采取这些行动时，他们将立即就履行本宣言所规定之共同责任的必要措施进行协商。"

尽管苏联、英国和美国承诺采取联合行动，但在雅尔塔会议闭幕十三天后的 1945 年 2 月 24 日，罗马尼亚盟军管制委员会的苏联成员拒绝召开委员会会议。三天后，维辛斯基抵达布加勒斯特，要求解散拉德斯库政府并组建新政府。维辛斯基很快迫使国王任命了一个由亲共产党领导人彼特鲁·格罗查①组成的政府。美国抗议《关于被解放的欧洲宣言》规定的相关原则被忽视，被苏联人断然拒绝。

与此同时，关于波兰问题的协议在 3 月初遭到破坏，哈里曼大使在华盛顿警告国务院，莫洛托夫坚持只能邀请卢布林政府接受的波兰领导人与雅尔塔任命的委员会进行磋商。《雅尔塔协定》在这一点上是这样表述的：

---

① 彼特鲁·格罗查（PetruGroza, 1884—1958），罗马尼亚政治家、律师、民族资本家，罗马尼亚人民共和国的主要缔造者和领导人。——译者

"莫洛托夫先生、哈里曼先生和阿奇博尔德·克拉克·克尔爵士获得授权，在莫斯科首先与现任政府成员以及波兰国内外其他民主派领导人进行磋商，以便按照上述方针改组现任政府。"

在莫洛托夫提交的那些应该被从伦敦邀请到莫斯科的波兰领导人名单中，罗斯福总统只建议了"米科瓦伊奇克"一个人的名字，莫洛托夫却偏偏明确拒绝邀请他。莫洛托夫还回到了他的老论调，即新政府应该只不过是一个扩大的卢布林政府，英国和美国的代表均拒绝接受对《雅尔塔协定》的这种解释，并指出该协议是为了重组而不是扩大卢布林政府。

《雅尔塔协定》关于这一点的表述是："目前在波兰运作的临时政府应该在更广泛的民主基础上进行改组，包括来自波兰本身和居住在国外的民主派领导人。"

4月1日，罗斯福总统就波兰问题给斯大林元帅发了急电。总统和首相在3月底的时候已经就波兰问题交换过意见，俩人都认为《雅尔塔协定》陷入了重大危机。

罗斯福向斯大林表示，他对"在执行我们在雅尔塔达成的政治决定，特别是与波兰问题有关的政治决定方面取得的进展微乎其微感到失望，这是全世界所期望的"。总统宣布，波兰的僵局源于苏联对《雅尔塔协定》的解释，即新政府只不过是一个扩大的卢布林政府。总统警告说，这是与协议不符的，"任何这种导致现政府变相继续存在的解决办法都是完全不能接受的，并将使我国人民认为《雅尔塔协定》是失败的"。

总统还指出，解决波兰问题"对于我们国际合作计划的成功发展"至关重要。关于罗马尼亚的事态发展，罗斯福明确表示，他不明白为什么这些事不属于《关于被解放的欧洲宣言》的范畴。

4月7日,元帅回电并承认波兰问题陷入僵局。然而,他指控说,发生这种情况是因为英国和美国大使违反了《雅尔塔协定》,坚持彻底清算卢布林政府,成立一个全新的政府。元帅说,只有愿意承认《雅尔塔协定》包括关于"寇松线"决定的波兰领导人以及那些"真正努力在波兰和苏联之间建立友好关系"的领导人,才能得到邀请。

就在英国外交部和美国国务院同时都给斯大林元帅起草回电的时候,总统去世了。

4月4日至6日,就在罗马尼亚和波兰的麻烦继续恶化时,哈里曼大使给国务院拍电报汇报了苏联局势。他认为苏联外交政策采取了以下三条并列的方针:

(1) 在世界组织上与美国和英国进行合作;
(2) 在相邻国家领土上构建一个安全圈;
(3) 通过他们的政党向其他国家渗透。

哈里曼建议,我们要确保苏联不能让西方盟国之间互相挑拨。我们还要向苏联人指出他们的做法"不能被容忍"的实际情况,向苏联领导人表明,他们不能继续目前的行动,否则苏联将付出巨大代价。

在4月12日总统去世之前,苏美关系中的另一个事态发展让他非常生气。斯大林向总统发出照会,抗议德国军官和英美军官正在伯尔尼就德军在意大利的投降事宜进行谈判。在收到斯大林的照会之前,总统已经通知过苏联,德国人要求召开一次会议,但他向斯大林保证,实际上没有进行任何谈判。斯大林在照会中断言,总统并没有接到他自己的军方领导人的通知,因为谈判已经完成,德国人允许美军向前推进,以换取更容易的和平条件。

总统对这封照会感到愤怒。他尖锐地回答说,艾森豪威尔将军不给他汇报是不会进行谈判的①。而且，苏联在所有事态进展上都得到了完整的通知。总统说，他对元帅线人的"恶毒的谣传"表示不满，这些信息表明，斯大林的某些线人企图破坏两国之间的友好关系。

斯大林回电说，他没有质疑总统的诚实，但他仍然相信他收到了准确的情报。不过，斯大林电报的语气比此前一份更具和解的意味。

就在他去世之前，总统收到了首相的一封电报，就波兰问题如何向下议院交代请求给出建议。在去世的那天，总统在佐治亚州温泉镇的小白宫给丘吉尔发了以下信息：

> 我会尽量最小化处理一般的苏联问题，因为这些问题，以这样或那样的形式，似乎每天都在出现，而且像伯尔尼会议这样的大多数问题都会得到解决。
>
> 我们必须坚定不移，不管怎样，我们迄今为止的方针是正确的。

罗斯福总统刚从雅尔塔回来不久，就请他的智囊顾问伯纳德·M.巴鲁克②去伦敦，与首相讨论一些和平方面的问题。我和巴鲁克谈过，请他帮助我们说服丘吉尔，在世界组织中建立一个"经济和社会理事会"。巴鲁克在伦敦期间探讨了许多问题，包括世界组织和与苏联的关系。巴鲁克在 4 月 20 日给杜鲁门总统的报告中，就俄罗斯问题这样

---

① 详见艾森豪威尔将军《远征欧陆》（纽约：双日出版社，1948 年）第 423 页。
② 伯纳德·曼恩斯·巴鲁克（Bernard Mannes Baruch, 1870—1965），美国金融家、慈善家，先后担任过伍德罗·威尔逊总统和富兰克林·罗斯福总统的经济顾问。罗斯福总统推行"新政"，巴鲁克是"智囊团"核心成员，协助建立国家复兴署；同时他还是总统夫人埃莉诺·罗斯福慈善活动的主要资助者。美国参加二战后，罗斯福任命巴鲁克为特别顾问、战争动员办公室主任，协助管理战时生产。1946 年任驻联合国原子能委员会代表，1946 年 6 月提出对原子能实行国际控制的巴鲁克计划。——译者

写道：

毫无疑问，俄罗斯是英国官场最恐惧的国家。罗斯福先生给斯大林的最后一封电报让首相放心了——我们打算坚持让俄国人遵守他们的协议。

我相信我们可以和俄国人相处，就像我向许多英国人表达的那样，通过做好以下三件事：

a. 及时、彻底、细致地履行我们的书面或口头义务，确保俄国人完全了解我们在做什么以及为什么这样做。

b. 坚决要求他们做同样的事。

c. 在参加会议之前做好准备工作，这样协议就不会模棱两可，我们就可以简明扼要地掌握我们希望推行的政策。

丘吉尔于 1945 年 4 月 29 日写信给斯大林，再次表达了英美对波兰问题的立场，并警告苏联领导人，除非苏联同意与西方合作，否则危险的僵局将进一步恶化。丘吉尔写道：

我们都对波兰的权利有着强烈的感情，我相信这种感情在整个美国至少也是一样强烈，在英语世界里，我们都有一种非常热烈和深切的愿望，希望与强大的俄罗斯苏维埃共和国成为平等和光荣的朋友，并能与你们合作，使我们的友谊更加美好，尽管考虑到我们有着不同的思想和政府体系。让我们三大国能够为共同创造整个世界长远而光明的未来一起努力。

在我肩负重大责任的岁月里，我忠诚地为这一团结而努力，我一定会继续尽我所能，特别是我可以向你们保证，我们大不列颠不会促成或容忍一个对俄罗斯不友好的波兰政府。

我们都不能承认一个与我们在雅尔塔发表的联合声明中所描述情况不符的波兰政府,因为根据我们西方世界对这些问题的理解,它没有适当地考虑到个人的权利……

如果你和你所统治的国家加上许多其他国家的共产党都站在一边,而那些团结到英语国家及其盟国或领地的人站在另一边,那么展望未来就没有多少安慰了。

很明显,他们之间的争吵会把世界撕成碎片,我们任何一方的领导人,如果与此有任何关系,都会在历史面前蒙羞。即使开始长期的彼此猜疑、相互指责以及政策对抗,也将是一场灾难,会阻碍世界繁荣的大发展,只有我们三人团结一心才能实现世界繁荣。斯大林先生,在我向你倾诉心声的过程中,我希望没有一个词或短语无意中冒犯你。如果是这样的话,请让我知道,但我请求你,我的朋友,不要低估在一些你可能认为很小但却象征着讲英语的民主国家看待生活方式的问题上出现的分歧。①

美国和苏联之间因为5月8日"欧洲胜利日"后突然结束针对欧洲战争的租借物资援助而造成的误解,发生得特别不是时候,无助于苏美关系。苏联已经承诺自己参加远东战争,这一事实使得这一命令更加令人难以置信,并暴露出军方机构和政府部门之间缺乏协调。这一命令是在没有任何提醒的情况下向苏联和其他没有参与对日作战的欧洲国家发出的,令国务院完全出乎意料。当时我正在主持旧金山会议,代理国务卿格鲁给我打电话,并向我通报了这一情况。我敦促他立即同杜鲁门总统讨论,他这样做了,总统明智地修改了这一命令。然而,对于我们同一个像苏联一样疑心重的国家之间的关系,已经造成了心理上的损害。

---

① 温斯顿·丘吉尔在1948年12月10日向下议院公开了这封信。

5月28日，杜鲁门派霍普金斯前往莫斯科，向斯大林保证，罗斯福的去世不会影响美国与苏联进行合作的政策。在5月27日的一次会议上，斯大林告诉霍普金斯，苏联认为美国对苏联态度降温的原因之一是"租借物资被削减的方式。他说，如果美国不能进一步向苏联提供租借援助，那是一回事，但这样做的方式是不幸的，甚至是太粗暴了。例如，某些船只已经卸了货，但根据命令确实被取消了，执行这一命令的方式引起了苏联政府的关注。如果拒绝继续实施租借援助是为了给俄国人施加压力，以软化他们，那就大错特错了。他说，他必须坦率地告诉霍普金斯先生，如果在友好的基础上坦诚地与俄国人接触，可以做很多事情，但任何形式的报复都会带来完全相反的效果"。①

当霍普金斯在莫斯科试图理顺波兰问题和其他一些问题时，旧金山会议又陷入了僵局，威胁着我们建立一个世界组织的努力。在莫洛托夫的指示下，葛罗米柯在旧金山坚持主张，如果没有五个常任理事国的一致表决，安全理事会甚至都不能讨论争端，除非局势是可以通过和平手段解决的。6月2日，我在英国、苏联、美国、法国和中国代表召开的一次会议上宣布，美国根本不可能加入这样一个世界性组织，因为规定了否决权，大家只能开展讨论而什么都不能干。我告诉葛罗米柯，如果苏联坚持这一观点，美国就不会加入这个世界组织。

那天我打电话给杜鲁门总统，解释说苏联坚持要求，安理会五个常任理事国中的任何一个，都可以否决讨论一个不涉及该大国的事态，而讨论的目的仅仅是使安理会能够探讨应该采取或建议采取的行动。

总统完全支持我的意见，反对俄国人的立场，并批准了我的提议，即向哈里曼大使发一份电报，指示他立即与斯大林元帅讨论这个问题，

---

① 摘自罗伯特·E. 舍伍德，《罗斯福和霍普金斯：一段亲密的历史》（纽约，哈珀兄弟出版公司，1948年）第894页。

如果可能的话，让霍普金斯也一起参加。那天下午我给哈里曼发了电报。我在电文里放了一句关键的话，说我担心斯大林元帅并不知道过去曾有"一些决定"，这些决定是已经作出并"传达"给我们的。我指示哈里曼向斯大林讲清楚局势的严重性，说除非俄国人撤回他们的主张，否则会议只能到此结束了。

霍普金斯在莫斯科呆了一个多星期，当我的电报传到莫斯科时，他已经和斯大林开了很多次会议。在霍普金斯6月6日最后一次会见斯大林时，他和哈里曼给斯大林提出了我电报中的问题。他们向斯大林指出，美国认为《雅尔塔协定》保障了讨论自由和任何成员国将任何影响世界和平与安全的局势提交安全理事会讨论的权利。当莫洛托夫试图为他发给葛罗米柯的指示辩护时，我被告知元帅告诉他不要荒唐无理，苏联应该接受美国的立场。

6月6日，当我在旧金山主持一次会议时，收到了格鲁的电报，称斯大林接受了美国对安理会表决程序的立场。我立即找葛罗米柯谈了谈，把我们从莫斯科得到的消息告诉了他。稍晚，他自己的指示也接到了，然后我们继续完成《联合国宪章》的最后一点儿起草工作。

整个事件表明，斯大林可以迅速做出决定，尽管这意味着公开否认他外交部长的立场。如果斯大林坚决支持莫洛托夫，旧金山就不会成立联合国。而且，如果我们没有抓住这一时机组建了联合国，在战争结束后那艰难的几个月里，我们也永远不会取得成功。

在雅尔塔，注定是罗斯福、丘吉尔和斯大林的最后一次会晤，总统有两个主要目标。他希望轴心国能够迅速无条件投降，并希望建立一个世界和平与安全组织。《雅尔塔协定》，尽管随后遇到了种种困难，但还是让实现第二个目标成为可能，并且还可能有助于第一个目标的实现。

世界是相互依存的。正如罗斯福总统在战争期间所做的那样，我们必须表明，我们坚持建立一个和平的世界，其基础是对他人的宽容、自由、正义和增进各国人民的经济福祉,而不分种族、信仰或肤色。与此同时,我们必须确保世界认识到,我们不支持任何国家的侵略。

从我与富兰克林·D. 罗斯福的密切交往中,我知道他的主要动机是出于国与国之间能够实现友好合作的伟大理想。同时,他对同苏联打交道的危险和困难并没有心存幻想。他多次强调,我们必须以耐心和决心不断努力,使苏联人认识到,赢得世界其他国家的信任符合他们自己的利益。他说,我们必须帮助他们看明白,与其他国家的合作,是他们也包括我们能够拥有一个和平世界的唯一途径。如果俄国人能够对一个世界性组织建立信心,总统相信可以取得很多成就。尽管他知道,要赢得苏联人对一个世界组织的信任是困难的,而且需要时间和耐心,但和平是一个至关重要的必要条件,不能不为实现这一目标做出最大的努力。

正是考虑到这一点,罗斯福总统于1945年3月1日对国会发表了以下讲话:

"在我们大多数人的生活中,这是我们这一代人第二次面对着防止战争的目标。为了实现这一目标,世界各国要么有个计划,要么随波逐流。现在,这项计划的基础工作已经完成,并已提交人类讨论和决定。

没有什么计划是完美的。毫无疑问,在旧金山通过的任何法案都必须经过多年的反复修改,就像我们自己的宪法那样。

没有谁能说清楚哪个计划能持续多久。只有人类真正坚持和平,愿意为和平而努力,为和平而牺牲,和平才能持久。

二十五年前,美国的战士们指望着全世界的政治家们,能完成他们为之奋斗和流血的和平事业。我们辜负了他们。那个时候我们辜负了他们,现在我们不能再让他们失望,还指望着世界能够继续生存下去。

我认为克里米亚会议是三个主要国家为寻求和平之共同基础所作的成功努力。它意味着——而且它应该意味着——单方面行动、排他性联盟和势力范围、权力制衡和所有其他已经尝试了几个世纪却始终失败的权宜之计所构成的旧世界秩序的终结。

我们提议用一个世界性组织来取代所有这些，让所有热爱和平的国家都将最终有机会加入这个组织。

我相信，国会和美国人民将接受本次会议的结果，认为这是一个永久性和平架构的开端，我们可以在上帝的领导下，开始建设一个更美好的世界，让我们的子孙后代——你的子孙后代和我的子孙后代，以及全世界的子孙后代——都能够生活在这个唯一的世界上……"

罗斯福总统很清楚苏联社会的性质。但他同样有着强烈的历史责任感。他知道，没有哪一个社会是一成不变的。他相信，美国可以做很多事情，通过坚定、耐心和理解，通过一定时期的交往，以影响苏联向着自由、宽容、和平的社会发展演变。

在这一演变过程发生的同时，我们可以在一定时期内忠实地支持《联合国宪章》，并以一切可能的方式利用联合国使世界保持平稳，使它在面临时代不可避免的紧张和压力之时能够不发生灾难。我相信，这就是罗斯福在雅尔塔所表达的对苏联政策的精髓。

丘吉尔首相和罗斯福总统在雅尔塔与苏联人合作的真诚尝试是至关重要的。为了世界的和平，他们必须尽一切努力来检验苏联的诚意。在协议达成和得到检验之前，世界无法清楚地了解确保俄国人遵守协议有多么困难。如果西方国家没有像罗斯福总统和丘吉尔首相在雅尔塔那样，以真诚和体面的方式与苏联领导人打过交道，就不可以再遵循他们目前对苏联的政策。

附 录

雅尔塔会议主要外交活动日程安排

1945年2月4日

1. 总统、斯大林、莫洛托夫会晤

   下午4点,里瓦迪几宫

   讨论交流

2. 第一次正式会议

   下午5点,里瓦几亚宫

   主题:军事形势(欧洲)

3. 总统设晚宴招待首相和斯大林元帅

   晚上8点30分,里瓦几亚宫

   主题:小国家在战后和平组织中的发言权

1945年2月5日

4. 莫洛托夫设午宴招待斯特蒂纽斯和艾登

   下午1点30分,科列伊兹别墅

   主题:德国问题

5. 第二次正式会议

   下午4点,里瓦几亚宫

主题：对德和约

1945 年 2 月 6 日

6. 第一次外长会议

 中午 12 点，里瓦几亚宫

 主题：新闻发布；分割德国

7. 第三次正式会议

 下午 4 点，里瓦几亚宫

 主题：世界安全组织；波兰问题

1945 年 2 月 7 日

8. 第二次外长会议

 中午 12 点，科列伊兹别墅

 主题：敦巴顿橡树园会议；分割德国；法国在德国的占领区及法国加入管制委员会；赔偿问题

9. 第三次正式会议

 下午 4 点，里瓦几亚宫

 主题：分割德国；波兰问题；世界安全组织；法国在德国的占领区及法国加入管制委员会

1945 年 2 月 8 日

10. 第三次外长会议

 中午 12 点，沃龙佐夫宫

 主题：世界安全组织；南斯拉夫边界问题；保加利亚和匈牙利管制委员会；赔偿问题；伊朗问题

11. 总统、哈里曼和斯大林、莫洛托夫会晤

下午 3 点 45 分，里瓦几亚宫

主题：东欧、东南欧的机场使用和轰炸破坏情况调查

12. 总统、哈里曼和斯大林、莫洛托夫会晤

   下午 3 点 47 分，里瓦几亚宫

   主题：战后向苏联出售舰船；远东问题——政治方面

13. 总统、哈里曼和斯大林、莫洛托夫会晤

   下午 4 点，里瓦几亚宫

   主题：空军基地

14. 第五次正式会议

   下午 4 点 15 分，里瓦几亚宫

   主题：波兰问题；关于被解放的欧洲宣言

15. 斯大林设晚宴招待总统、首相等人

   晚上 9 点，科列伊兹别墅

   对话交流

1945 年 2 月 9 日

16. 第四次外长会议

   中午 12 点，里瓦几亚宫

   主题：波兰政府组成；赔偿问题；敦巴顿橡树园会议；伊朗问题；南斯拉夫问题

17. 总统设午宴招待丘吉尔

   下午 1 点，里瓦几亚宫

18. 第六次正式会议

   下午 4 点，里瓦几亚宫

   主题：波兰问题；托管领土和附属领地；南斯拉夫问题；波兰问题；关于被解放的欧洲宣言；战争罪犯问题

19. 第五次外长会议

    晚上 10 点 30 分，科列伊兹别墅

    主题：波兰问题；关于被解放的欧洲宣言

1945 年 2 月 10 日

20. 第六次外长会议

    中午 12 点，沃龙佐夫宫

    主题：波兰方案；关于被解放的欧洲宣言；南斯拉夫问题；赔偿问题；克里米亚会议公报；世界组织；奥地利-南斯拉夫边界；南斯拉夫-意大利边界；南斯拉夫-保加利亚关系；伊朗问题

21. 哈里曼会晤莫洛托夫

    下午 2 点，科列伊兹别墅

    主题：远东问题——政治方面

22. 第七次正式会议

    下午 4 点，里瓦几亚宫

    主题：波兰问题；关于被解放的欧洲宣言；法国加入对德管制委员会；南斯拉夫问题；敦巴顿橡树园会议；德国赔偿问题；达达尼尔海峡

23. 首相设晚宴招待斯大林元帅和总统

    晚上 9 点，沃龙佐夫宫

    主题：德国赔偿问题；会议公报；英美政治；犹太人问题

1945 年 2 月 11 日

24. 第八次正式会议

    中午 12 点，里瓦几亚宫

关于克里米亚会议的报告

在过去的八天里,大不列颠首相温斯顿·S. 丘吉尔、美利坚合众国总统富兰克林·D. 罗斯福和苏维埃社会主义共和国联盟总理约瑟夫·V. 斯大林元帅及其外交部长、参谋长和其他顾问,在克里米亚半岛进行了会晤。

除三位政府首脑外,还有下列人士参加了会议:

美利坚合众国:
国务卿小爱德华·R. 斯特蒂纽斯
总统参谋长威廉·D. 莱希海军五星上将
总统特别助理哈里·L. 霍普金斯
战争动员办公室主任詹姆斯·F. 伯恩斯法官
陆军参谋长乔治·C. 马歇尔陆军五星上将
海军作战部长兼海军总司令欧内斯特·J. 金海军五星上将
陆军后勤部队总司令布里恩·B. 萨默维尔陆军中将
战时航运管理局局长埃默里·S. 兰德海军中将
陆军航空队总司令助理参谋长 L. S. 库特陆军少将
驻苏联大使威廉·埃夫里尔·哈里曼
国务院欧洲事务办公室主任 H. 弗里曼·马修斯
国务院政治事务办公室副主任阿尔杰·希斯
国务卿助理兼政治、军事和技术顾问查尔斯·E. 波伦

联合王国:
外交大臣安东尼·艾登

战时运输大臣莱瑟斯勋爵

驻莫斯科大使 A. 克拉克·克尔爵士

外交部常务次长亚历山大·卡多根爵士

战时内阁秘书长爱德华·布里奇斯爵士

大英帝国总参谋长、陆军元帅艾伦·布鲁克爵士

空军参谋长、空军上将查尔斯·波特尔爵士

第一海务大臣、海军元帅安德鲁·坎宁安爵士

国防大臣参谋长、陆军上将黑斯廷斯·伊斯梅爵士

地中海战区盟军最高司令亚历山大陆军元帅

驻华盛顿联合参谋团团长威尔逊陆军元帅

驻华盛顿联合参谋团成员兼军事、外交顾问萨默维尔海军上将

苏联：

外交人民委员 V. M. 莫洛托夫

海军人民委员库兹涅佐夫海军上将

红军副总参谋长安东诺夫陆军上将

副外交人民委员 A. Y. 维辛斯基

副外交人民委员 I. M. 麦斯基

空军元帅库迪亚科夫

驻英国大使 F. T. 古谢夫

驻美国大使 A. A. 葛罗米柯

大不列颠首相、美利坚合众国总统和苏维埃社会主义共和国联盟总理就克里米亚会议的结果发表声明如下：

一、击败德国

我们研究并确定了三大盟国最终打败共同敌人的军事计划。在整个会议期间，三大盟国的军事人员每天均召开会议。这些会议从各个角度来看都非常令人满意，使三大盟国的军事力量比以往任何时候都更加协调。最充分的情报信息已经得到交换。我们的陆军和空军将从东、西、北和南部向德国心脏地区发动新的、更强大的打击，其时间、范围和协同已经达成完全一致，并进行了详细的计划。

我们的联合军事计划只有在执行时才会公布，但我们相信，三方参谋人员之间在这次会议上建立的紧密伙伴关系，将缩短战争时间。今后若有需要，三方参谋人员的会议将继续举行。

纳粹德国注定要灭亡。德国人民继续进行无望的抵抗，只会使他们失败的代价更加沉重。

二、对德国的占领和管制

我们已就执行"无条件投降"的共同政策和计划达成一致，在德国的武装抵抗被最终粉碎后，我们将共同对纳粹德国组织实施。这些条款在德国最终失败之前是不会公布的。根据商定的计划，三大盟国军队将各自分别占领德国的一个地区。通过一个由三国军队最高指挥官组成的管制委员会来协调行政和管控，总部设在柏林。同时已商定，如果法国愿意，三大国应邀请其接管一个占领区，并作为第四名成员加入管制委员会。四国政府将通过其在欧洲咨询委员会的代表商定法国占领区的边界。

摧毁德国军国主义和纳粹主义，确保德国不会再次破坏世界和平，是我们坚定不移的目标。我们决心解除和遣散德国所有武装力量；永远解散一再蓄意复活德国军国主义的德国总参谋部；拆除或摧毁所有德国军事装备；清除或控制所有可用于军事生产的德国工业；使所有战争罪犯受到公正审判和快速惩处，并对德国人造成的破坏给予相应实物赔偿；消灭纳粹党、纳粹法律、组织和机构，消除纳粹主义和军国主义在公职领域和德国人民文化、经济生活中的一切影响；并在德国视情采取对世界未来和平与安全可能必要的其他措施。我们的目的不是要消灭德国人民，但只有纳粹主义和军国主义被彻底铲除，德国人民才会有过上体面生活的希望，才能在国际社会中占有一席之地。

三、德国赔偿问题

我们审议了德国在这场战争中对盟国造成的损害问题，并认为德国有义务尽最大可能以实物赔偿这一损害。将成立一个损害赔偿委员会，并指示该委员会研究德国对盟国造成损害的程度和赔偿方法问题。该委员会将在莫斯科展开工作。

四、联合国会议

我们决心尽早同我们的盟国建立一个维护和平与安全的一般性国际组织。我们认为，这对于防止侵略和通过爱好和平的各国人民之持续密切合作，以消除战争的政治、经济和社会根源是至关重要的。

敦巴顿橡树园会议已经打下了基础。但在表决程序这一重要问题上没有达成一致意见。本次会议已经解决了这一难题。

我们一致同意，将于1945年4月25日在美国旧金山举行联合国会议，按照敦巴顿橡树园非正式会谈中提出的方针，拟订这样一个组织的宪章。

会议将立即征求中国政府和法国临时政府的意见，邀请他们与美国、英国和苏维埃社会主义共和国联盟政府共同发出发起国邀请。与中法两国协商结束后，将公布表决程序提案文本。

五、关于被解放的欧洲宣言

我们起草并签署了一份《关于被解放的欧洲宣言》。该宣言规定协调三个大国的政策，并根据民主原则采取联合行动，解决解放后欧洲的政治和经济问题。宣言文本如下：

"苏维埃社会主义共和国联盟总理、联合王国首相和美利坚合众国总统，为了各自国家人民和已解放欧洲人民的共同利益进行了磋商。他们共同宣布，他们一致同意在解放后的欧洲暂时不稳定时期协调他们三个政府的政策，协助从纳粹德国统治下解放出来的人民和欧洲前轴心集团卫星国的人民，以民主手段解决其紧迫的政治和经济问题。

欧洲秩序的建立和国家经济生活的重建必须通过以下进程来实现，这些进程将使被解放的人民能够摧毁纳粹主义和法西斯主义的最后残余，并建立自己选择的民主体制。这是《大西洋宪章》的一项原则，即所有人民都有权选择他们赖以生存的政府形式——向那些人民归还被侵略国强行剥夺的主权和自治。

为了促进被解放人民行使这些权利的条件，三国政府将共同协助任何欧洲被解放国家或欧洲前轴心集团卫星国的人民，只要他们认为条件需要，（a）建立内部和平；（b）采取紧急措施，救济受苦人民；（c）组成过渡政府当局，广泛代表人民中的所有民主分子，并保证根据人民的意愿，通过自由选举，尽早建立政府；（d）在必要时为举行选举提供便利。

三国政府在审议与它们直接相关的事项时，将与其他联合国家和欧洲的临时当局或其他政府协商。

当三国政府认为，任何欧洲被解放国家或欧洲任何前轴心集团卫星国的情况需要采取这些行动时，他们将立即就履行本宣言所规定之共同责任的必要措施进行协商。

通过这一宣言，我们重申我们对于《大西洋宪章》各项原则的信念，重申我们在《联合国家宣言》中的承诺，重申我们决心与其他爱好和平的国家合作，建立一个法治的世界秩序，致力于全人类的和平、安全、自由和普遍福祉。

在发表这份宣言时，三国政府希望法兰西共和国临时政府能在前述建议上与他们保持一致。"

六、波兰问题

我们来参加克里米亚会议的时候，即决心解决我们在波兰问题上的分歧。我们充分讨论了该问题的各个方面。我们重申，我们均希望看到建立一个强大、自由、独立和民主的波兰。经过讨论，我们商定了新的波兰民族团结临时政府的组成条件，以便获得三个大国的承认。

达成协议如下：

"红军彻底解放波兰，开创了新的局面。这就要求建立一个比最近波兰西部解放前基础更广泛的波兰临时政府，目前在波兰运作的临时政府应该在更广泛的民主基础上进行改组，包括来自波兰本身和居住在国外的民主派领导人。新政府将被称为波兰民族团结临时政府。

莫洛托夫先生、哈里曼先生和阿奇博尔德·克拉克·克尔爵士获得授权，在莫斯科首先与现任政府成员以及波兰国内外其他民主派领导人进行磋商，以便按照上述方针改组现任政府。该波兰民族团结临时政府将保证在普选和无记名投票的基础上尽快举行自由和不受限制的选举。在这些选举中，所有民主和反纳粹政党都有权参加并提出候选人。

波兰民族团结临时政府按照上述要求妥善成立后，与波兰现临时政府保持外交关系的苏联政府和联合王国政府、美国政府，将与新成立的波兰民族团结临时政府建立外交关系，并将互派大使，通过大使的报告向各国政府通报波兰局势。

三位政府首脑认为，波兰东部边界应当沿'寇松线'划分，在某些地段作出有利于波兰的 5 到 8 公里的外移。承认波兰北部和西部的领土应有实际的增加。他们认为，所增领土的范围，将在必要时征询新的波兰民族团结临时政府的意见，然后，波兰西部边界的最终确定将留待和会解决。"

七、南斯拉夫问题

我们还一致同意，建议铁托元帅和苏巴斯基博士，应当立即将他们的协议付诸实施，新的南斯拉夫政府将以该协议为基础组建。

我们还建议，一旦新政府成立，即应当宣布：

（1）反法西斯民族解放联盟（阿夫诺伊）应当扩大到包括没有与德国人合作的最后一届南斯拉夫议会（斯库普希纳）成员，以此为基础组建临时议会；并且

（2）反法西斯民族解放联盟（阿夫诺伊）通过的法案须经制宪会议确认。

这也是解决其他巴尔干问题的大致原则。

八、外长会议

在整个会议期间，除了各国政府首脑和外交部长的日常会议外，三位外交部长及其顾问的单独会议也每天举行。

事实证明，这些会议具有极大的价值，会议同意建立常设机制，以便三位外交部长定期进行磋商。为此他们将根据需要经常开会，大概每三四个月一次。这些会议将在这三个国家的首都轮流举行，第一次会议将在伦敦召开，时间在联合国世界组织会议之后。

九、无论和平与战争，始终团结如一

我们在克里米亚举行的会议，再次坚定了我们的共同决心，即在未

来的和平中要继续保持和加强目标和行动的统一性，正是这种统一性使得联合国家在这场战争中赢得胜利成为可能和必然。我们认为，这是我们各国政府对我们各国人民和世界各国人民的神圣义务。

只有我们三国之间以及所有爱好和平的国家之间继续加强合作与理解，才能实现人类的最高愿望——安全和持久的和平，用《大西洋宪章》的话说，这将是，"保证所有土地上的所有人都能在免于恐惧和匮乏的自由中生活。"

这场战争的胜利和拟议中的国际组织的建立，将为今后几年创造这种和平的基本条件，提供历史上最大的机遇。

签名：

温斯顿·S. 丘吉尔

富兰克林·D. 罗斯福

约瑟夫·V. 斯大林

1945 年 2 月 11 日

克里米亚会议诸事项议定书

2 月 4 日至 11 日，美利坚合众国、联合王国和苏维埃社会主义共和国联盟政府首脑举行的克里米亚会议得出以下结论。

一、世界组织

会议决定：

1. 1945 年 4 月 25 日，星期三，在美利坚合众国召开一次关于拟议中世界组织的联合国家会议。

2. 邀请参会的国家应当包括：

（a）截至 1945 年 2 月 8 日的联合国家成员；并且是

（b）1945 年 3 月 1 日之前向共同敌人宣战的同盟国。（为此，"同盟国"一词是指八个同盟国和土耳其）。当世界组织会议举行时，联合王国和美利坚合众国的代表将支持接纳两个苏维埃社会主义共和国，即乌克兰和白俄罗斯为创始成员国的提议。

3. 美国政府应代表三大国，就本次会议中关于拟议的世界组织所作的决定，与中国政府和法国临时政府进行磋商。

4. 向参加联合国会议的所有国家发出的邀请函文本如下：

邀请函

"美利坚合众国政府，谨代表自身和联合王国、苏维埃社会主义共和国联盟、中华民国和法兰西共和国临时政府，邀请政府派代表出席将于 1945 年 4 月 25 日或其后不久在美国旧金山举行的联合国家会议，为维护国际和平与安全的一般性国际组织拟订宪章。

上述各国政府建议，会议应考虑将去年 10 月敦巴顿橡树园会议之后公布的关于建立一个一般性国际组织的建议，作为这样一个宪章的基础，现对其第六章 C 节作如下补充：

"C. 投票

1. 安全理事会每一理事国应有一个投票权。

2. 安全理事会关于程序事项之决议，应以七理事国之可决票表决之。

3. 安全理事会对于其他一切事项之决议，应以七理事国之可决票包括全体常任理事国之同意票表决之；但对于第八章 A 节及第八章 C 节第一条第二项内各事项之决议，争端当事国不得投票。"

有关安排的进一步资料将随后转交。

如果政府希望在会议之前就提出意见或评论，美国政府将很高兴将该意见和评论转交其他与会政府。"

领土托管

会议商定，将在安全理事会拥有常任理事国席位的五个国家，应在联合国会议之前协商领土托管问题。

接受这项建议的前提是明确指出，领土托管只适用于：(a) 第一次世界大战后建立的国际联盟委任统治领土；(b) 在目前战争中从敌人手中夺取的领土；(c) 可能自愿接受托管的任何领土；以及 (d) 在即将举行的联合国会议或初步磋商中，不打算讨论实际领土问题，至于上述类别内的哪些领土将置于托管之下，将由随后的协定决定。

二、关于被解放的欧洲宣言

以下宣言已经获得通过：

苏维埃社会主义共和国联盟总理、联合王国首相和美利坚合众国总统，为了各自国家人民和已解放欧洲人民的共同利益进行了磋商。他们共同宣布，他们一致同意在解放后的欧洲暂时不稳定时期协调他们三个政府的政策，协助从纳粹德国统治下解放出来的人民和欧洲前轴心集团卫星国的人民，以民主手段解决其紧迫的政治和经济问题。

欧洲秩序的建立和国家经济生活的重建必须通过以下进程来实现，这些进程将使被解放的人民能够摧毁纳粹主义和法西斯主义的最后残余，并建立自己选择的民主体制。这是《大西洋宪章》的一项原则，即所有人民都有权选择他们赖以生存的政府形式——向那些人民归还被侵略国强行剥夺的主权和自治。

为了促进被解放人民行使这些权利的条件，三国政府将共同协助任何欧洲被解放国家或欧洲前轴心集团卫星国的人民，只要他们认为条件需要，(a) 建立内部和平；(b) 采取紧急措施，救济受苦人民；(c)

组成过渡政府当局，广泛代表人民中的所有民主分子，并保证根据人民的意愿，通过自由选举，尽早建立政府；（d）在必要时为举行选举提供便利。

三国政府在审议与它们直接相关的事项时，将与其他联合国家和欧洲的临时当局或其他政府协商。

当三国政府认为，任何欧洲被解放国家或欧洲任何前轴心集团卫星国的情况需要采取这些行动时，他们将立即就履行本宣言所规定之共同责任的必要措施进行协商。

通过这一宣言，我们重申我们对于《大西洋宪章》各项原则的信念，重申我们在《联合国家宣言》中的承诺，重申我们决心与其他爱好和平的国家合作，建立一个法治的世界秩序，致力于全人类的和平、安全、自由和普遍福祉。

在发表这份宣言时，三国政府希望法兰西共和国临时政府能在前述建议上与他们保持一致。

三、分割德国

与会者一致认为，德国投降条件第12条（a）应修正如下：

"联合王国、美利坚合众国和苏维埃社会主义共和国联盟对德国拥有最高权力。在行使这种权力时，他们将采取他们认为未来和平与安全所必需的步骤，包括彻底解除武装、非军事化和分割德国。"

关于德国分割程序的研究已提交由艾登先生（主席）、怀南特先生和古谢夫先生组成的委员会。该委员会将考虑是否适合吸纳一名法国代表。

四、法国占领区和对德管制委员会

会议同意将德国境内一个地区分配给法国，由法国军队占领。这一地区将从英国和美国的占领区中划出组成，其范围将由英国和美国与法国临时政府协商解决。

会议还商定，应邀请法国临时政府成为盟军对德管制委员会的成员。

五、赔偿

以下协定已经获得通过：

1. 德国必须赔偿战争给盟国造成的损失。首先赔偿那些承担了战争的主要负担、遭受最严重损失、在对敌作战赢得胜利中发挥了组织作用的国家。

2. 应通过三种方式向德国要求赔偿：

（a）在德国投降或有组织抵抗结束后的两年内，从德国境内和境外的国家财产（设备、机床、船舶、机车车辆、德国在国外的投资、在德国的工业运输、航运和其他企业的股份等）中拆除，这些拆除主要是为了削弱德国发动战争的潜力。

（b）按照当前生产量每年交付一段时期的商品。

（c）使用德国劳工。

3. 为了依照上述原则制定向德国索取赔偿的详细计划，将在莫斯科设立一个盟国赔偿委员会。它将由三名代表组成，一名来自苏维埃社会主义共和国联盟，一名来自联合王国，一名来自美利坚合众国。

4. 关于赔偿总额的确定以及在遭受德国侵略国家之间的分配，苏联和美国代表团达成如下协议：

"赔偿委员会应在其初步研究中考虑苏联政府的建议，即基于第2段（a）和（b）两点的赔偿总额应为200亿美元，其中50%应该给苏联。"

英国代表团的观点是，在赔偿委员会审议赔偿问题之前，不应提及任何赔偿数字。

以上苏美两国建议已经转交莫斯科赔偿委员会,作为委员会考虑的建议之一。

六、主要战犯

会议同意,主要战犯问题应作为三位外交部长的研究主题,以便在会议结束后适时提出报告。

七、波兰

以下关于波兰的宣言经会议通过:

"红军彻底解放波兰,开创了新的局面。这就要求建立一个比最近波兰西部解放前基础更广泛的波兰临时政府,目前在波兰运作的临时政府应该在更广泛的民主基础上进行改组,包括来自波兰本身和居住在国外的民主派领导人。新政府将被称为波兰民族团结临时政府。

莫洛托夫先生、哈里曼先生和阿奇博尔德·克拉克·克尔爵士获得授权,在莫斯科首先与现任政府成员以及波兰国内外其他民主派领导人进行磋商,以便按照上述方针改组现任政府。该波兰民族团结临时政府将保证在普选和无记名投票的基础上尽快举行自由和不受限制的选举。在这些选举中,所有民主和反纳粹政党都有权参加并提出候选人。

波兰民族团结临时政府按照上述要求妥善成立后,与波兰现临时政府保持外交关系的苏联政府和联合王国政府、美国政府,将与新成立的波兰民族团结临时政府建立外交关系,并将互派大使,通过大使的报告向各国政府通报波兰局势。

三位政府首脑认为,波兰东部边界应当沿'寇松线'划分,在某些地段作出有利于波兰的5到8公里的外移。承认波兰北部和西部的领土应有实际的增加。他们认为，所增领土的范围，将在必要时征询新的波兰民族团结临时政府的意见，然后，波兰西部边界的最终确定将留待和会解决。"

八、南斯拉夫

会议同意向铁托元帅和苏巴斯基博士提出如下建议：

（a）《铁托-苏巴斯基协议》应当立即付诸实施，新的南斯拉夫政府将以该协议为基础组建。

（b）一旦新政府成立，即应当宣布：

（1）反法西斯民族解放联盟（阿夫诺伊）应当扩大到包括没有与德国人合作的最后一届南斯拉夫议会（斯库普希纳）成员，以此为基础组建临时议会；并且

（2）反法西斯民族解放联盟（阿夫诺伊）通过的法案须经制宪会议确认；这一声明将写入会议公报。

九、意大利-南斯拉夫边界

意大利-奥地利边界

将英国代表团提出的这些问题记录在案，美国和苏联代表团同意审议这些问题，稍后发表意见。

十、南斯拉夫-保加利亚关系

外交部长们就南斯拉夫-保加利亚结盟条约的合法性问题交换了意见。争议之处在于，是否可以允许一个仍处于停战制度下的国家与另一个国家缔结条约。艾登先生建议，应该通知保加利亚和南斯拉夫政府，这一条约不能得到批准。斯特蒂纽斯先生建议英国和美国大使在莫斯科与莫洛托夫先生进一步讨论此事。莫洛托夫先生同意斯特蒂纽斯先生的

建议。

十一、东南欧

英国代表团就下列问题作了说明,供与会者审议:

(a) 保加利亚管制委员会;

(b) 希腊对保加利亚的诉求,特别是关于赔偿问题;

(c) 罗马尼亚的石油设备。

十二、伊朗

艾登先生、斯特蒂纽斯先生和莫洛托夫先生就伊朗局势交换了意见。一致同意该问题将通过外交途径解决。

十三、外长会议

会议同意建立外交部长定期进行磋商的常设机制。他们将根据需要经常开会,大概每三四个月一次。

这些会议将在这三个国家的首都轮流举行,第一次会议将在伦敦召开。

十四、《蒙特勒公约》和海峡

会议同意,在伦敦举行的下一次三国外长会议上,他们应审议苏联政府就《蒙特勒公约》提出的建议,并向各自政府报告。应在适当时候通知土耳其政府。

上述议定书于1945年2月11日在克里米亚会议上由三国外交部长批准和签署。

《关于苏联加入对日作战条件的协议》

1945 年 2 月 11 日在雅尔塔签署
1946 年 2 月 11 日在伦敦、莫斯科和华盛顿同时公布

苏美英三大国领袖同意,在德国投降及欧洲战争结束后两个月或三个月内苏联将参加同盟国方面对日作战,其条件为:

1. 外蒙古(蒙古人民共和国)的现状须予维持。

2. 由日本 1904 年背信弃义进攻所破坏的俄国以前权益须予恢复,即:

(甲)库页岛南部及邻近一切岛屿须交还苏联;

(乙)大连商港须国际化,苏联在该港的优越权益须予保证,苏联之租用旅顺港为海军基地须予恢复;

(丙)对担任通往大连之出路的中东铁路和南满铁路应设立一苏中合办的公司以共同经营之;经谅解,苏联的优越权益须予保证而中国须保持在满洲的全部主权。

3. 千岛群岛须交予苏联。

经谅解,有关外蒙古及上述港口铁路的协定尚须征得蒋介石委员长的同意。根据斯大林元帅的提议,美总统将采取步骤以取得该项同意。

三国领袖同意,苏联之此项要求须在击败日本后毫无问题地予以实现。

苏联本身表示准备和中国国民政府签订一项苏中友好同盟协定,俾以其武力协助中国达成自日本枷锁下解放中国之目的。

Edward Reilly Stettinius Jr.
Roosevelt and the Russians: The Yalta Conference

图书在版编目（CIP）数据

雅尔塔内幕 /（美）爱德华·赖利·斯特蒂纽斯
(Edward Reilly Stettinius Jr.) 著；章和言，张梦茹
译. -- 上海：上海译文出版社，2024. 10. -- ISBN
978-7-5327-9571-0

Ⅰ. K835.167=5

中国国家版本馆 CIP 数据核字第 2024EP2818 号

雅尔塔内幕
[美]爱德华·赖利·斯特蒂纽斯　著　章和言　张梦茹　译
责任编辑／张吉人　装帧设计／张志全工作室

上海译文出版社有限公司出版、发行
网址：www.yiwen.com.cn
201101　上海市闵行区号景路159弄B座
山东韵杰文化科技有限公司印刷

开本 890×1240　1/32　印张 8.5　插页 6　字数 173,000
2024 年 10 月第 1 版　2024 年 10 月第 1 次印刷
印数：0,001—4,000 册

ISBN 978-7-5327-9571-0
定价：58.00 元

本书中文简体字专有出版权归本社独家所有，未经本社同意不得转载、摘编或复制
如有质量问题，请与承印厂质量科联系：T：0533-8510898